当代世界学术名著

传播与劝服

关于态度转变的心理学研究

Communication and Persuasion

Psychological Studies of Opinion Change

新闻与传播学译丛
大师经典系列

[美] 卡尔·霍夫兰 C.I.Hovland
欧文·贾尼斯 I.L.Janis
哈罗德·凯利 H.H.Kelley /著

张建中 李雪晴 曾苑 等/译

彭增军/校

中国人民大学出版社
·北京·

新闻与传播学译丛·大师经典系列

展江　何道宽/主编

“当代世界学术名著”
出版说明

中华民族历来有海纳百川的宽阔胸怀，她在创造灿烂文明的同时，不断吸纳整个人类文明的精华，滋养、壮大和发展自己。当前，全球化使得人类文明之间的相互交流和影响进一步加强，互动效应更为明显。以世界眼光和开放的视野，引介世界各国的优秀哲学社会科学的前沿成果，服务于我国的社会主义现代化建设，服务于我国的科教兴国战略，是新中国出版工作的优良传统，也是中国当代出版工作者的重要使命。

中国人民大学出版社历来注重对国外哲学社会科学成果的译介工作，所出版的“经济科学译丛”、“工商管理经典译丛”等系列译丛受到社会广泛欢迎。这些译丛侧重于西方经典性教材；同时，我们又推出了这套“当代世界学术名著”系列，旨在迻译国外当代学术名著。所谓“当代”，一般指近几十年发表的著作；所谓“名著”，是指这些著作在该领域产生巨大影响并被各类文献反复引用，成为研究者的必读著作。我们希望经过不断的筛选和积累，使这套丛书成为当代的“汉译世界学术名著丛书”，成为读书人的精神殿堂。

由于本套丛书所选著作距今时日较短，未经历史的充分淘洗，加之判断标准见仁见智，以及选择视野的局限，这项工作肯定难以尽如人意。我们期待着海内外学界积极参与推荐，并对我们的工作提出宝贵的意见和建议。我们深信，经过学界同仁和出版者的共同努力，这套丛书必将日臻完善。

中国人民大学出版社

“新闻与传播学译丛·大师经典系列”
总　序

新闻与大众传播事业在现当代与日俱增的影响与地位，呼唤着新闻学与传播学学术研究的相应跟进和发展。而知识的传承，学术的繁荣，思想的进步，首先需要的是丰富的思想材料的积累。“新闻与传播学译丛·大师经典系列”的创设，立意在接续前辈学人传译外国新闻学与传播学经典的事业，以一定的规模为我们的学术界与思想界以及业界人士理解和借鉴新闻学与传播学的精华，提供基本的养料，以便于站在前人的肩膀上作进一步的探究，而不必长期在黑暗中自行摸索。

百余年前，梁启超呼吁：“国家欲自强，以多译西书为本；学子欲自立，以多读西书为功。”自近代起，许多学人倾力于西方典籍的迻译，为中国现代社会科学和自然科学的建立贡献至伟。然而，由于中国新闻学与传播学的相对年轻，如果说梁任公所言西学著述“今之所译，直九牛之一毛耳”，那么新闻学与传播学相关典籍的译介比其他学科还要落后许多，以至于我们的学人对这些经典知之甚少。这与处在社会转型过程中的中国的社会经济文化发展的要求很不协调，也间接造成了新闻与传播“无学”观点的盛行。

从1978年以前的情况看，虽然新闻学研究和新闻教育在中国兴起已有半个世纪，但是专业和学术译著寥寥无几，少数中译本如卡斯珀·约斯特的《新闻学原理》和小野秀雄的同名作等还特别标注“内部批判版”的字样，让广大学子避之如鬼魅。一些如弥尔顿的《论出版自由》等与本学科有关的经典著作的翻译，还得益于其他学科的赐福。可以说，在经典的早期译介方面，比起社会学、政治学、经济学、法学、心理学等现代社会科学门类来，新闻学与传播学显然先天不足。

1978年以后，尤其是20世纪90年代中期以来，新闻与传播教育和大众传播事业在中国如日中天。但是新闻学与传播学是舶来品，我们必须承认，到目前为止，80%的学术和思想资源不在中国，而日见人多势众的研究队伍将80%以上的精力投放到虽在快速发展，但是仍处在“初级阶段”的国内新闻与大众传播事业的研究上。这两个80%倒置的现实，导致了学术资源配置的严重失衡和学术研究在一定程度上的肤浅化、泡沫化。专业和学术著作的翻译虽然在近几年渐成气候，但是其水准、规模和系统性不足以摆脱“后天失调”的尴尬。

我们知道，新闻学产生于新闻实践。传播学则是社会学、政治学、心理学、社会心理学等学科以及新闻学相互融合的产物。因此，“新闻与传播学译丛·大师经典系列”选择的著作，在反映新闻学研究的部分代表性成果的同时，将具有其他学科渊源的传播学早期经典作为重点。我们并不以所谓的“经验学派/批判学派”和“理论学派/务实学派”画线，而是采取观点上兼容并包、国别上多多涵盖（大致涉及美、英、德、法、加拿大、日本等国）、重在填补空白的标准，力争将20世纪前期和中期新闻学的开创性著作和传播学的奠基性著作推介出来，让读者去认识和关注其思想的原创性及其内涵的启迪价值。

法国哲学家保罗·利科（Paul Ricoeur）认为，对于文本有两种解读方式：一种是高度语境化（hypercontextaulisation）的解读，另一种是去语境化（decontextaulisation）的解读。前者力图从作者所处的具体社会语境中理解文本，尽可能将文本还原成作者的言说，从而领会作者的本意；后者则倾向于从解读者自身的问题关怀出发，从文本中发现可以运用于其他社会语境的思想资源。本译丛的译者采用的主要是第一种解读方式，力图通过背景介绍和详加注释，为读者从他们自身的语境出发进行第二种解读打下基础。

“译事之艰辛，惟事者知之。”从事这种恢弘、迫切而又繁难的工作，需要几代人的不懈努力，幸赖同道和出版社大力扶持。我们自知学有不逮，力不从心，因此热忱欢迎各界读者提出批评和建议。

“新闻与传播学译丛·大师经典系列”

编委会

从行为反应到主体介入（代译序）

陈卫星

行为主义思潮曾经是20世纪初期美国社会科学领域实证主义方法论的源头之一。在实验心理学领域，此前的学术方法是用内省的方式来研究意识，在方法论上的特征，或强调自我控制，如W. 冯特；或追溯心理过程，如E.B. 铁钦纳；或主张冥思苦想，如W. 詹姆斯。直到法国实证主义运动创始人A. 孔德重新把知识的社会性定义为可以客观观察的知识，这才使得行为主义心理学问世并且把本能、情绪和思维作为可以进行客观研究的对象。

美国学者霍夫兰在传播学学术史上的主要贡献是在第二次世界大战期间主持了美国军方牵头的一个庞大的说服实验项目，从而在心理学层面上为信息传播的效果研究提供了学理基础，并在战后延续的耶鲁大学“传播与态度变化耶鲁项目”中把这项研究持续下去，积累为传播学的一份重要学术遗产。

作为传播学领域心理学研究方向的重要创始人，霍夫兰曾师从著名的行为主义人类学家C.L. 赫尔，但这不排除他在后来的研究中充分汲取精神分析学和群体心理学的概念，从而把人在接受信息之后的态度和意见方面的变化作为主要研究的问题。他通过设计的实验去验证概念化的假说，最终提炼出说服过程中导致态度变化的因变量。

霍夫兰的劝服研究始于耶鲁大学的人类关系研究所。这个学术机构主要从事有关青少年犯罪、交通事故、失业、精神健康、居住流动和司法管理等社会问题的跨学科研究。社会问题似乎从来都不是单一的，而美国学者较早从非单一的视角来考察和验证问题，当然是试图寻觅更有效的解决思路，因为跨学科的方法论可以提供一个更宽泛的谱系。霍夫兰的研究特色就在于始终关注理论问题和基础研究，同时借鉴多个学科领域的理论成果，并重视用控制实验的方法来检验命题。

美国传播学家罗杰斯在谈到霍夫兰的说服实验时指出："它是有意图的传播，是由某种信源所作出的单向尝试，以便在接受者方面造成效果。但是由于说服通常是通过人际传播渠道而进行的，有些来回往返的相互作用便往往发生在说服过程之中。"① 如何从信息传播的源头和归宿来寻求信息的自变量所产生的因变量，即便在信息变幻的今天也仍然是分析各种传播议题的基础。

信息自变量的考证无疑是霍夫兰及其研究团队的学术贡献。如果说说服的原因来自于作为自变量的信息生成，那么说服的意图是可以从传播者的身份属性、情境位置和事态的重要性当中去体会和领会的；信源的吸引力则来自内容本身的号召力，包括其趣味性的喜闻乐见、再现性的个性光晕或逻辑性的无懈可击；信源和信宿的相似性是要缩短两者之间的心理距离，从而产生互动的潜在空间；信源的力量则完全是社会氛围的产物或时代精神的体现；信源的可信度要归结于传播者的声誉、公信力和权威性以及信息源的公平性和可信赖度，等等。

从美国传播学史的发展阶段来看，霍夫兰的劝服研究其实处在"有限效果论"的阶段。大众传播社会中的受众事实上是无数以匿名方式存在的个体，他们对外部世界的知觉要受到个体差异和社会环境的暗示，不能完全表现自身的理性和思维活动，从而限制了媒介改变态度的力量。那么，是否可以通过对信息的直接接触来获取一种认知中的选择性？这就意味着某种形式或某种程序的信息传播可能产生或打破认知不

---

① ［美］E. M. 罗杰斯：《传播学史：一种传记式的方法》，378页，上海，上海译文出版社，2002。

协调的困境，从而为后来的信息制作者和传播者提供一套可进行心理学解码的配方。

据说，霍夫兰及其研究团队的实验对象中，有三分之一到二分之一的人受到单一接触一个说服性信息的影响。所以，学术界有人批评霍夫兰以及他的研究团队是通过人工环境来控制外部变量和操纵独立变量。也有人指出，作为一种实验形态的研究，一种适于某特定媒介内容、在数量较小的或者同质化的人群中的即时效果，不能推导出数量巨大、异质化的人群使用所有媒介所累积的影响。但霍夫兰及其研究团队对信息变量的定位研究还是为今天留下可以验证的概念。

正是因为劝服研究是一个系列过程，可接受性成为过程的最终和唯一目标。比如说，可理解性是定位受众的基本前提，也是划分大众传播和非大众传播的信息有效性的指标；论证信息态势的数量指标及其抽样标准还是产生说服力的基本框架；各种同质或同类信息之间的内部补偿成为从不同角度阐释信息的媒介化素材；产生恐惧的信息向来被认为具有社会安全预警性质，但这类信息的风险在于其自身的量变可以直接突破社会安全阀而难以收场；对于一个事件或一种观点，两种或两种以上的说法有助于培育社会理性的开放和宽容，但只提供一种说法更容易满足传播者的权力意志或自以为是，赌注在于如何测定受众的理解能力及其创作性质的表达；至于信息出现的秩序、信息难易程度的递增，当然是体现将意外带回规范的信息把控节奏，类似于今天的危机公关或舆论引导。所以，在这个意义上，信息的冗余度和重复频率其实从来都在传播者的预算当中。

值得我们尊重的是，霍夫兰及其研究团队在那个年代就对信息改变态度和意见的心理学效果进行盘根问底地研究并设计了研究量表。从社会心理学发展的后续进程来看，源于分析有限情境所发生的效果模型的建构，总是要力图超越这种情境来延续科学探索的逻辑。问题在于，随着信息传播技术的不断更新，人们的信息近用（access）在不断发生变化。比如说媒体的界面从大众到分众的扩散逻辑，媒介渠道的分化挑战信息认同的同化效果；同时作为受众和传播者的个体与媒体的关系距离的嬗变，诱导出受众在自我评估和身份（性别）建构中的激发机制。传播者往往难以预测的是，如果信息对受众产生不适应，其结果究竟是受众在态度上更加顺应信息的说服逻辑还是通过自我强化对此予以消解或抵制。

霍夫兰及其研究团队的理论成果告诉我们，信源的可信度和内容的接受度一旦不再保持正向比例关系时，有可能在受众当中产生三种变化：或改变对传播的态度，或改变对传播者的态度，或改变对传播者的角色认知。这些变化的实质在于信源和内容在接受过程中的分离。如果从信息传播技术的日新月异的演变现状来重新思考霍夫兰的这个研究成果，那就是不同的媒介在塑造不同的意识和观念。今天的信息有更多的自由连接方式、更丰富的体验过程差异和更聚合的非中心化结构。和一个含而不露的做法相比，一个明确的信息立论会同时面对横向的视角差异和纵向的逻辑同一的挑战。但是，如果我们还是坚持把信息传播的使命还原到人与人的主体关系的建构，霍夫兰及其研究团队的假设依然有效，“即那些最想要维持自己群体身份的人，最能抵御违反群体标准的传播”①。也许，正是因为人们的身份认同的差异，传播的游戏会永远持续下去。

是为序。

---

① 本书222页。

目　录

图目录

表目录

前　言

就劝服传播，以及劝服传播对人们行为和观点产生的效果而言，研究人员已经累积了很多以经验为基础的资料，诸如教育计划、公开的竞选活动、广告，以及宣传，这些都是典型的劝服传播的例子。绝大多数这些经验资料来自于利用大众媒介的传播者，以及他们对一些实际问题的集中研究。但是出于科学研究的目的，研究人员需要确定具体的环境条件，在确定的环境中，各类劝服传播的有效性就会增加或者降低，与此同时，可利用的实验证据也受到很大限制。尽管在提出尝试性的实验假设和进一步研究的理论问题时，应用研究可能会很有用，不过，讲求实效则经常会导致忽视重要而且令人兴奋的问题，而且看上去好像这些问题不会直接产生应用效果。因此，急需通过现实调查中发现的结果，以补充基础研究。这类在传播环境中的心理实验研究，有助于我们了解记忆、思维、动机，以及社会影响的整个过程。传播中涉及的各种因素，就像在实验室一样，尽可能得到精确控制，不过，与实验室相比，动机和情感这些因素可能允许其运作得更加自然。

这项研究计划是在得到洛克菲勒基金会资助下发起的，主要研究的是通过传播实验，来观察态度与行为的改变。在此，我们由衷地感谢洛克菲勒基金会对我们提供的帮助和鼓励。

这个研究项目是一个团体合作研究项目，因此，它并不是一个中心的、等级制的组织研究计划。总共将近有30个研究人员对这项研究做出了贡献，目前他们中的许多人还在继续研究我们在本书中探讨的各种问题。我们鼓励这个研究团队中的每一个研究人员，去设计和探索符合他们自己兴趣而又充满希望的研究。我们所有的合作研究是通过学术会议和研讨会来完成的。绝大多数研究涉及许多研究人员之间的彼此合作，因此，他们在技术和训练方面可以互相补充。大多数参与者是对个性、社会关系和高级思维过程感兴趣的心理学家。我们研究团队中的科研人员也有社会学家和人类学家。随着该项目研究计划的发展，我们也希望那些对价值形成和改变感兴趣的政治学家和经济学家，加入到我们的研究当中来。

本书三位作者在研究传播问题时，拥有非常不同的研究背景和学术训练。这种学术背景的差异可能会偶尔导致，在本书的不同章节中，研究术语和理论原则运用的不一致。在研究计划和写作实施的每一个阶段，我们通过持续不断的学术会议和讨论，极大地减小了这种起初就会出现的差异。这种紧密合作的结果就是，很难确定个人对每一章节的贡献。相应地，这些作者只是按字母顺序在索引中列出来。本书由霍夫兰承担第四章和第八章，贾尼斯承担第三章、第六章和第七章，凯利承担第二章和第五章，三位作者共同承担第一章和第九章。

其他一些参与研究计划的人员也对本书做出了巨大贡献，他们不仅提供了详细的研究报告，而且在学术会议和研讨会期间，他们的批评和建议有助于研究问题的形成。我们在本书中会讨论一些教师的研究成果，这些教师是伦纳德·杜布（Leonard W. Doob），亚瑟·格拉德斯通（Arthur I. Gladstone），弗洛伊德·朗伯里（Floyd G. Lounsbury），亚瑟·拉姆斯登（Arthur A. Lumsdaine），弗雷德·谢菲尔德（Fred D. Sheffield），穆萨福·谢里夫（Muzafer Sherif），以及艾德穆德·沃卡特（Edmund H. Volkart）。同时，我们在本书中还会讨论一些研究生和研究助手的研究成果，他们是伊莱恩·贝尔（Elaine Bell），丹尼尔·伯莱因（Daniel Berlyne），西摩·费什巴赫（Seymour Freshbach)，马文·赫茨（Marvin Herz），赫伯特·科尔曼（Herbert Kelman），伯特·金（Bert King），肯尼斯·库尔茨（Kenneth Kurtz），华莱士·曼德尔（Wallace Mandell），哈利·米贺兰（Harry C. Milholland），马文·施瓦茨（Jr.，Marvin Schwartz），沃尔特·韦斯（Walter Weiss），以及克里斯蒂娜·利普斯·伍德拉夫（Christine Lipps Woodruff）。其他一些研究人员在过去对本研究贡献很大，而且他们现在仍然进行这类研究，他们是罗素·克拉克（Russell Clark），尹尼德·霍巴特（Enid Hobart），哈里特·林顿（Harriet Linton），罗沙利德·罗文（Rosalind Lorwin），安娜·姆鲍尔（Anna Muhlbauer），狄恩·普鲁特（Dean Pruitt），伊瓦·罗森鲍姆（Eva Rosenbaum），杰拉尔德·维纳（Gerald Wiener），哈代·威尔克森（Hardy Wilcoxon），杰普森·伍尔夫（Jepson Wulff），以及诺曼·扎德（Norman Zide）。

各个研究领域举行的好几次会议，对我们廓清急需要研究的领域非常有帮助。参与筹划学术会议的研究人员包括：亚瑟·拉姆斯登，西奥多·纽科姆（Theodore M. Newcomb），以及艾德穆德·沃卡特。

我们尤其感谢弗雷德·谢菲尔德在无数次学术会议中所做的贡献，以及他对本书初稿提出的修改意见。我们也感谢一些学者对本书中个别章节所提的意见，这些学者是：罗伯特·阿贝尔森（Robert P. Abelson），所罗门·阿施（Solomon E. Asch），丹尼尔·贝尔（Daniel Bell），詹姆斯·卡柏（James W. Carper），欧文·扎尔德（Irvin L. Child），乔治·马尔（George Mahl），尼尔·米勒（Neal E. Miller），西奥多·纽科姆，以及穆萨福·谢里夫。赫伯特·科尔曼对本书的许多章节提了非常有价值的批评意见，他还帮助对一些实验进行了总结，他所做的这一切对于写作本书最后一章非常有价值。在修改第一章和最后一章时，罗莎琳·罗文·费瑞班德（Rosalind Lorwin Feierabend）女士为我们提供了编辑帮助。杰拉尔德·维纳（Gerald Wiener）不仅为我们提供了查找资料的帮助，还为我们的研究提供了有价值的建议。我们感谢图书馆工作人员詹姆斯·诺拉（James Nora）和罗伯特·彼得斯（Robert H. Perters）所提供的帮助。我们也由衷地感谢罗琳·科（Lorraine S. Coe）女士和爱丽丝·迈尔斯（Alice M. Myers）所承担的繁重的书稿打印工作。简·奥利扎克（Jane Olejarczyk）小姐和苏珊·亨利（Susan Henry）在本项目研究进行的关键时刻，都给予我们实质性的帮助。同时，我们也感谢谢尔曼·塔茨（Sherman Tatz）在研究生工作期间，花费时间为本书制图所做的工作。

本书作者还深深感激伦纳德·杜布，他事实上已经快成为本书的一个非正式编辑了，他给我们的研究提了许多重要的建议。我们同时也非常感谢耶鲁大学出版社的编辑人员与我们的合作，尤其是罗伯塔·耶基斯（Roberta Yerkes）小姐，在书稿后期的准备阶段，她给我们提了大量的意见和建议。

C. I. 霍夫兰

I. L. 贾尼斯

H. H. 凯利

康涅狄格州纽黑文

1953 年 7 月

第一章 导 论

近年来，传播效果研究已经成为人类关系研究中的主要兴趣所在。 1
这其中的部分原因是，大众传播在现代社会经济、政治和社会组织中逐渐发挥的重要作用。更多人和其他人之间的相互依赖加深了，信息传播技术得到了进一步发展，这些因素导致人们极为依赖大众媒体向社会各界传播信息，并由此对人们的观念产生影响。许多组织的领导者认为有必要提升他们的传播系统，使人们对其标准和价值能够广泛的认同，从而帮助企业获得成功。在国际关系领域，许多实际的传播问题都是由“冷战”引起的。对于希望加强美国对其他国家的影响、抵御国外可能进行干扰性宣传的政策制定者来说，这一点尤为明显。像联合国科教文组织这样的机构，主要关注在发展中国家开发大众教育项目，以期打破国家之间互相理解的心理壁垒。在美国，对于那些致力于反对民族、种族和宗教歧视等有悖于民主理念运行的领导人来说，发展传播系统的需求同样显而易见。

以上所有问题都集中在话语和符号是如何影响人的科学研究方面。这些研究不仅仅对利用媒介的人们有重大现实意义，对依赖于小组会议或心理访谈这种面对面形式来研究人类关系的专家也同样重要。所以，该领域内累积的知识可能会产生更广泛的社会应用。从最广泛的角度看，它还可能会影响预防性精神病学、儿童成长和教育。

尽管传播和说服的研究有很大的现实意义，但它对于科学家最大的吸引力在于它涉及了有关个人和社会心理的核心理论问题。传播符号会影响观点和信念，这方面的研究能够有效帮助人们了解高级精神活动在兼容人们每天面临大量的，乃至矛盾信息时所起到的作用。

2 为深入了解这一领域，几年前，本书作者就开始了一项有组织、有系统的研究，该研究旨在了解影响说服传播效果的各种因素，并命名为“耶鲁传播研究项目”。这份研究报告，阐述了我们研究的主要问题，总结了已完成的实验，并讨论了研究中形成的理论模型。研究说服传播中的规则是一项长期工程，这份报告从某种程度上说是对该研究早期阶段进展的总结。

传播研究项目

这一项目具有三个重要特色。首先，不言而喻，它主要关注理论问题和基础研究。因此，它与这一领域内的大部分研究不同，其他研究主要是应用型或者“实践导向”型。该项目中，实践问题只会在对重要的理论形成有所帮助时才会涉及。但是，我们希望理论导向型的研究会最终解决实践问题，无论这些实践问题是关于如何提高说服传播效果，还是教育大众怎么抵抗花言巧语的宣传。就像库尔特·勒温（Kurt Lewin）所说：“没有什么比一个好的理论更为有用了。”

该项目的第二个特点是它借鉴了多个领域的理论成果，包括心理学和其他相关领域。显而易见，传播和观念改变问题，涉及目前许多学科的研究成果。尽管这一研究首先强调的是社会影响的心理分析，但研究中的一些假设还是来源于其他几个社会科学领域。当然，假设的诸多理论系统来源，使得我们无法提出一个单一全面的解决方案。但我们希望在未来几十年，更加深入的研究能缩小各种理论之间的差异，能够整合人类学、社会学、政治学、精神病学和心理学的成果，从而形成统一的传播学理论。

对我们研究最有用的理论是由赫尔（Hull）[5]*1 提出来的“学习理论”（learnig theory），这一理论被米勒（Miller）、多拉德（Dollard）[9]、莫勒（Mowrer）[10]和其他研究者，运用到各种复杂的社会行为研究中去。有关符号反应的理论含义与传播研究尤为相关。 3

分析学习在传播过程中对观点改变的作用，动机因素是最为重要的。传播学专家关注的动机基本上是通过学习，从后天习得的动机。讲到这点，弗洛伊德（Freud）和其他精神分析学家的假设与此有相当的相关性，因而被用来分析符号对个人动机状态的影响。

另一个理论观点的来源是对群体身份影响的研究。在思考哪些因素影响习得性动机时，我们会很快发现许多主要的满足感来源于人们所从属的群体。勒温[7]和他的同伴［如费斯廷格（Festinger）[2]］的理论在分析群体对成员的影响因素方面成果丰富，即在强大“改变”的压力下，群体身份如何维系成员的观点和态度。并且，“参照组”的概念和谢里夫（Sherif）[12]、纽科姆（Newcomb）[11]、默顿（Merton）和凯特（Kitt）[8]的相关理论研究也为群体意识和群体依附的影响提供了一些令人振奋的研究线索。

该研究项目的最后一个特点就是，重视用控制实验的方法对命题进行检验。大部分的研究成果都是实验设计的结果，在这些实验中，传播在特定条件下发生，也就是说影响观点改变的各种因素，可以被分离出来。

该领域内的其他研究主要通过调查和关联研究的方法获得数据，这次研究中获得的数据能够补充以往的数据。有时通过比较各个次级群体的问卷答案，得出的关联能够得到大量关于因果的启示，但却无法从这 4

---

* 作者的注释和参考文献均排在每章末尾，注释按照在文中出现的先后顺序排列，参考文献按照作者姓名的首字母排列。注释的注码采用阿文圈码标注，如①表示请参阅注释第1条；参考文献的注码采用方括号表示，如“［5］”表示请参阅章节末尾第5篇参考文献，有时注码后面还会列出具体的页码。——编者注

些数据中得出清楚的推论。有一个很好的例子能够证明从关联数据中推论的困境，比如，某个种族或民族群体的信息多寡，与对该群体的好感之间有很高的关联，这个研究结果时常被理解为这两个变量之间的关系是动态的，个人对一个群体越了解，对这一群体则越容易产生好感。但这里暗含的最关键的因果关系是，要证明信息量的改变是否会引起态度的变化。要搞清楚两者之间的关系就必须进行控制分析实验，确认各种自变量（传播的信息总量）和因变量（态度的改变）。但当这些实验真正被操作时，才发现之前的推论不一定成立[4]。

控制分析实验不仅仅和数据关联分析不同，同时也和运用实验性方法的评估研究不同，评估研究唯一的兴趣在于确认某个特定的传播是否有效。20 世纪 20 年代和 30 年代的大部分研究都是这一类型。这些研究都旨在发现传播对态度是否有影响，或者比较两种差异很大的传播是否有自己的相对优势。这类研究有时具有实际意义，但对于了解造成不同传播效果的原因，却无法提供有益的见解。近年来，更加重视一般理论建构的基本因素。这次的研究也是这一研究趋势的继续。它的大部分研究都尝试采用控制实验来系统地改变理论分析中的基本因素。

5 由于控制实验带来的可控性，本课题中的大部分传播都只用了单向的一种形式：把一个设定好的传播呈现给“受控制”的受众，并限制受众之间的交流。实验者认为尽管面对面交流效果的研究还需要其他方法，但从单向研究方式中获得的大部分基本规则，都能用于群体讨论和心理疗法中的说服过程。

当然，期待用控制实验的方法来解决所有的问题是不可能的。就目前条件来说，控制实验的方法也无法解决所有关于传播和态度改变的问题。广泛的案例研究和观点调查有时对准确定义某一问题是必需的，在确定理论上某一特定结果出现时，所需的条件现实中是否存在也是必需的。并且，在研究比如个性这些无法用实验操纵的因素时，只有传播本身才能够在实验中加以控制。

即使控制分析实验表明某一因素和传播效果紧密相关，这一结论的普适性仍有待质疑。比如，一项实验的结果表明：在吸引人们参与民防志愿活动时，恐惧诉求放在行动建议之前，比放在之后更为有效。但在面对不同问题时，是否有同样结果？或者当传播者的类型不同，或媒介不同，或观众的类型不同，或所提倡的行动不一样时，这一结果是否同样适用呢？当然，这些问题的答案可以通过不同策略的重复实验来得出。参军实验的结论假设，只有在它所确立的实验条件下才能被证明是真实的。对于同一假设，必须在仔细设置的条件下进行深入研究，并为与假设无关的因素重新赋值。只有在这种情况下才可以最终确定这个假设是否是一个有效的结论，如果是的话，是否需要对限制条件加以说明？目前我们报道的研究结果，基本上得出的是实验性的结论，这些结论还需要进一步的验证和核实。

实验假设 6

我们不会在这本书里展示一个说服传播的系统理论。但是，要想理解我们对研究变量的选择和对结果的解释，读者最好能够了解此次研究实施的整体框架和一些有用的操作性定义。因此，接下来我们会简短阐述作者对观点改变本质的看法，以及说服传播中涉及的变量种类。

观点改变的本质

从广义上看，“观点”可以指解释、期望和评价——比如对他人的看法，对未来事件的期望，或者是对某一行为奖励或惩罚结果的评估。从操作层面上讲，“观点就是在一些常见问题出现时，个人对刺激情景的一种语言性回答”。比如，某人对世界大战紧迫性的看法。总的说来，如果不管什么时候他对相关问题的回答都是一致的，我们就认为他对这一问题具有持续性观点。提出这一问题的刺激情景可能会变化多端。有人会被直接问到他对此事的看法，这既可能是在一种正式小组会议的情况下，也可能是在和朋友进行非正式讨论的情况下。或者他会对自己提出这个问题，比如说，当决定是否加入预备役的时候。

上述的实验定义使我们有必要对“观点”和“事实”、“观点”和“态度”的差异作出解释。事实和观点都代表了对“问题”的“回答”，正如霍夫兰（Hovland）、拉姆斯登（Lumsdaine）、谢菲尔德（Sheffield）[4]指出的，不可能清楚地区分这两者。但在这个统一体的一端，有一些典型的陈述被视为观点，但却很难进行证实——比如，对政治领导人动机的推测，对通货膨胀原因的推测，或者对未来发明的预测。统一体的另一端是普遍认为“不容置疑”的事实。通常当我们谈论说服传播时，我们指的是那些不能通过直接观察解决的问题，以及对当下结论有意见的分歧。

7 “观点”和“态度”都是隐性回应，用理论术语讲，两者都是中介变量。这两者的关系很亲密。但“观点”这个词用来指一系列广泛的预期和期待，“态度”则专门指接近或回避某一事物、人、群体或象征的隐性回应。这或许可以解释为态度的“导向价值”［杜布（Doob）[1]］。“观点”和“态度”的另一明显区别是两者可以用语言表达的程度不同。观点被认为是可以语言化的，而态度有时则是“无意识的”，比如通过非语言过程调节的回避倾向，包括在恐惧条件下的这一倾向。

以上观点暗含了一个重要推论，即态度和观点之间有很强的互动。接近和回避的变化（态度）可能会影响个人对一系列相关问题的期待（观点）。相反，对我们研究目的更为重要的是，观点的改变可能会改变个人的整体态度。一方面，个人对某个政治人物的厌恶态度可能会影响他对这个政治人物动机的观点。另一方面，对于政治人物动机的观点可能会改变个人对他的负面态度。我们的假设是许多态度都是通过语言性的观点、期待和评价来调节的，而传播改变态度的主要方式就是改变语言性的回应。

8 当我们说观点是“语言性”的和“隐性的回应”时，我们指的是个人秘密地向自己内心进行语言表达的方式。因此它们和显性的语言回应不同，显性的语言回应的是当问题出现时伴随的附加刺激，需要或鼓励语言回应时，个人对他人进行的语言表达。一般来说，显性和隐性的回应是一致的。当然，有时也会出现个人内心的答案和与人交流的答案不同的情况。在这种情况下，显性的语言就被认为是其观点的不恰当指示——我们可以说他在“掩饰”，“歪曲”，或者“说谎”。如果我们认同这种用法，“观点”这个词就仅局限于指隐性的语言回应。当我们需要显性回应时，由于它容易随着外部即时限制条件的变化而变化，而隐性回应或许更具有持续性，因此对“观点”的定义可能是有益的。并且，每当外部限制条件缺失，隐性回应就会影响个人的决定、评价和行为。因此，“观点改变”是根据隐性的语言回应来定义的一种改变。比如，个人仅仅改变了他的显性回应，但内心的隐性回应并没有改变，我们不会将其称为观点的改变，而宁愿说个人学会了取消或避免表达自己的真实观点。

以上对观点改变的讨论直接引出了一个重要的方法上的难题：我们怎么观察隐性语言的改变？事实上，为了研究隐性语言回应，有必要引导出显性语言回应。假设在一定条件下，显性和隐性的语言回应大致相同；方法上的难题就是如何设立这些条件。比如，有些观点包含羞愧、罪恶和其他干扰因素，为了防止这些因素诱发有意或无意的观点扭曲（比如反常的性行为倾向，或对权威人士的恶意评价），我们需要类似于精神分析中使用的特殊面试技巧，这样个人能够在一个宽松的人际关系环境中进行自由联想。观点表达越自由，研究者需要使用的技巧就越简单。因此，我们经常会在设计和处理有关观点的问卷时，尽量减少压抑或扭曲观点的因素。

这次报告中说服研究选择的主题很少有激发压抑或扭曲观点的因 9
素。为了进一步减少这些因素的出现，我们在方法论方面采取了标准常规的预防手段：仔细考量问题的措辞，指派与被试者没有任何权威关系的实验管理者作为研究人员，告知被试者观点的差异性乃正常现象，并确保结果会保持匿名性。在这些条件下，似乎更能确保个人的显性语言回应和隐性语言回应保持较高的一致性。

方法方面还有另一个问题，即一个观察到的观点改变具有多大的“显著性”或普遍性：个人对不同于问卷中使用的特殊符号的刺激反应是否会不同？除了问卷中要求的回答外，个人的回应是否会受到影响？

这些问题经常以一种非直接的、更为常见的质疑形式出现：怎么确认观察到的改变代表了真正的观点改变（而非仅仅针对问卷题目做出的改变）？对于这一问题，很难得出令人满意的答案，还需要进行进一步的方法论研究。然而，为了达到研究目的，我们已经试着使用一系列的问卷来满足评估普遍性的需要，这些问卷从不同角度考虑了大体相同的问题，并且选择了和日常情况中的语言刺激最为接近的问题。为了补充观点测量手段，有时问卷中还包括开放性问题，使我们能够用被试者自己的措辞来检查结果的普遍性。

当然，问卷使用的有效性在于它们最终的效用，即能否让研究者发现传播刺激和语言回应变化之间的持续性关系。对这些关系的解释如何，以及研究者所支持假设的普遍性如何，可以部分地通过问卷和其他渠道观察结果的适应性来验证，包括大量通过心理治疗和大众传播进行的个人访问，以及来源于购买、捐款或投票的行为数据等。

10 **说服传播的本质**

我们假设观点和习惯一样，除非个人经历新的学习过程，否则它倾向于保持不变。能够成功促使个人接受某种新观点的说服传播是由一种学习经历组成，在这个学习经历中，个人获得了一种新的语言习惯。也就是说，当个人面对某个问题时，他关心和偏好的是传播中出现的新答案，而非在经历传播之前自己所持有的答案。

在传播中哪些因素造成了这种改变？它们是如何运作使得语言回应能够以新代旧的？我们在此不会给出一个关于学习过程完整的理论思考，而是对传播过程中可能造成观点改变的主要因素作实验性的总结。

当然，说服情境中的一个关键因素是传播中的“建议意见”。这一因素被视为提出关键问题、给出全新答案的复合刺激。比如，设想传播者的结论是“美国卷入对俄战争至少需要十年”。我们认为在表述这一观点时，传播者已经包含了一些能够作为有效刺激提出问题的词语，“美国卷入对俄战争需要多久？”同时结论也给出了明确的答案，“至少需要十年。”在较长的传播过程中，这一结论可能会被陈述十几次，或仅仅一次。即使一个传播者不会在他的结论中给出明确的答案，他的那种非直接的语言表述也必然会隐含地提出问题，并给出答案；否则我们就不会认为传播会导致新的观点。

当面对建议观点时，受众可能至少会有两种反应。他会思考他自己 11
对于问题的答案，也会思考传播者给出的答案。第一种反应来自于以前建立的语言习惯，这些习惯构成了个人的原始观点；第二种反应来自于语言行为的一般性质，即后天习得的对自己重复自己关注的传播情境的倾向。因此，说服传播的主要影响在于刺激个人思考他的原始观点和传播中建议的新观点。

仅仅思考新观点和旧观点的方式本身并不会带来观点的改变。个人观点保持不变时仍可以记住结论的内容。在教育或训练的情境中，实践对于记忆语言信息非常重要，但却不足以使人接受新的观点。我们假设接受是在刺激的基础上偶然发生的，那么为了改变观点，在形成新的隐性回应时，就必须创造出比形成旧的隐性回应时更强的刺激来。辩论和推理是接受某个观点的主要基础，也就是说，个人根据自己的思考习惯，为结论构建了“理性”或“逻辑”的支持。除了支持推理外，关于奖惩的特殊刺激也会促使个人接受或拒绝某个观点。对这些刺激的讨论，本书放到后面的章节再谈。

我们认为在传播中主要有三类刺激，能够引起上述所说的刺激的变化。一类与传播源可观察到的特征有关。另一类涉及传播的环境，比如其他成员对传播进行反应的方式。传播刺激还包括重要的内容因素，比如“观点”和“诉求”。无论这些种类的刺激能否成功运作，刺激都依赖于个人的特质。成功的传播既能让各类刺激适应个人的语言技巧，又能刺激个人，使他接受建议意见。

实验组织 12

通过前面对观点和观点改变的讨论，读者可能推断出这部分的主题了。上面各处其实已经隐含了对传播的一个定义，此处可正式表述为：传播是一个过程，即个人（传播者）通过传递刺激（通常是语言性的）来改变他人（受众）的行为过程。这一定义使我们的研究分为四个部分：(1) 进行传播的传播者；(2) 传播者传递的刺激；(3) 对传播进行反应的受众；(4) 受众对传播的反应[3]。这些研究主题类似于著名的"谁（who）说了什么（says what）通过什么渠道（to）向谁说（whom）产生了什么效果（with what effect）"的5W模式[13]。

本书后面的章节将会关注这四个研究部分的相关主题。这些主题研究的结果都来源于此次研究项目中所做的研究。在我们的研究中，这些主题没有进行专门的讨论，但会在之前的研究背景中提及，它们都与媒介的本质和传播的环境有关。需要注意的是，我们的研究关注的是受众在接触传播者时会遇到的问题，而非解决以前研究中如何确保或扩大受众数量的问题。

为解释具体研究在操作时的整体环境，书中每章都包含一个"背景介绍"部分。接下来是有关每个主题的"研究证据"部分，另外还有一个"启示"部分，这部分讨论了相关的问题和对未来研究的建议。在讨论我们自己的结论和以前的结论时，我们试着阐明该领域内一些常见的理论问题。但此类讨论并不能构成一个说服或观点改变的系统理论。它们更多地揭示了在构建传播科学概论时必须思考的问题。

本次研究关注的主题如下：

13 1. 传播者

影响传播效果的一个重要因素是被视为传播源的个人和群体——现在的研究涉及传播者的可信度，传播意图和受众对传播者的依赖度。在一些极端案例中，如果仅仅认为是某个特殊的信源在提倡新观点，就足以使人接受这个观点了。这就是常说的"威信暗示"。但是，在日常生活的很多说服传播中，说服包含了许多附加内容，比如诉求和争论，这些都是促进观点改变的刺激因素。在这些案例中，信源的性质会影响受众对这些附加刺激的反应。对于这方面的问题，我们的研究主要关注传播者的可信度和专业性，对受众评估传播和接受传播者立场的效果影响。这些问题将会在第二章进行讨论。

2. 传播内容

A. 动机诉求。这类刺激是由传播内容组成，这些内容要么能激发情感态度，要么能产生强大的刺激促使人接受新观点，摒弃旧观点。这类刺激中的一种主要类型——恐惧诉求——在使用中的理论问题和相关的研究发现，将会在第三章进行讨论。

B. 说服观点的组织方式。在传播中，观点的类型和观点组织的方式会影响受众的思考，因此它们对受众接受或拒绝新观点有重大影响。观点的种类和陈述的顺序既可能简化，也可能干扰新旧观点的排序。第四章研究了许多关于观点组织的问题：结论的隐性或显性表达，一面提示或两面提示，不同的观点排序造成的首因或近因效果。

3. 受众的特性 14

A. 群体一致性的动机。传播者和传播内容的影响取决于个人对群体规则或标准的遵循程度。因此，受众特性研究的一个重要方面就是，关注来源于各种社会群体身份，或依附于各种社会群体形成的一致性动机。引起群体差异的传播会招致受众抵抗，其中对相关个性因素的分析将在第五章进行，我们主要关注个人对群体身份的评估，同时也会考虑对群体一致性程度造成影响的特定情境刺激。

B. 个性因素。有些人更容易对说服产生回应，有些人则更加抗拒说服。这些受说服影响程度不同的个人差异可能来源于能力（比如理解他人话语意思的能力）或动机（比如避免思考传播者所强调的负面影响的强烈动机）的差异。第六章关注说服和一般智力因素，以及说服和能反映动机倾向的个性因素之间的关系，相关的假设和证据也将会进行讨论。

4. 反应

A. 新观点的显性表达。如果说服传播有效，那么个人的显性表达行为会发生变化，比如无论相关情境何时出现，他都会有规律地表达新观点。然而，就像前面提到过的，个人有时会被诱使在语言上保持一致，公开表达传播中建议的观点，但内心并没有做出确切的改变。但是，即使只出现表面的一致性（比如促使个人扮演某个社会角色），新观点的显性表达也可能对内心的接受产生影响。第七章对观点改变这一方面的研究进行了描述，同时还介绍了各种关于显性语言效果变化的假设。

15 B. 观点改变的持久性。当受众持续地表达新观点，尤其是在没有外部限制要求他保持明显一致时，我们认为传播已经使个人接受了新观点。但还存在一些关于这些新观点将会被持续保持多久的问题。比如说，如果后续接受的竞争性传播的信源很有力，那么其产生的干扰会使人拒绝上次传播中提倡的观点。即使没有后续的竞争性传播，个人也可能遗忘从上次传播中学到的刺激信息，以至于短期内他就会忘记那些有助于保持持续性的观点内容。另外，个人可能在最初时对传播表现出很强的抗拒，但接下来似乎又“不由自主”地接受了它。第八章讨论了各种简化或干扰保持观点变化持久性的因素。

传播中学习的特征

在前面的讨论中，我们假设说服传播是否有效在于学习过程。从某种程度上讲，我们希望找到在学习新观点、各种语言、运动技能以及其他行为时的普遍规则。但有必要说清楚的是，与其他的学习情境相比，在试图通过说服传播改变观点时，学习的类型和学习的条件是非常不同的。

16 拉扎斯菲尔德（Lazarsfeld）在为克拉珀（Klapper）新书[6]所写的序中，强调把实验室关于人类学习研究的结果，运用到通过大众传播进行的说服传播中去是非常困难的。在大众传播进行的说服传播中，如果受众觉得没有兴趣可以随时离开。他把大众传播情境当成“人们随意进出的学习过程，在这儿一些最有价值的传播效果是偶然获得的，大众传播情境中的学习动机往往很弱，学习可能获得的奖励既不是实验者的，也不是受试者的……”（克拉珀，序言 6～7 页）

对于大众传播的受众，我们的研究还有一个前提问题没有考虑，就是首先要吸引受众的问题。即使说服性观点是陈述给一个相对“受制于”传播的受众——比如某个政治会议的代表——但它仍然存在许多独特之处，使其学习情境不同于学术教学或学习新的语言习惯时的技能指导。

其一，正式的教育在进行时，受众一般已经做好了要学习的准备，并且自愿接受和老师相对的学生的身份。在日常的说服传播中，情况往往并非如此。

其二，在许多语言学习的情境中，比如对科学的学习，主要的目标就是教授许多的事实和观点。为了达到这个目标，个人在记忆和学习所有所需知识时必须进行大量练习。但在说服传播中，建议的观点一般来自人们记忆中的某一句话，在许多情况下，一次传播就足以导致观点的改变。在经历传播时，受众可能会对建议观点反复思考，但有时仅仅思考一次就可以记住它。当然传播者面临的最大问题就是促使受众接受新观点。因此，日常练习在这类学习中不再那么重要了。需要指出的是，单次训练可能是学习者需要做的，但传播者也必须经常提供对“改变训练”来说必要的其他特殊种类的训练，从而使得学习者能够把新观点运用到各种相关却又不同的情境中去。

其三，对同一刺激的新反应会十扰语言技能，或记忆语言信息的持 17
久性。一般来说，在正式学习时，个人很少会被置于竞争性的学习中，这种竞争学习旨在打破他刚学习到的新的语言习惯。但是，当说服传播在处理矛盾观点时，这种干扰会经常发生。在刚接受一种传播后，受众可能立马要被置于其他的传播之中，新的传播传递的是完全不同的观点，并意图确立这些完全不同的观点。因此，说服传播的效果不仅有赖于成功地促使观点发生改变，还有赖于对后续竞争压力的持续抵抗力。

很显然，上面的讨论表明许多具体因素对观点改变至关重要，但在正式的语言学习中却不是这样。寻找这些因素是目前研究的目标之一，我们将在结论部分讨论这个问题。

在一个完整的传播理论被建构起来之前，我们有必要确认和理解主要的传播变量。就这方面来讲，我们必须奠定经验性命题的必要基础，这些命题涉及传播刺激、受众特性和观点改变之间的关系。这本书是深入研究的结果，这些研究致力于分离关键变量，为以后的理论建构提供初步的框架。为进一步实现构建理论框架的目标，我们不仅阐述了理论假设和实验结果，还指出了发展说服传播概论的一些线索。

参考文献

18 [1] Doob, L. W. The behavior of attitudes. *Psychol. Rev.*, 1947, *54*, 135–156.

[2] Festinger, L. Informal social communication. *Psychol. Rev.*, 1950, *57*, 271–282.

[3] Hovland, C. I. Social communication. *Proc. Am. Philos. Soc.*, 1948, *92*, 371–375.

[4] Hovland, C. I., Lumsdaine, A. A., and Sheffield, F. D. *Experiments on mass communication*. Princeton Univ. Press, 1949.

[5] Hull, C. L. *Principles of behavior*. New York, Appleton-Century, 1943.

[6] Klapper, J. T. *The effects of mass media*. New York, Columbia Univ. Bureau of Applied Social Research, 1949. (Mimeo.)

[7] Lewin, K. *Field theory in social science*, D. Cartwright, ed. New York, Harper, 1951.

[8] Merton, R. K., and Kitt, Alice S. Contributions to the theory of reference group behavior. In R. K. Merton and P. F. Lazarsfeld, eds. *Continuities in social research*. Glencoe, Ill., Free Press, 1950.

[9] Miller, N. E., and Dollard, J. *Social learning and imitation*. New Haven, Yale Univ. Press, 1941.

[10] Mowrer, O. H. *Learning theory and personality dynamics*. New York, Ronald Press, 1950.

[11] Newcomb, T. M. *Social psychology*. New York, Dryden Press, 1950.

[12] Sherif, M. *An outline of social psychology*. New York, Harper, 1948.

[13] Smith, B. L., Lasswell, H. D., and Casey, R. D. *Propaganda, communication, and public opinion*. Princeton Univ. Press, 1946.

第二章　传播者的可信度

一般来说，传播效果在很大程度上取决于传播者。政府部门竭尽所能让最受欢迎的人在国会中为自己代言。背后的流言蜚语也会通过谣言故意泄露较体面的信源名字。科学论文的作者和新闻专栏作家都会引用名人的话来支持自己的观点。

受尊敬程度较高的人或组织如果支持一句话，其积极效果类似于这句话好像就来源于这些人或组织。宣传活动的组织者一般会有一系列重要人选，通过把他们的名字列在自己宣传手册最显著的位置，组织者不言而喻地表明了他们对自己活动目标的支持。信息的效果还有赖于其传播的方式或传播渠道。广告的可信度在某种程度上似乎也和它所在杂志声誉相关。[27] 660页

上面的例子表明了个人、群体或媒介的重要性，它们都可以归为“信源”类。效果的差异有时取决于信息的来源者是谁，信息中引用的是谁的话，或者信息的传播渠道是什么。然而，不同信源在运作时都基于一些基本因素和规则，因此，我们分析某一类信源产生反应的心理过程时，也希望这一分析能够适用于其他信源种类。这一章主要处理研究一种单一明显的信源效果，也就是一个信源直接向受众传播自己对某一

问题的观点时，所产生的效果。我们把这种信源叫做“传播者”。

上一章对观点改变的分析表明，传播者可以通过多种方式影响观点改变的过程。比如说，如果传播者的个人特征突出，说话能有效地吸引受众注意，他就可以提高受众关注新观点的可能性。如果他本身受到尊重，或者本身是某个社会地位较高的社会群体成员，他就可以通过表明自己和他所在群体采用了新观点，从而提高受众对新观点的认知价值。如果传播者想通过观点的表达来支持新观点，促使受众接受它，那么他所具有的专业性和可信赖性，就可能决定了受众对其观点的信任程度。

20 我们假设传播者的各种传播效果是由受众对其态度所决定的。各种不同的态度就构成了传播者效果的基础。有些态度包含了受众的喜爱和尊敬，以及有一种想成为传播者的欲望。如果传播者有权力根据受众对自己意见和需求的遵循与否，来决定其可能受到的奖惩，这又决定了受众对传播者的恐惧和害怕程度。其他重要的态度还包括信任和信心。这些都和传播者的可信度有关，可信度包括了受众对其知识、智力和真诚感的认知。

在施加各种不同影响的情境中，个人学习到了影响传播者效果的态度因素。根据接受或拒绝某些社会影响的经验，个人对信源的有效性形成了一种期待，并且学习到遵循某些人的建议会获得的回报高，遵循其他人的建议获得的回报可能就少。学习的结果形成了对各种不同信源的复杂态度，而且这些态度适用于不同的人、群体和机构，并由此影响个人对这些信源传播的反应。

如果学习这些态度的条件是变量（它们几乎无可避免地都是），同影响力有关的传播者特征就无法清楚地进行归类；它们会由于时间和文化环境的不同而变化。比如，在不同的文化中，权威或可信任的传播者的具体特征就不同。即使在相同的文化中，也会存在一定程度的差异，尤其是涉及不同的主体时。然而，与喜爱、传播者的权力和可信度等相关的态度，在所有社会里都是非常重要的。并且，关于这些态度来龙去脉的大致规则也有很高的一致性，或者至少在我们的文化里有很高的一致性。

我们的研究项目仅关注和信源可信度（credibility）相关的因素。 21
这一方面的分析将集中在两个问题上。(1) 传播者可信度的差异如何影响受众对传播内容和传播方式的看法与评价？(2) 在多大程度上，传播者可信度的差异改变了受众的态度和观念？在分析这些问题的答案时，我们会简单介绍传播效果产生和改变的心理过程。

背景

个人接受传播者观点的程度，部分取决于他对传播者专业性和智力的看法。受众可能相信传播者能够传递有效信息，但如果他怀疑传播者传递无效信息的动机，他可能会拒绝这样的传播。因此有必要区分（1）传播者在多大程度上被当做是有效信源（他的“专业性”）和（2）传播者有多少信心来传递他认为有效的信息（他的“信任度”）之间的差异。在任何情况下，受众对传播者信息重要性的评估都依赖于这些因素，这些因素导致的结果就是所谓传播者的“可信度”。在这一部分我们会回顾和可信度的组成因素（专业性和可信赖性）有关的背景信息。

传播者的各种特征可能会改变受众对其专业性的看法。比如，有时传播者的年龄可能暗示了他的经验程度。一个人在群体中的领导地位，也可能暗示他预测社会反应的能力。在一些问题中，与那些和受众有差异的传播者相比，与受众相似的传播者可能会被认为更加专业。个人都倾向于认为地位、价值观、兴趣和需求相似的人，在看待和判断问题时有和自己一样的视角。这对于一些受众不了解、需要其他人指导的问题（比如关于某份工作的满意度或某些个性的吸引力），传播者的观点就会具有特别的可信度。因此从某种程度上讲，对年龄、领导力和背景相似性的研究可能涉及专业性因素。①②

专业性对观点改变的影响还没有进行过系统研究，但很多研究都得 22
到了一些建议性的结果。鲍登（Bowden）、考德威尔（Caldwell）和韦斯特（West）[7]获得了一些重要发现，他们关注的是，人们对美国建立适度货币政策等经济问题的解决方案所持有的态度。他们研究了不同年龄阶段的被试者，发现不同职业（律师、工程师、教师）的人对这些方案的认同程度不同。教师和商人最支持这些方案，神职人员则最不支持。库尔普（Kulp）[24]的研究证明，对于受教育的研究生来说，专业教师和社会科学家的社会、政治观点，在一定程度上比下层公民的观点更有影响力。尽管研究还可能涉及其他因素，但这些结果似乎也部分地表明了，人们对信源专业性认知的差异。

对于可信度第二个组成部分的研究，已经有很多假设，包括传播者的哪些特征会引发受众的信任和不信任，以及这些态度对传播效果的影响。最常见的一个假设是，如果受众认为传播者有说服别人的明显意图（*intention*），他们就会认为传播者能够从传播中获利，从而降低传播者的可信赖性。就像拉扎斯菲尔德、贝雷尔森（Berelson）和高德特（Gaudet）[25] 152～153页所指出的，随意和非目的性谈话的传播效果，部分来源于信息接受者没有批判和防卫的心理状态，但如果受众知道传播者是蓄意来影响自己时，这种心理状态就会出现。从这一方面来说，在地铁站和其他拥挤的公共场所重复听到的观点尤为有效，因为很明显，在这样的环境下，传播者无意对旁观者进行说服。在目前商业广告使用的技巧中，这一现象似乎已经到处泛滥了。

23 与传播者动机或意图有关的一系列特定线索，必然会牵涉到他的社会角色地位。众所周知，一些职业（播音员、广告代理商和销售员）的从业者承受着一些特殊的压力，要求他们只能传播特定的信息，不准传播其他信息。对于其他职业的从业者来说，比如新闻记者，他们的压力就是必须尽其所能地准确报道事实。广告代理商认为故事比广告能获得更多的可信度，他们不断地通过新闻专栏为客户聚集注意力就说明了这一点。[13] 323～324页

默顿对凯特·史密斯（Kate Smith）在连续18个小时的播音过程中兜售战争债券的事进行了分析，结果表明，人们认为这样的传播者是无比真诚的，而不只是“就像另一种销售员”[30]。受众认为凯特非常真诚，这似乎是她获得显著成功的主要原因之一。“她说的话都是有意义

的”（83 页）。即使她不断出现在商业赞助活动中，或像其他播音明星一样出现在促销活动中，公众仍然认为她在推销债券时，关心的只是国家利益，而不在乎自己是否能够获得的知名度。在默顿分析中最有趣的发现是，连马拉松比赛也能增加凯特真诚和无私的声誉。在经常收听凯特节目的听众中（不听她节目的受众中也是），那些收听过马拉松比赛的人，比那些没有收听过马拉松比赛的人，更确信凯特在推销债券时是无私的。默顿指出，“先入为主的史密斯连续播音 18 个小时的压力和紧张，使人们认为其他所有事情都不过是她真诚度的证明”（90 页）。

霍夫兰、拉姆斯登和谢菲尔德[18] 100～103页的一些关联性数据表明，受众对传播者信任与否能够对观点改变产生影响。一些基本数据包含了受众对美国陆军部拍摄的军事电影的反应。电影里的相关态度并不是专门针对传播者的，而是受众对电影拍摄目的的判断。在士兵看完《大不列颠之战》之后，会被问到这样的开放性问题：“你认为把这部电影展示给你和其他人看的原因是什么?”基于他们的答案，士兵被分为两组：一组认为电影拍摄的目的是“宣传性”（具有操纵性意图）的，另一组认为电影拍摄目的是“信息性”的。通过比较电影改变这两组人态度的程度，发现它们对认为电影拍摄目的是“宣传性”的小组影响要小，而对认为电影拍摄日的是信息性的小组影响更大。这种关联性可能仅仅表明士兵对电影内容的普遍态度，这一点可以在观点改变和电影评价中反映出来。但也存在另一种可能的解释，即受众倾向于拒绝自己认为有操纵意图的传播。 24

以上材料表明，与传播者专业性和可信赖度有关的态度，可能会改变传播者的影响力。系统研究的结果有助于搞清楚这种情况出现的条件，并且还可以了解改变发生的具体过程。下一部分我们将从以下两个问题出发考察得出的结论。

首先，传播者专业性和可信赖性的变化是否会影响受众对其表现、观点和诉求的评价？如果传播的构建是为了从说服观点和动机诉求中获得效果，这一问题就尤为重要。有时传播仅仅代表一个结论，并不需要支持性论点，只要有一个有名望或受人尊敬的信源，它就会被更多人接 25

受。过去大部分关于传播者效果的经验性研究——对“知名观点”的研究——都集中于这一特别现象。[2,24,26,36]如果可观察的效果，随着受众对推荐观点认知价值的变化而变化，那么传播者和他所代表的群体可以通过隐性承诺或保证的方式，即根据信源的可靠性来证明观点的事实和逻辑是正确的。但如果传播包含了显性的支持证据和观点，那么就会出现另一个问题，即与低可信度的信源相比，高可信度的信源在进行表达时，受众是否会认为观点更加重要、合理和具有逻辑性。简单来说，就是支持观点的效果在多大程度上取决于受众对传播者的态度?

其次，传播者专业性和可信赖性的变化是怎样影响传播中观点改变的程度的？当然，这是说服传播中的关键问题。在前面提到过的各种观点的改变中，这一点需要进行独立研究。就像我们将看到的，传播者的特征可能会影响受众对传播的评价，但不一定会影响受众对结论接受的程度。

研究证据

就像前面提到过的，对传播者说服意图的看法，可能影响受众对其可信度的判断。尤因（Ewing）[15]的研究解决了这一问题的一个方面——表明了的传播者意图和受众本来的偏见相比，受众对传播认可的程度是否有所不同。结果表明，这一变量会影响观点改变的程度，并且对传播的不同评价，也会影响研究结果。实验对两组受试者进行了相同的传播，与受试者原来的观点相对，传播是反对亨利·福特（Henry Ford）的。在传播者介绍和传播的整个过程中，他公开表明了他的传播意图：对于第一组，他宣称传播的目的是让人们感觉更加支持福特，对于第二组，他表明传播目的是让人们感觉不再那么支持福特。

26 图 1 展示了观点改变的结果，表明在传播的指导下，第一组成员的观点改变更大，而传播者在第一组表明的宣传目的和受试者最初的偏好是一致的。

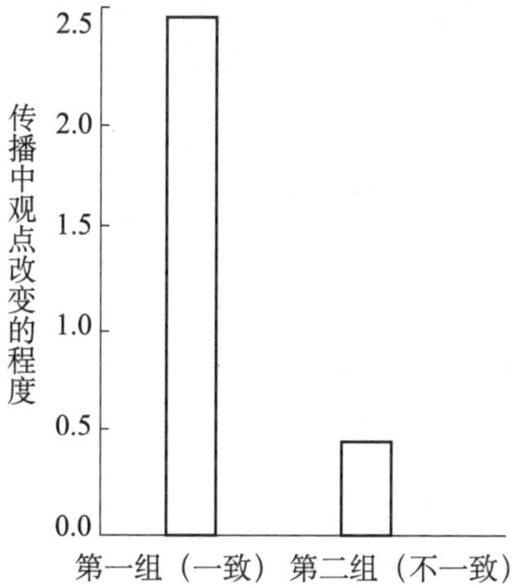

图 1 传播者表明的传播意图和受众最初的观点一致或不一致时，观点改变的程度

来源于尤因[15]

总的说来，尤因的结论支持了他的假设，当传播信源不清楚或很模糊时，如果传播者一开始就公开表明他的观点与受众的一致，那么信息被接受的程度就更高。他的研究结果还表明，即使传播提倡的观点与受众最初的观点直接相反，这一结论仍然有效。当然，如果传播内容和传播者表明的意图明显相悖，这个结论是无法起作用的。 27

尤因还展示了他深入分析数据的结果，结果表明，受众对传播偏向、传播逻辑等的支持程度可能会影响实验结果。很明显，对传播的评价不仅取决于传播内容，还取决于受众本来的偏好和传播者表明意图之间的矛盾程度。如果传播者展示的材料支持了他的结论，但在一定程度上和他公开的立场不同，这表明传播者的思维有很大的客观性，以及为受众提供对其观点的基本信心。

通过研究可信赖程度不同的传播者，霍夫兰和韦斯（Weiss）[20]在记忆持久性（参见本书 203～206 页）的研究中提出了信源可信度的实验变量。整个研究向两组人进行了相同内容的传播，一组信源的可信度高，另一组信源的可信度低。在传播前、传播结束时和结束一个月后，用问卷对受众观点进行调查。这次研究选取四个主题，可信度高的信源向一组人传递了这四个主题，可信度低的信源向另一组人传递了这四个主题，并且都向被试者呈现了每个主题的肯定答案和否定答案。

每个被试者（修一门高级本科课程的大学生）都会收到一个册子，里面关于每个主题都有一篇文章，文章的结尾处注明了信息来源。

28 下面是实验中的四个主题和信源：

	高可信度信源	低可信度信源
A. 抗组胺药物： 在没有医生处方的情况下，抗组胺药物是否可以继续出售？	《新英格兰生物与医药学报》	杂志 A（每月大量发行的图画杂志）
B. 核潜艇： 目前能否建造出实用的核潜艇？	奥本海默 (Robert J. Oppenheimer)	《真理报》
C. 钢铁短缺： 钢铁产业是否该为目前的钢铁短缺负责任？	《国家资源规划委员会公报》	作家 A（一位反工会、反新政的“右翼”报纸专栏作家）
D. 电影院的未来： 到 1955 年，运营中的电影院数量是否因为电视的出现而下降？	《财富》	作家 B（一名电影八卦专栏的女作家）

传播前的问卷调查得到了被试者对一系列信源可信度的评价，包括实验中用到的这些信源。对这些评价的分析清楚表明了传播的信源在可信度上有很大的差异。81%～95%的被试者信任高可信度的信源，1%～21%的被试者信任低可信度的信源。

对传播的评价。对信源最初的态度显然会影响受众对传播的评价，这些评价在传播结束后马上就可以得到。被试者对传播的评价数据见表1。尽管被试者认为传播内容一样，但与高可信度信源进行的传播相比，低可信度信源的传播被认为“不那么公平”，结论“不那么合乎情理”。虽然受众对这些问题的反应可能涉及对整个传播情境的反应，而不仅仅只针对观点和结论本身，但它们确实表明，受众对传播内容的判断非常容易受到信源差异的影响，比如，传播中的事实能在多大程度上证实结论等。

表 1 高可信度信源和低可信度信源，对被试者评价同一传播的公平性和合理性的 29
影响

认为传播者传播公平的百分比

主题	高可信度信源		低可信度信源	
	样本量	百分比	样本量	百分比
抗组胺药物	31	64.5	27	59.3
核潜艇	25	96.0	36	69.4
钢铁短缺	37	24.3	26	19.2
电影院的未来	29	93.1	33	63.7
平均值		65.6		54.9

根据事实认为传播者结论“合理”的百分比

主题	高可信度信源		低可信度信源	
	样本量	百分比	样本量	百分比
抗组胺药物	31	67.7	27	51.8
核潜艇	25	80.0	36	44.4
钢铁短缺	37	32.4	26	26.9
电影院的未来	29	58.6	33	42.4
平均值		58.2		41.8

来自霍夫兰和韦斯[20]

观点改变。与低可信度信源相比，高可信度信源更容易引导观点朝着自己提倡的立场发生变化。表 2 是传播结束之后，立即调查观点改变的结果。在四个主题中，除了“电影院的未来”这个主题外，其他三个主题都和实验预期的差异一致。

表 2 观点向高可信度信源和低可信度信源立场发生的净改变，信源的可信度由实 30
验者进行分类

被试者随着传播改变观念的净比例

主题	高可信度信源		低可信度信源	
	样本量	百分比	样本量	百分比
抗组胺药物	31	22.6	30	13.3
核潜艇	25	36.0	36	0.0

续前表

主题	高可信度信源		低可信度信源	
钢铁短缺	35	22.9	26	−3.8
电影院的未来	31	12.9	30	16.7
平均值		23.0		6.6
平均差		16.4		
显著性		<0.01		

净改变=积极改变−消极改变，参见［18］302～305 页对该测量方法使用的讨论
来自霍夫兰和韦斯[20]

四周后，被试者关于观点改变的数据却表明高可信度信源和低可信度信源的效果差异消失了；它们之间已经不再有明显差异。人们对高可信度信源观点的接受程度降低，对低可信度信源观点的接受程度升高。第一个结果的出现可以归因于人们逐渐遗忘了传播内容，或降低了对传播者可信度的重视，又或两者兼有。对低可信度信源观点接受程度的升高表明，信源“不可信”的负面影响在逐渐消失，从而使得传播中的观点产生一种延迟的积极影响。根据这一解释，信源的影响力在传播结束时最大，随着时间的推移，信源影响力下降的速度要超过内容影响力下降的速度。这种传播机制，可以解释为什么随着时间的流逝，人们对低可信度传播者观点的接受程度却上升了（参见本书 203～208 页）。

这项研究表明，在目前的实验中，信源和内容的持久性相对独立，而长期效果显然基本上是由内容记忆的持久性所决定。但只有当传播不仅包含信源观点，还有支持的证据和论点时，这一结论才成立。这种观点的假设基础是：传播中受众可以依据支持观点本身的好坏进行评估，而不需要考虑信源。支持观点不会像单纯的“观点”那样使受众的评估不断受到信源影响，所以当没有涉及信源，或受众没有想起信源时，支持性观点会更多地出现在受众的思维里。

31 不过，在其他条件下，受众记忆里的信源和内容可能是紧密相关的。比如，当传播呈现的观点只可能来源于一个或几个人时，信源和内容的持久性将会一起呈现。如果一个人在听广播时，听到内阁成员谈论总统内阁做出的政策决定，当他回忆起这个论断时，他就很可能会想起信源。相反，如果某个观点来自于各种各样的信源，信源和内容的持久

性就会分离。

前面的假设可能是一般性命题的具体案例，这个一般性命题就是：在最初接触传播时，受众对信源的认知反应越强，以后对信源的记忆，就越有可能被这个传播情境中的任何因素所激发。当传播情境强调传播者作为信源的独特性，或传播情境强迫受众思考传播者评价某观点的特征，受众对传播者的认知反应就会越强。其他因素也以相同的方式起作用；比如，如果传播者说话的方式引发了受众对其很强的情感反应，受众就更可能记住是谁传播了这个信息。对这些因素的系统性分析还有待进一步的研究。

另一个涉及信源可信度的研究是由科尔曼（Kelman）和霍夫兰[23]所做的。在正常上课时，实验要求在一所高中学校修夏季毕业生课程的学生听一个教育性广播节目的录音，并直接判断录音的教育价值。这个节目会介绍一名谈话者，让他发表支持宽大处理青少年犯罪的讲话。节目介绍了三类不同的讲话者。在正面的介绍中，讲话者被介绍为一个青少年法院的法官——在犯罪学和犯罪行为方面受过很好的训练，见多识 32
广，并且是一个很有经验的权威；另外他真挚、诚实，还关注公共利益。在中性的介绍中，说话者被介绍为是录音节目受众中随机挑选的一员，且没有给出其他信息。③在负面的介绍中，说话者同样被介绍为录音节目受众中的一员，但在介绍性访谈中，节目表明他年轻时曾有过违法行为，目前还参与了一些秘密交易，由于在兜售涂料时被捕，他现在正在保释中。在访谈中，他公开表达了对法律的藐视和对父母的不尊重，即使他的父母为他提供了很好的照顾。他的许多言论表明，他是一个以自我为中心的人，而他支持的宽大处理政策是出于自己的利益。

实验通过采用王-瑟氏尺度法（Wang-Thurstone Scale），测量了被试者对待罪犯的态度。利用这个量表，在传播结束时和结束三周后进行了态度测量。在传播前，为了确保实验中的十个班级具有可比性，研究针对同一事件提出了一系列特殊的态度问题。

对传播的评价。传播结束时，研究就能直接获得受众对传播的反

应。表 3 总结了这些结果。当传播内容一样，与负面传播者的传播相比，受众认为正面传播者的传播更加公平。受众对中性传播者的判断也位于中间，但稍微偏向于正面的一边。

表 3　当正面、中性和负面传播者就青少年犯罪发表同样的观点时，受众对这些传播的评价

判断	信源特征		
	正面	中性	负面
	样本量＝110	样本量＝60	样本量＝102
认为传播者做了一个“完全公平”或“公平”的传播的比例	73％	63％	29％

来自科尔曼（Kelman）和霍夫兰（Hovland）[23]

观点改变。观点改变的结果和传播的评估结果非常相似。从表 4 中可以看出，与负面信源相比，听取正面信源的受众更为支持宽容的政策（高分表明了这一点）。在态度测评方面，和上面描述过的传播评价情况一致，接受中性信源传播的受众态度，更接近接受正面信源传播的受众，这表明受众对信源公平性和可信赖性的态度，比专业性的态度对观点改变的影响更大。

33 **表 4　不同传播者对观点测量的直接影响**

群体	样本量	平均值＋
正面传播者	97	46.7
中性传播者	56	45.7
负面传播者	91	42.8

◆分数代表了受众对传播中宽容政策的支持程度。

＋$t_{(\text{正面}-\text{负面})}=4.11$　显著性＜0.001

$t_{(\text{正面}-\text{中性})}=0.79$　显著性＝0.21

$t_{(\text{中性}-\text{负面})}=2.36$　显著性＜0.01

来自科尔曼和霍夫兰[23]

传播结束三周后，研究使用了另一种态度量表。实验组之间的差异消失了。在霍夫兰和韦斯的研究中，对正面信源的传播接受度下降，而对负面信源的传播接受度稍有上升（这一研究的深入结论涉及“重申”信源的效果，参见第八章，本书205～208页）。

霍夫兰和曼德尔（Mandell）[19]的研究主要关注可信赖性变量。在大学生的心理学导论课上，传播者就“美元贬值”对学生进行了传播。在讨论美国货币体系和描述一些历史案例的基础上，传播得出了支持货币贬值的结论，他们的研究对一部分被试者清楚表明了这个结论，而对另一部分被试者则没有表明结论（对下结论方式的讨论参见100～105页）。实验中的介绍部分提出了（1）对传播者动机的质疑或（2）对传播者公正性的信赖。对那些接受怀疑性变量的被试者，传播者被介绍为一家大型进口公司的负责人。传播公开表明了进口商将从美元贬值中获益，就是希望这种介绍能够给受众留下通过让受众接受自己的结论，传播者就能从中获益的印象。对那些接受第二组（非怀疑性）变量的受众，传播者被介绍为一所美国顶尖大学的经济学家。

在传播者演讲前和演讲结束后，研究者调查了被试者的观点，并且 34
在演讲结束后，研究者还要求被试者对这个研究和传播者作出反应。

*对传播的评价。*接受不同变量的受众对传播的评价结果见表5。研究结果表明，在介绍部分提出的怀疑性变量，能够使受众认为与“公正的”传播者相比，“有动机的”传播者在评估货币贬值时做得更差，在传播中有失“公平和诚信”。尽管对于两组被试者来说，传播的内容和结论都是一样的，但研究结果却确实如此。因此，我们应该可以得出“传播者的动机影响受众对其传播方式和传播内容的评价”。

表5 同样的传播内容，分别由受怀疑的传播者和不受怀疑的传播者提供时，所得到的评价

A. 问题：“你认为这个广播节目在评估货币贬值方面做得好还是不好？”

	不受怀疑的传播者 样本量=113	受怀疑的传播者 样本量=122
“回答做得很好”的比例	41.1	21.1
差异	20.0	
显著性	<0.01	

B. 问题："你认为传播者对于美元贬值的观点是否公平和诚信，或他给出的事实似乎太偏向于某一方面？"

	不受怀疑的传播者 样本量=113	受怀疑的传播者 样本量=122
认为"传播者的观点是公平和诚信"的比例	52.7	36.7
差异	16.0	
显著性	<0.01	

来自霍夫兰和曼德尔[19]

35 *观点改变*。研究结果表明，不受质疑的传播者和受质疑的传播者相比，前者传播带来的净观点改变并没有比后者高（用单侧检验的方式显著性为 $p=0.23$[22]）。所以，尽管实验变量使得两组被试者在评估传播时有很大差异，但接下来观点改变的差异却非常小。这一发现强调，有必要根据传播者改变受众观点的有效性，来评估不同的传播者，而不是仅仅依靠受众对传播内容的评估。在这个实验中，对传播公正性判断的巨大差异，并没有造成观点改变程度的巨大差异。要想弄清楚在什么样的条件下，会出现与前面实验完全相反的结果，还需要进一步研究。

总而言之，研究证据表明，受众对传播的反应极大地受到传播者的意图、专业性和可信赖性的影响。即使内容完全相同的传播，与低可信度的传播者相比，受众也会更加支持高可信度的传播者，并且在关于可信度的三个研究中，有两个研究都显示高可信度的传播者在传播时，受众会更容易直接接受推荐观点。

从这些结果看，还无法分离出可信度的两种主要元素——可信赖性和专业性，但这两者几乎都是重要变量。在霍夫兰和曼德尔的研究中，受质疑与不受质疑的信源之间最主要的差别和可信赖度相关（动机、意图），可信赖性对判断传播的公平性有很大的影响，但对观点改变的影响却微乎其微。对观点的轻微影响可能是各种因素特殊组合的结果，比如演讲的内容、传播者的素质等，这些比传播者的个人动机更为重要。但是，在科尔曼和霍夫兰的研究中，与公平性和可信赖性相关的态度变量，又能够对观点改变的程度产生很大影响。

顺便指出一点，即使信源的可信赖性不高，但传播的整体效果也会 36
朝着有利于传播的方向发展。负面传播者只不过比正面传播者带来的积极改变要少而已。据推测，传播中包含的观点，能够创造足够多的积极效果来抵抗由传播者带来的负面影响。但当负面信源的传播中没有任何观点，或受众认为传播者的结论会与受众的最大利益相悖时，负面或起反作用的效果可能会出现。

不同效果的基础

相同内容的传播，由于信源可信度不同，使受众对其效果的评估也不同，这一事实的解释有几种。对传播内容和传播方式的判断，通常只是普遍研究中的具体方式，或研究整个传播情境中的逃避行为。在对"期待影响观点、行为判断中的'晕轮效应'（halo effect）"进行心理学研究的基础上，受众对传播者贴标签造成的影响实在不足为奇。然而，对于那些影响或使观点改变成为可能的过程仍有待研究。比如，是否对信源持负面态度的人更少地听信传播？又比如，他们是否曲解了传播内容的意思，并由此判断传播方式不好？在此，更普遍却又非常根本的问题是：当受众参与、认知、理解、学习和相信传播达到什么程度时，受众对信源的态度能够产生各种影响？

高可信度和低可信度传播者带来的观点改变程度不同，就这一点来说，人们可能会避开自己认为负面的信源。然而目前实验中的受众都是受到牵制的，尤其是大学生，他们很难避开传播。在这些条件下，对负面传播者（比如低可信度）造成观点改变程度低的状况，有两种不同的解释。

其一，因为受众对信源持不支持态度，他们就不会密切关注传播 37
内容，或试图去理解传播内容的真正含义。前者可能是因为考虑到了传播者的因素，后者可能是受众曲解了传播内容的各种含义，这些含义符合受众对传播者意图的假设。因此，与自己支持的信源相比，受众在接受不支持的信源传播时，习得的材料更少，也无法学习和坚持推荐观点。

其二，因为受众的不支持态度，他们没有动机去接受，或相信传播者所说的和推荐的观点。

在对这两种解释做出选择时，前面讲到过的研究重新展示了一些相关数据，这些数据表明，受众在多大程度上学习到了各种传播者传达的内容。在高可信度和低可信度信源的研究中，针对各种主题，霍夫兰和韦斯在传播结束时回答正确的一系列事实测试中，没有发现很大的差异。在受质疑和不受质疑的信源研究中，霍夫兰和曼德尔在传播结束时测试了经济中有关货币贬值的事实性问题。对于两种信源的受众，正确回答传播问题的数量也一样。

在科尔曼和霍夫兰的研究中，通过延迟性的事后测试，测量了受众对传播的记忆。研究结果再次表明，正面信源和负面信源的传播之间并没有太大差异。一个有趣的偶然性发现是，受众在回忆传播时，对中性信源传播的记忆比对正面或负面信源传播的记忆更好。研究者表明，传播中情感回应对受众学习和记忆传播内容有负面影响，不管正面还是负面信源都比中性信源在传播中得到的情感反应更多。受众对传播者的情感反应可能使其关注传播者本身，从而破坏对传播者结论的注意和观点的学习。[4]这一结果表明，在一些情况下，传播者影响受众学习传播内容的程度。

38 总之，目前对各种信源的研究都表明：受众对高可信度和低可信度信源传播内容的学习程度没有什么差别。在大多数情况下，这种差异当然都不足以解释高可信度或低可信度信源带来的观点改变差异。因此，接受低可信度信源和接受高可信度信源传播的受众学到的传播内容一样多，但前者对推荐观点（recommendations）的接受程度不如后者高。这些研究发现和韦斯的调查（参见本书 202 页）一起表明，受众能在不相信传播者的情况下接受传播内容，并由此改变自己的态度。很显然，观点的改变不仅仅需要学习新观点，还需要有动机来接受它。

在一些情况下，如果受众对传播内容有很强的抵抗性，或有机会避免传播，他们当然不会学习或接受它。目前实验中的受制受众，不仅在教室里被要求集中注意力，而且他们接受的传播都是经过高度建构的，只允许相对很少的误解出现。尽管在这些条件下，受众都有学习的动机，并且记得住传播中的大部分内容，但在实验处理中，他们接受、吸收传播观点的程度和观点改变的程度也有很大不同。这明显表明观点改变的关键在于，受众有多大动机接受传播中的观点。这一证据清楚说明，对传播的接受或拒绝，部分取决于受众对传播信源的态度反应。

为什么提高传播者的可信度就可以提高受众对传播的接受度？我们的根本假设是，对于受众认为能被未来研究证实的，可以带来回报和社会支持的，或可以避免惩罚的结论和推荐观点，受众有动机接受它们。当传播者被认为是一个博学多才、有远见并愿意表达真实观点和知识的人时，受众的期待得到强化，当传播者可信度低时则正好相反。因此，传播者的可信度越高，受众接受推荐观点的动机就越强。需要注意的是，这些动机的力量可能和受众所处的情境有关，也可能取决于他由此对他人信息和建议的依赖程度。当受众需要比现有更好的辨别力或自己不具备的专业知识时，他寻求和接受可信度信源观点的动机会加强（参见[12]）。

高可信度信源的效果是否持久？ 39

我们已经注意到，就直接的观点改变来说，高可信度信源比低可信度信源的效果要略好。然而，霍夫兰和韦斯[20]，科尔曼和霍夫兰[23]的延迟性事后测量表明，这种效果的差异性在三周后消失了。这一结果在图 2 中进行了总结说明。在这两次研究中，对高、低可信度传播者进行直接的事后测量发现的差别很大，但几周后，这两种研究中的差异却最终消失了。

这些结果提出了关于信源可信度的长期效果问题。令人不满意的是，研究还没有发现关于传播者效果能维持多久的证据。⑤目前的研究主要说明了，传播者的可信度，在前面提到过的某些情况下，信源可信度可能对直接即时的观点改变程度有重要影响（参见本书 23～25 页）。然而，在传播者和传播内容有紧密关系的情况下，传播者效果可能更持久。如果传播目的是引发某种直接行动，对后续行为毫不关心，前面提到的直接效果就有很大的实际意义。并且，如果直接行动还包含某种正式或非正式的承诺，可能也会出现后续效果。

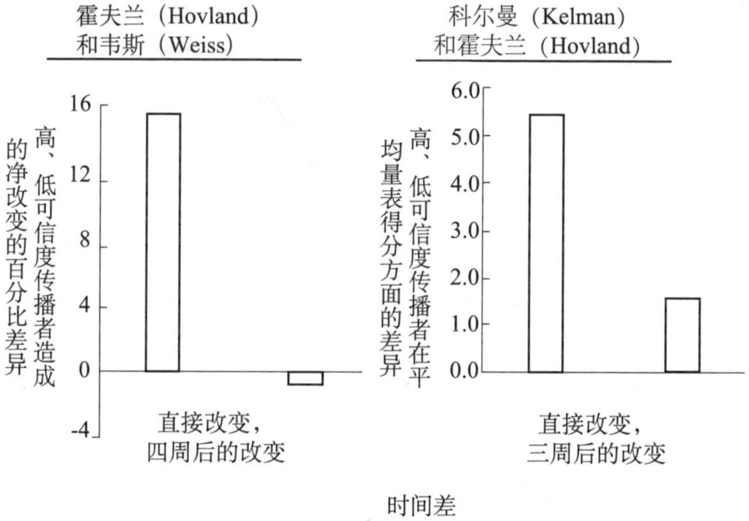

图 2　对高可信度和低可信度传播者进行直接或延迟测量的差异性效果

40 效果的持久性数据引发的问题，必须和其他影响持久性的因素一起考虑。第八章将会详细讨论这些问题。

进一步的研究发现

前面的发现表明：高可信度信源能够提高传播结束时观点改变的程度，而低可信度信源可能会降低观点改变的程度。但这些效果产生的限制条件是什么呢？

让我们先了解一下，已经确认了的能够提高受众接受度的信源种类。一般来说，高可信度信源的传播包含了论据和观点，但由于他们缺乏强制性，证据不合适，或者和之前存在的观点不兼容，受众不愿意接受传播。这一情境里出现了某些变量，其中非常明显的一点就是信源的可信度，对观点改变没有或只有很少的影响。比如，如果信息是由于其本身的价值被接受，那么高可信度信源对受众的接受就没有附加影响；如果信源的可信度是微不足道的（比如信源是可信赖的，但完全没有告知受众），那么信息被接受的程度，也不会高于由于信息本身价值被接受的程度。总的来说，当受众分别对信源和内容的态度反应有很大差异时，信源的可信度能够对受众的接受度发挥最大影响，在这种特殊情况下，当传播者想要让更多人接受自己观点时，传播内容本身主动创造的接受度很低或没有。

一般传播情境都包含一些重要变量，它们似乎从理论的角度代表了 41
不同效果产生的限制条件，并得出了正面传播者能提高信息接受度的结论。我们首先考虑的情境就是当传播者具有高可信度，而传播内容本身却遭到强烈拒绝时的情况。

针对第一种情境，我们提出了以下假设：当受众对信源持很强的积极态度（比如认为传播者具有高可信度），而他想要拒绝传播结论或传播观点的意图又很强时，就会出现信源和内容分离的情况。我们还推断了这种分离出现的各种形式。在传播过程中，这种分离既可能是否认传播者对传播负有的责任，也可能是受众重新解释传播内容和传播结论。实际上，受众会自己推断"其他人也进行过这个传播"或"传播者的传播另有深意"。通常分离出现的形式是不去回忆谁说了什么，就像前文中持久性数据表明的那样。在任何事件中，分离对说服传播的有效性在于，它减少或消除了信源对受众接受传播内容的直接影响。在受众能够分离信源和内容的情况下，其对信息的接受度将不会受到信源影响。

在理论文献和目前的研究中，我们已经注意到了和分离效果有关的 42
现象。有几份研究报告指出，当传播内容和受众对信源的已有认知极为不符时，受众会拒绝这个信源要为传播负责的观点。比如，刘易斯（Lewis）[26]让大学生判断政治标语对社会的影响、对行动的强制性以及标语创作者的才智等。实验者接着对一部分被试者（他们同情共产党）展示了声称是来自厄尔·白劳德（Earl Browder）的对标语的评价，彼时白劳德是美国共产党的领导人。实验的目的是想了解这种和受众先前判断极为不同的传播，是否会影响他们对标语的评价。几个被试者怀疑实验者在欺骗他们，并且拒绝相信这些评价来自厄尔·白劳德。另一个被试者认为是报纸错误引用了白劳德的话。伯奇（Birch）的研究也发现了类似现象[6]。这种现象包括把一切归咎于传播者的特殊动机，或认为是由于情况特殊，传播者的传播才打了折扣。这就把传播定义为一种特殊的行为，并且不能光看其表面价值。比如，富兰克林·罗斯福（Franklin Roosevelt）是刘易斯的被试者之一，当实验者宣称矛盾的评价来自罗斯福时，那些尊重他的人说："罗斯福在我心里的地位稍有降低。但这可能是他关注社会之前的观点。"[26]246页其他被试者则认为，罗斯福是为了保持客观，或故意在判断时采用了特殊的标准。阿施（Asch）[4]427~428页提供的其他例子证明，通过对信源的传播动机进行极为具体的解释，就能够解决信源和内容之间的不协调问题。

重新解释信息和阿施强调的一个现象有关。许多研究通常都假设，至少是隐含地假设，传播导致的观点改变是受众对同一对象或对自己最初判断的重新评估。阿施对这一观点表示质疑，并提出了另一个强有力的观点，即改变的过程涉及的是"判断对象的变化，而不是对同一对象判断的变化"（阿施[2]458页斜体部分）。阿施研究[2]中最常用来证明这一观点的例子是，大学生对某专业的评价受到声称来自其他500个大学生判断的影响。当被告知其他学生认为政治专业最具智慧和社会实用性时，被试者明显提高了对政客的价值评估。在后续的态度测验中，被试者对政治的看法，从基层的政治活动转变到了国家政治和政治才能方面。因此，显而易见，他们重新解释了500个学生评价的对象。刘易斯[26]和卢钦斯（Luchins）[28]的研究也发现了相似的例证，并表明阿施强调的改变至少在某些条件下会发生。

43 这些研究者得出的研究效果说明了受众分离信源和内容后会发生的一些情况：他们倾向于否认信源应该为传播负责，或重新解释他们自己认为的信息的"真实"含义。如果一个高可信度信源传播的信息和受众的价值观相违背，受众会认为信源是有能力创造这个观点的人，或者受众会对信息重新解释使之符合受尊敬的信源形象。这些具体的倾向和其他讨论过的效果一样，都来自海德（Heider）对“态度和认知组织”的逻辑分析[16]。他认为，人们倾向对个人以及个人的地位和行为保持一致的态度。对于信源可信度来说，这里暗含的意思是：如果我们认为一个人有很高的可信度，但却不喜欢他的传播内容，那么我们对他的态度就处于“不平衡”状态。要解决这一问题有三种方法：（1）改变对传播的态度（包括接受或重新解释传播）；（2）改变对传播者的态度；（3）改变对传播者在传播时所扮演角色的认知。这些改变是自然而然的，能够恢复受众态度的平衡或一致状态，这些态度与传播者、传播者行为造成的态度差异有关。

受众在接受传播时，信源和内容的分离可能会发生，它以受众 44
“遗忘某个特定的信源，而传递了某些具体内容”的形式出现。霍夫兰和韦斯[20]关于持久性效果的研究结果和这一假设有关。与低可信度信源相比，高可信度信源能在传播结束之初，促使更多人接受自己的结论。随着时间的推移，这种差异消失了。但是，当询问被试者时，他们还是能够回忆起信源和内容。研究者表示，随着时间的推移，内容和信源“同生同长”的趋势弱化。科尔曼和霍夫兰[23]对信源的研究结果表明（参见第八章），研究能够使被试者重建信源和内容之间的联系，从而重现由高、低可信度信源造成的接受度的原始差异。这些结果和以下假设一致：在传播过程中，信源和内容会出现分离；当分离发生时，信源的影响减弱。

我们已经预测了在哪些条件下，随着时间推移，信源和内容的分离将会发生。其中的核心假设就是，在传播结束之初，信源和内容之间的关系更为清楚和亲密，分离发生的程度也就更低。或者在传播中，当某个传播者是少数能够传递“内部”信息的人时；又或者，在评估新的或爆炸信息的重要性时，受众必须非常依赖信源的评估，这时内容和信源之间的关系也会非常亲密。

在此，我们也提到了其他几个假设，这些假设预测了在哪些条件下，受众会否认信源应该为信息负责，或者受众会重新解释传播内容。

当证明传播应该由传播者负责的证据越模糊时，受众就会越发否认传播者应该为传播负责。当信源以个人形象出现，直截了当进行传播时，这一证据则最为清楚。当信源的话语被录制、印刷、摄制时，这一证据则会显得比较模糊，或者当信源的话语被别人引用时，证据就更为模糊不清了。我们假设当传播中提出的问题和表述的结论很模糊时，受众也会更倾向于重新解释传播内容。对于涉及许多方面和许多结论的复杂问题，这一点更是如此。

45 当信源和内容要减少受众对其反应的差异性时，就必须考虑是否会出现完全相反效果的问题。如果传播者被视为一个高度专业的人，受众就会期待他传播的观点是鼓舞人心和有远见卓识的。如果他传播的观点平庸而琐碎，就会严重违背受众对他的高期待。如果受众无法轻而易举地分离传播者和他的传播内容（通过上文描述的方法），那么他传播的观点就会更不容易被接受，相反，如果是受众期待不高的传播者传播了这些内容，受众反而更容易接受。这就表明出现一种特殊情况的可能性，即信源可信度和受众对其观点的接受度之间呈现出一种反向关系。

当中等可信度的传播者传播非常客观的内容时，也出现了很多有趣的问题。让我们假设一下，如果传播者传播的内容是未经证实的，并和受众的忠诚度相悖，这时受众不会被内容影响，相反，受众会改变对传播者的评价。换言之，受众对传播者的态度与他的言行有关，并非保持不变。在这一方面，邓克（Duncker）[14]和阿施[3]已经指出，信源和声誉经常被视为语言的“附加物”，无论传播者说了什么，都会产生作用。需要调查的假设是，当传播内容和受众的观点相斥，而信源受人尊敬的程度一般时，受众会改变自己对信源的态度，降低其可信度，或者对其形成更多的负面评价。当受众对传播者原本的态度就不那么积极时，这一结果更可能出现。（需要注意的是这种改变是前面提到过的海德分析里的一种。）

46 由于反对传播内容，而改变对传播者态度的例子在研究中并不常见。在两个长度判断的研究中，当听到信源的判断和实际情况相差很远时，一些受试者开始怀疑信源的视力[5,28]。在另一项研究中[26]，传播者观点的“荒谬性”强化了受众对信源最初的负面态度。这类例子缺乏是因为这一领域中大部分研究者主要感兴趣的是，受众对传播中所讨论事情的态度改变。结果导致一些典型的调查使用的都是声誉很高的信源，受众对他们的原始态度都相当强烈且稳定，并且研究中也没有测量受众对传播者的态度，以至于即使发生了态度改变，研究也无法探测出来。

前面的讨论受制于情境，即研究认为信源的可信度可以强化受众的接受度。如果信源的可信度很低，那又是什么情况呢？研究认为分离效果和对传播者态度的改变仍然可能发生。如果传播者的传播动机容易受到怀疑，一般来说接受度会降低；但如果观点很容易被证实，并且让人印象深刻，传播内容就会像上面描述过的那样和信源分离开来。如果受众对信源原始的负面态度并没有那么强，他们可能会因为有效的传播，而改善对信源的态度。这并不意味着正面和负面的传播者，以完全相同的方式带来观点改变。比如，忽视对于低可信度信源来说表现得更明显，以至于即使他们的信息非常有说服力，受众也不会给予注意。那些传递不可接受信息的正面传播者能够，或至少在传播的开始时，能够部分拥有受众的注意力。然而，某些关于分离现象和对传播者态度改变的归纳总结，可能既适合正面和负面的传播者，也适合高可信度和低可信度的传播者。

下面的研究揭示了一些可能的限制条件，在这些条件下，信源可信 47
度和受众接受度之间的关系可能消失，也可能减弱。除了有关接受度的变量外（比如信源和内容的分离，对信源态度的改变），同时它还表明一些情境造成的影响，比如，正面信源传递的是不可接受的内容。为了了解这些影响和影响产生的条件，有人关注了一个非常明显，但却很少在传播者效果中研究的事实：对传播者的各种态度，以及促使这些态度和传播情境中其他许多因素相互作用的诱因。这些其他因素包括以下变量：对传播内容最初的态度，信源对传播内容负责的相关因素，信源传播的内容和受众之前了解的信源，对某一问题立场之间的一致性，传播中问题的复杂性，所提及答案的模糊性和信源的鲜明性。

另一系列广泛的因素涉及传播发生的情境特征。即使个人对各类传播者有依赖和信任的态度，但这些态度在哪些情境下会被激发出来，在一定程度上取决于在哪种情境中他能够找到自己。比如，受众在面对一个他认为需要高端技术信息才能解决的问题时，会极为容易受到那些被认为是专家的人的影响。与此相似，当和社会不支持的观点发生冲突时，受众会向像父辈那样，在主流道德价值观方面向处于权威地位的人寻求确认性建议。如果传播目的是获得社会接受度，那最有效的传播者就是那些群体领导人和官员，他们往往被当做最能够预测大多数行为的人。在传播过程中，传播情境中问题的本质会以这样或那样的方式影响一个人对传播者的反应。[6]我们还需要注意的是可能影响受众对传播者态度的其他因素，它们和可信度无关，比如喜爱、赞赏、敬畏和恐惧。但这些态度的存在可能使受众改变对信源态度的几率降低。比如，对于受众非常喜爱的传播者，即使他传播的内容令人讨厌，受众也不会那么轻易否定他的专业性。

48 传播情境中的各种因素都会影响受众对信源可信度的态度，并决定信源可信赖的程度是被加强还是减弱。不过，证明这一类假设的证据还没有被发现。我们现在需要的是运用当代经验性设计，对这些变量之间的相互作用进行系统分析。随着这一领域内理论的发展，或许会出现关于限制条件的其他假设，这些限制条件能影响受众对各类信源的态度改变。毫无疑问，这些假设中的一部分能够对信源效果的存在起进一步的启发作用。通过经验性手段对这些假设进行评估有待在未来研究中收获累累硕果。

注释

49 ①在文本中，多个层面的对相关研究证据和理论点细化的额外评论是非常必要的。为了避免中断主体陈述，这些额外的材料分别放在一系列注释中，请参考每章文末的注释。注释②包含了有关年龄、领导力以及相似度等因素的额外讨论。

②各种研究都表明年纪较大的人比年纪较小的人更具影响力。一些相关发现来自旨在确定一个群体中的人会向谁寻求建议的研究[31,38]。对经常寻求建议和不经常寻求建议的人来说，教育水平、收入和在组织中的参与程度等并不是造成差异的原因。但是，人们倾向于从比自己年长的人那儿寻求建议。

关于受众和传播者年龄方面的几个研究有相同的变化。邓克[14]发现年纪小的孩子更容易被年纪大的孩子的食物偏好所影响。布伦达（Berenda)[15]在一个长度判断的情境中发现了相似的关系，在这个情境中，一个孩子面临的是八个孩子给出的一致且错误的答案。年纪小的孩子比年纪大的孩子更容易被影响。但是，随着年纪增长，社会关系会发生改变，年龄的差别也会使得在社会影响缺失的情况下孩子的判断能力不同，这些都使布伦达关于年龄方面的研究证据变得更为复杂。邓克和布伦达发现在这些情境下，成年人的影响微不足道。有鉴于此，我们预测了一些其他和影响者、被影响者无关，或呈反关系的重要因素（比如获得所在群体其他成员支持的欲望，影响者和被影响者在地位和兴趣方面的相似性)。年龄在有关于影响力因素的一系列研究中似乎都是重要的变量，但它往往都是作为受众、而非传播者的特征出现的。

作为专业性因素中特殊的研究对象，群体的领导者在群体规则方面应该比普通人更有影响力。乔杜里（Chowdhry）和纽科姆[11]表明，领导者比其群体成员更有能力就与共同利益和目标有关的事件评估群体内意见的一致性。[但这一点并不适用于所有的内部群体，海茨（Hites）和坎贝尔（Campbell)[17]的研究发现群体领导者并没有优越性。] 领导者在传递群体成员丰富多彩的活动或有关群体未来的决定时，这样的优越性是对领导者的观点产生信心的基础。和这一结论直接相关的现存证据相对较少。其他研究表明了国家领导人、教堂主事和政治党派的观点所具有的影响力[9,26,36]，但这些研究中的被试者似乎不仅仅信任这些人，而且还对这些人充满了喜爱和尊敬。

在分析直接面对面的交流所具有的影响力特征时，拉扎斯菲尔德、贝雷尔森和 50
高德特发现人际交往的一个优势可能是人们倾向于和自己相似的人接触[25]155页。雷德尔（Redl)[33]讨论了在面对面交流的群体中，相似性是使影响力能像病毒一样传播的重要因素，这一现象经常出现在失足青少年中，被称为“行为传染”（behavioral contagion)。当几个人处在一种类似的冲突状态，即自己的“不良”冲动和社会内生的准则相矛盾时，其中一个人的行动，无论是表达冲动或再次肯定遵循社会准则，都会促使其他人采取相同的行动。简而言之，一个人解决冲突的方式会被其他面临相似冲突的人所模仿。或许这只是一个具体的例子，而人们在面临问题时模仿处于相同困境的人所找到的解决方案是一种更为普遍的趋势。或许“专家”的概念应该拓展，使之能包含那些可以为个人问题找到合适解决方案的人，即使这些人在其他方面可能并不比自己更有经验，或者他们其实和自己非常相似。这或许可以解释邓克[14]和布伦达[5]发现的一些现象，即同辈或稍微年长的孩子比成年人更具影响力。

③这次研究在试图建立一个以“中性”信源为测量正面和负面信源效果的中介线时，出现了一个严重问题。科尔曼和霍夫兰认为他们定义为“中性”的信源并不一定是完全中性的，但似乎又没有办法来辨别它到底是或不是。假设中性信源不会改变传播的效果，其效果还是仅仅取决于观点和信息本身的价值。但又很难构想出一种操作方式能够仅仅依靠传播本身的价值来预测传播的有效性，因为我们呈现传播的所有方式都必然包含某一类信源。让实验者在实验中仅代表自己，以完全中立的形象出现来传播一些模糊不清的信源所表达的观点，或许是我们最接近中性信源的方式。在这些情况下，信息的信源模糊不清，如果传播的观点和受众有力的原始观点相悖，结果可能会使信源被贴上负面标签，并招来受众的敌意。但是，这些态度是传播的结果，和信源最初呈现时中性与否无关。

④关于影响者和被影响者之间的感情关系有较权威的研究，科尔曼和霍夫兰讨论了这些研究的重要性，后来在回忆相关讨论时得出了这一结论。G. 墨菲（G. Murphy）、洛伊丝·B·墨菲（Lois B. Murphy）和纽科姆称之为矛盾的观点和习惯，这些观点和习惯往往会阻止个人和自己的语言表达保持一致。他们还表明：“对自己尊重（或者有时是害怕）的实验者的关注似乎足以抵抗日常可接触的对立观点。”[32]178页 这些研究者运用感情对关注度的限制来解释受众为什么更容易受到影响，科尔曼和霍夫兰与之观点的差异性主要在于他们认为感情对关注度的限制会干扰受众学习传播内容。对传播者的感情反应似乎有双重影响。一方面，感情可能会使受众把注意力集中在传播内容上，规避环境中其他不相关的影响，从而起到较少阻碍的作用。另一方面，当受众关注的是传播者本身时——传播者个性、服装、讲话风格和姿态等——这种情感反应可能会干扰受众学习传播内容，从而降低传播者传播的有效性。

⑤库尔普[24]的结论经常被引用，用来证明声誉好的信源能够在相当长的时间
51 里（8 周）维持传播效果。遗憾的是由于延迟性事后测验没有控制组，使得其结论能否真正证明传播效果实际的持久性还有待验证。假设事实的确如此，但传播者的声誉效果之所以能保持更长时间，可能是由于库尔普在研究中介绍传播者声誉的方

式所造成的。受试者被要求表明他们对问题同意或不同意的观点，而某些有声誉的人已经在受试者使用的测试卷旁标注了自己的答案。这一过程可以在“信源”和测试问题之间建立很紧密的联系，以至于在后续情境中这些问题会不断“重述”这些有声誉的信源。大家要注意库尔普的研究和现在普遍关于信源可信度方面的研究之间有一个重要的不同点：后者的研究不仅仅包括信源的“结论”或观点，还包含了证明结论的论点和论据。这类支持性内容与单独的结论相比，可能会以一种不同的方式保留下来，比如，论点和论据可能更容易和信源分离开来。

⑥一个人所处情境中的问题会以各种方式影响他对传播者的反应。就像前面提到过的，个人对传播者的回应取决于，或至少部分取决于他对之前经验的总结，在这些经验里，他明确了对各类传播者的专业性、可信赖度等的期待。传播情境如何影响受众对各类信源的反应，或许可以根据它是怎么影响受众的总结过程得到解释。

在刺激类化的学习过程中，我们发现针对特定刺激学习到的反应可以被其他相似的线索激发，但其他的刺激与原始刺激的差异越大，这种习得的反应就会减少减弱。[21]183～203页 为了描述这些结论，我们画了刺激类化的坐标图。图 3 中的实线表示的是在传播者专业性方面，刺激类化是怎么发展的。纵坐标代表倾向接受某一信源传播的程度，横坐标代表的是信源在专业性特征方面的差异。横坐标最左端的信源和受众学会认知的最具专业性的信源是一样或极为相似的。越往右移动，代表信源和最具专业性的信源表现出来的特征差异越大，就像图中所示一样，这时受众会降低接受信源推荐观点的倾向。 52

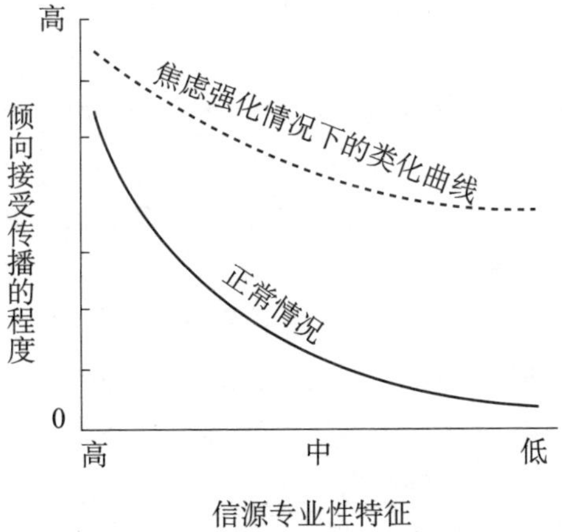

图 3 传播者专业性方面的假设性刺激类化图

以罗森鲍姆（Rosenbaum）行为习惯研究的经验曲线为模型[35]

任何影响类化曲线形状或高度的因素都会影响个人对传播者的反应。在此我们只考虑传播情境通过改变个人动机产生影响的情况。动物实验[8,34]表明，动机的加强会使类化曲线有一个整体的提高。罗森鲍姆[35]对人进行的一个研究表明：强化的焦虑感会使曲线升高并变得相对平缓。图 3 中的虚线显示了焦虑可能对传播者专业性产生的影响。通过比较图 3 中的两条曲线，我们假设如果受众所处的传播情境会增加焦虑感，那么受众对各种传播者的反应可能以以下三种方式受到影响：(1) 受众以更加平等的方式接受专业性不同的信源的传播；换言之，受众会减少对专业性不同的信源的歧视。(2) 受众会接受所有有影响的信源的传播，并且这一趋势会加强，对于那些处在横坐标末端的信源来说，这一点尤为明显。(3) 受众一般不会接受在横坐标末端的信源的传播，但在强化焦虑的情况下，这类信源也可能产生一些影响。

53 这三种影响还需要进一步的调查。我们的假设是情境因素会造成这些影响，目前我们注意到有关社会影响文献中的某些假设和证据与我们的假设一致。其中的一个假设是持续不断的压力和不确定性非常有利于流言的传播，并能促进受众接受新的领导者[1,10]。可能导致这一现象的原因是在高焦虑度的情况下，对于平时不接受或接受度很低的信源，受众接受其推荐观点的倾向有所变化。一个相关假设也关注了个人在接受传播时，所处情境中的“问题化”特征。如果个人面对的是一个很难解决的重要问题，其焦虑感可能会提高。因此，他对信源可信度差异的敏感性会降低[12]。在一个困难的情境中，任何人的建议都会受到欢迎；在这种情况下，人们也不太会去质疑修理工是否是机修大师，又或者医生是不是一个称职的专家。

其他假设和“个人能够为某个信念或判断收集到的证据或支持”有关。个人需要感觉自己的判断是“正确”或有效的。这一感觉通常来源于两个渠道，即把自己的判断和现实世界中直接获得的证据相对比，或和其他人的观点相对比。如果这些证据都无法获得，个人会非常积极地为自己的观点寻求证据。这时，我们假设受众对信源可信度的歧视会减少，对以前自己不重视的信源的观点会积极回应。动机强化影响类化曲线部分是因为人们变得更容易受到社会影响了，当刺激情境非常模糊或松散时，或者社会缺乏对最初观点的支持时，这种社会影响可以被观察到。[4]450～501页，[29]，[37]43～50页

参考文献

[1] Allport, G. W., and Postman, L. *The psychology of rumor*. New York, Holt, 1947. 54
[2] Asch, S. E. Studies in the principles of judgments and attitudes: II. Determination of judgments by group and ego standards. *J. Soc. Psychol.*, 1940, *12*, 433–465.
[3] Asch, S. E. The doctrine of suggestion, prestige and imitation in social psychology. *Psychol. Rev.*, 1948, *55*, 250–276.
[4] Asch, S. E. *Social psychology*. New York, Prentice-Hall, 1952.
[5] Berenda, Ruth W. *The influence of the group on the judgments of children*. New York, Columbia Univ., King's Crown Press, 1950.
[6] Birch, H. G. The effect of socially disapproved labeling upon a well-structured attitude. *J. Abnorm. Soc. Psychol.*, 1945, *40*, 301–310.
[7] Bowden, A. O., Caldwell, F. F., and West, G. A. A study in prestige. *Am. J. Sociol.*, 1934, *40*, 193–204.
[8] Brown, J. S. The generalization of approach responses as a function of stimulus intensity and strength of motivation. *J. Comp. Psychol.*, 1942, *33*, 209–226.
[9] Burtt, H. E., and Falkenburg, D. R., Jr. The influence of majority and expert opinion on religious attitudes. *J. Soc. Psychol.*, 1941, *14*, 269–278.
[10] Cantril, H *The psychology of social movements*. New York, John Wiley, 1941.
[11] Chowdhry, Kalma, and Newcomb, T. M The relative abilities of leaders and non-leaders to estimate opinions of their own groups. *J. Abnorm. Soc. Psychol.*, 1952, *47*, 51–57.
[12] Coffin, T. E. Some conditions of suggestion and suggestibility. *Psychol. Monogr.*, 1941, *53*, No. 4.
[13] Doob, L. W. *Public opinion and propaganda*. New York, Holt, 1948.
[14] Duncker, K. Experimental modification of children's food preferences through social suggestion. *J. Abnorm. Soc. Psychol.*, 1938, *33*, 489–507.
[15] Ewing, T. N. A study of certain factors involved in changes of opinion. *J. Soc. Psychol.*, 1942, *16*, 63–88.
[16] Heider, F. Attitudes and cognitive organization. *J. Psychol.*, 1946, *21*, 107–112.
[17] Hites, R. W., and Campbell, D. T. A test of the ability of fraternity leaders to estimate group opinion. *J. Soc. Psychol.*, 1950, *32*, 95–100.
[18] Hovland, C. I., Lumsdaine, A. A., and Sheffield, F. D. *Experiments on mass communication*. Princeton Univ. Press, 1949.
[19] Hovland, C. I., and Mandell, W. An experimental comparison of conclusion-drawing by the communicator and by the audience. *J. Abnorm. Soc. Psychol.*, 1952, *47*, 581–588.
[20] Hovland, C. I., and Weiss, W. The influence of source credibility on communication effectiveness. *Publ. Opin. Quart.*, 1951, *15*, 635–650.
[21] Hull, C. L. *Principles of behavior*. New York, Appleton-Century, 1943.
[22] Jones, L. V. Tests of hypotheses: one-sided vs. two-sided alternatives. *Psychol. Bull.*, 1952, *49*, 43–46. 55
[23] Kelman, H. C., and Hovland, C. I. "Reinstatement" of the communicator in delayed measurement of opinion change. *J. Abnorm. Soc. Psychol.*, 1953, *48*, 327–335.

[24] Kulp, D. H., II. Prestige, as measured by single-experience changes and their permanency. *J. Educ. Res.*, 1934, *27*, 663–672.
[25] Lazarsfeld, P. F., Berelson, B., and Gaudet, Hazel. *The people's choice; how the voter makes up his mind in a presidential campaign.* New York, Duell, Sloan & Pearce, 1944.
[26] Lewis, Helen B. Studies in the principles of judgments and attitudes: IV. The operation of "prestige suggestion." *J. Soc. Psychol.*, 1941, *14*, 229–256.
[27] Lucas, D. B., and Britt, S. H. *Advertising psychology and research.* New York, McGraw-Hill, 1950.
[28] Luchins, A. S. On agreement with another's judgments. *J. Abnorm. Soc. Psychol.*, 1944, *39*, 97–111.
[29] Luchins, A. S. Social influences on perception of complex drawings. *J. Soc. Psychol.*, 1945, *21*, 257–273.
[30] Merton, R. K. *Mass persuasion; the social psychology of a war bond drive.* New York, Harper, 1946.
[31] Merton, R. K. Patterns of influence: A study of interpersonal influence and of communications behavior in a local community. In P. F. Lazarsfeld and F. N. Stanton, eds., *Communications research, 1948–1949.* New York, Harper, 1949. Pp. 180–219.
[32] Murphy, G., Murphy, Lois B., and Newcomb, T. M. *Experimental social psychology* (rev. ed.). New York, Harper, 1937.
[33] Redl, F. Group emotion and leadership. *Psychiatry*, 1942, *5*, 573–596.
[34] Rosenbaum, G. Temporal gradients of response strength with two levels of motivation. *J. Exp. Psychol.*, 1951, *41*, 261–267.
[35] Rosenbaum, G. Stimulus generalization as a function of level of experimentally induced anxiety. *J. Exp. Psychol.*, 1953, *45*, 35–43.
[36] Saadi, M., and Farnsworth, P. R. The degrees of acceptance of dogmatic statements and preferences for their supposed makers. *J. Abnorm. Soc. Psychol.*, 1934, *29*, 143–150.
[37] Sherif, M., and Cantril, H. *The psychology of ego-involvements.* New York, John Wiley, 1947.
[38] Stewart, F. A. A sociometric study of influence in Southtown. *Sociometry*, 1947, *10*, 11–31.

第三章　恐惧诉求

本章主要探讨内容刺激（content stimuli）。在说服传播（persuasive communication）的过程中，可以用内容来刺激受众，使其产生接 56
受传播观点的动机。如同人类学习的其他类型一样，在信念（beliefs）、态度（attitudes）的形成与修正过程中，动机性因素总是发挥着重要作用。在个人需求获得满足与否的经验中，人们获得了基本的喜好和厌恶。在个体的早期发展中，通过家长的直接奖励，个人价值观、理想，以及各种具体态度、信念在代际间传递。家长奖励会满足个体的许多强大动机，诸如自尊、爱以及避免惩罚。接下来，个体在儿童时期，在和家庭成员以及同辈的相处经历中，发展出其他不同的态度。其中，个体在社交中获得的动机，往往是通过口头的肯定性话语符号得到满足。随着年龄增长，对于那些意味着获得奖惩的语言话语符号，孩子们的反应越来越敏感。在成年阶段中，通过某种复杂模式，成人逐渐形成新的政治、社会以及伦理信仰，这种模式由直接的人际传播，以及大众传播中包含的符号刺激所构成。

政治学者、社会学者以及社会心理学者总是强调动机（motives）在公共舆论形成（public opinion formation）以及社会变迁（social change）过程中的重要性。对于这一点，大家已达成广泛共识。但是，对于在何种条件下，动机性因素（motivational factors）会促进或者干扰意见改变（opinion change），社会科学领域的研究没能提供准确信息。研究者仅进行了几个实验，研究了说服传播效果和内容诉求的关系，研究中使用的内容能够激发不同的动机。①

本章主要讨论一种“情感”诉求（“emotional” appeals）的效果——即“恐惧”诉求（“threat” appeals）的效果。我们研究项目中的
57 一些实验已经获得了有关“恐惧”诉求的初步证据。研究的主要目的是了解哪些因素决定恐惧诉求在意见改变方面有效或无效。在审视这些证据之前，我们应该先说明这些实验的理论范围。在设计这些研究的同时，我们考虑到的这些理论，也构成了我们在该领域研究的总体框架。首先，关于动机性诉求产生的效果，我们要简要考虑一系列问题。之后，我们用稍长篇幅探讨与心理机制相关的一系列具体假定。这些心理机制可能会调节诉求的效果，因为这些诉求会造成情感紧张（emotional tension）。

背景

动机诉求的多元效果

或许，关于动机诉求（motivating appeals）最知名实验是对“情感”（emotional）和“理性”（rational）诉求效果的对比性实验。几位研究者所获得的实验数据表明，包含有“情感”诉求的传播比仅仅依赖“理性”论证的传播更有效［例如，哈特曼（Hartmann）[13]、梅尼菲和格兰尼伯格（Menafee and Granneberg）[26]］。但是，其他实验结果未能确认“情感”诉求的传播优势，并且实验结果表明这样一种可能性，即“情感”诉求的传播效果有时反不如“理性”诉求［例如，诺尔（Knower）[22]］。

哈特曼[13]进行了著名实验，其实验结果可以很好地说明，学者们

在试图解释该领域研究发现时可能面临的一些问题。该实验对同一个社区投放了两类政治宣传品，并对其传播效果分别进行了研究，同时采用选举结果（election returns）作为传播效果的行为指标（behavioral index）。实验针对同一城市不同区域散发了两份传单，并分别采用不同方式呼吁选民为社会党（the Socialist party）投票。试验中，诉诸“情感”的传单大量使用富于感情色彩的语言，强化选民会面临的威胁（如战争和经济萧条等）；此类传单同时强调，如果社会党提倡的项目（the Socialist program）一旦付诸实施，大家都能满意。诉诸理性的传单则使用了逻辑性语言（programmatic statements），采取步步论证，强调称，如果选民认同传单中的大部分论证内容，就应该支持社会党，进而也能帮助选民实现自己的愿望。在第一组选举室中，来自不同家庭的选民收到情感传单。在第二组选举室内，选民能够收到理性传单。第三组选举室作为试验的控制组。该实验主要探讨哪种传播方式拥有更好的传播效果。研究者认为传播效果主要取决于，社会党此次收到的选票数，以及与一年前选举中的选票数相比社会党所获选票增加的百分比。所有投票室内的社会党选票，较去年都有增长。然而，最大的增幅出现在收到情感传单的投票组内。（“情感”投票组内，社会党的选票较去年增长50%；“理性”投票组内的增长为35%；控制组为24%。）这些数据表明，尽管两种宣传方式都有效，但情感传单相对于理性传单的传播效果更佳。

哈特曼实验中所采用的这种“情感”诉求，有时会被当做说服传播 58
中唯一的动机性策略（motivational devices）。当然，事实上，“理性”诉求或许能更好地引发动机。譬如，理性传单中所提出的挑战性问题，显然能够激发受众思考，并思考是否投票给社会党就能得到所谓的好处。在受众开始接触传播内容时，现有动机就开始发挥效用；或许，这两种诉求中的任意一种都能够改变现有动机。我们要通过研究数据来回答这些问题，需要描述每种诉求带来的这些变化本质，并解释这些诉求的变化是如何增加（或削弱）说服传播效果。

有些研究对不同类型的诉求进行了对比分析，试图回答此类问题。

在研究中面临的困难不少，其中的一个困难在于，研究者无法清楚辨别怎样的内容刺激是有效的。在这些研究中，研究人员将不同内容划分为“情感”或者“理性”两类诉求，其划分方式缺乏明确的可操作性定义。大多数研究者试图使用“情感诉求”这一说法，来指代任何一类可以引发受众情感反应的话语。但问题在于，哪一类内容可以引发情绪反应(emotional responses)，这是需要系统研究的实证问题。如果要将“情感”诉求和其他诉求区分开，其有效的分类机制似乎应该包含如下条件：首先，应该采用内容分析的一些技巧，根据其语义对特定表达进行分类［参见拉斯韦尔和莱茨等（Lasswell and Leites, et al.）[24]］；其次，通过控制实验，来区分哪种内容可以激发这样或那样的情绪反应。

一旦可以确定有效的内容刺激，我们的研究所面临的第二个主要问题便是：使用特定类型的诉求如何促进（或者干涉）传播总体效果？说服传播所使用的诉求成功地激发了受众动机后，受众的反应至少在三个方面会受到不同影响：

（1）受众对传播中语言内容表示关注；

（2）受众对所传播信息的理解；

（3）受众对传播中所宣传的结论表示接受。

不断刺激受众去关注、去理解、去接受传播，这能够解释任何既定动机诉求的有效性。②因此，为了更系统地了解动机诉求如何改变观点，研究者有必要对这些效果进行分类。

注意力效应（attention effects）在哈特曼的研究结论中，发挥部分作用。譬如说，如果人们可以自由选择是否阅读印刷宣传品，情感诉求或许能够提供更为有效的刺激，让人们坚持读完传播内容。受众阅读时注意力更为集中，亦或许，为动机带来的主要影响正是体现在此，在这样的阅读过程中，受众会对传播内容进行强化的心理预演。此类注意力效果可以在一定程度上解释哈特曼的实验结果，因为他在试验中记录到，选举之后的采访表明，记得自己曾经收到过情感传单的人数，多于记得自己收到过理性传单的人数。

59 我们要考虑的第二种效应就是受众理解信息传播的动机 。为了理解由语言传播所带来的观点改变，仅仅关注由内容所传达的具体意义也许不够。不管怎样，我们必须仔细思考其含义（implications），并且受众对其的理解必须处于个人目标、价值观以及潜在行为所形成的框架之内。极有可能的是，“情感”诉求能够强化受众的动机，鼓励受众尝试新观点，或者促使受众思考传播内容的含义。因此，“情感”诉求有时或许能够影响受众理解和阐释（interpreted）内容的方式。

尽管注意力与理解在某种程度上会受到影响，但“情感”诉求效果通常会强化受众动机，让其接受结论。以哈特曼的实验为例，即使真的存在这种情况，我们仍然无法判断，“情感”诉求是如何提升受众接受传单建议的意愿。或许，受众表现出的高度情绪紧张，这种主要反应是由情感传单中所描述的失业和经济贫困这样的威胁所引发？如果“情感”诉求的研究，能够帮助我们理解心理过程，这种心理过程又能调节受众对信息的接受度，那么该研究则需要更具体的关于此类反应出现的信息。

理论假设 60

在各种可能影响受众动机的论断中，有一些是能够直接或间接预测的情形，即受众一旦接纳传播者的建议，即可避免社会不满，或是能够避免某种形式的人身危险或损失。我们使用“恐惧”诉求来指代这样一种说服传播内容，它或明或暗地指出，如果受众没能采纳，或没能坚持传播者提出的建议，必将面临各种不利后果。此类诉求至少会激发轻微的情绪紧张。或者，这类诉求会大肆强调不利后果，进而使受众变得极其忧虑沮丧。

用恐惧诉求引发恐惧，这是许多大众传播的主要特征。例如，医疗 61
部门有时候在宣传活动中，故意夸大医学事实，引发大家对于癌症的恐惧，试图以此说服大家去看肿瘤门诊；政府发言人，为了让大家支持国防活动，时常故意让大家对不进行国防准备可能带来的危险感到忧虑。一旦使用这类诉求，决定他们成功与否的主要因素会是什么？下面的讨论旨在回答这个问题。首先，我们进行理论分析，探讨内容刺激是如何激发情绪紧张，并同时有助于达成说服传播的整体效果。我们将讨论一系列与一种特殊类型的强化（reinforcement）相关的理论假设。这种强化会出现在一定的学习情境中。在这种学习情境中，恐惧或其他强烈的情绪得到唤起之后，随之趋于缓和。我们将讨论这些假设的意义与具体假说之间的关系。这些假说能解释在何种条件下，恐惧诉求能够带来有效的意见改变。

过去几十年大量的临床实验研究已经积累了一些证据，这些证据支持以下的一般性假设，即任何一种强烈不安的情绪，例如恐惧、内疚、羞愧、愤怒或者厌恶，都带有驱动的功能特性（the functional properties of a drive）（参见莫勒[29]和米勒[28]）。精神分析学派对诸如合理化（rationalization）以及拒绝（denial）之类的心理防御机制进行了描述，强调不愉快的情绪状态能够为受众动机的改变带来力量。弗洛伊德[7, 8]同其他的精神分析学者也援引了许多人们所接受或坚信的意识观念，因为这些观念有缓解焦虑或内疚的效果，尽管它们有时相互矛盾。最近对于行为理论的探讨明确假定，信念、态度以及文字表达的思维序列（verbal thought sequences）能够经由强烈情绪反应的弱化而得到强化。[参见莫勒[29]，多拉德和米勒[4]，布朗和法伯（Brown and Farber）[3]] 这些理论分析基于这样一个概念，即恐惧是一种习得动力。多拉德和米勒对这个概念做了如下总结：如果人们习得恐惧，将其作为一种对新环境的反应，那么恐惧便成为一种动力，激发试错行为。随后，当恐惧强度减弱时，个体对于任何一种伴随恐惧情绪而生的新反应的学习便得到
62 了强化。[4]78页 我们假定同一原则适用于说服传播，因为说服传播能有力激发起恐惧或者其他不愉快的情绪。具体的假定可以简述如下：当个体关注到某个传播时，传播过程中便会呈现出特定内容（尤其是那些能导致个体预想到的威胁内容），这种内容能够激发个人的不愉快情绪反应。处于这种条件中，个体非常有动机去尝试不同的反应，不管是象征性的，还是明显的，直到不愉快的情绪状态缓和为止。个体所尝试的各种反应主要由过去的学习经验所决定，在过去的学习经验中，相似的情绪状态曾经成功地被消除或弱化。和其他类型的优势相比，反应或者思维

序列的优势也会受到环境刺激的影响——包括当情绪紧张被唤起时，那些曾经在传播中出现的刺激。无论反应是结束，或极大地减弱了情绪状态的强度，这种反应都会得到强化，并可能因此成为一种习惯性反应。所以，我们可以这样假定，恐惧诉求最有可能促使受众接受传播者的结论，但其前提条件是：(1) 在传播过程中，情绪紧张应该得到唤起，并达到足够强度，构成一种驱动状态；(2) 当情绪紧张减弱后，受众应该对传播中所宣称的信念或者态度进行沉默预演。

当进行传播时，对潜在危险和贫困的描述会激发出情绪紧张，最能有效缓解这种紧张的是"人们有希望逃离或避开威胁"的话语。我们可以用"宽慰"一词来指代那种文字话语——决心、计划、判断、评价等——这些话语都可以成功地缓解紧张情绪。宽慰的一种主要形式是指，个人假设自己通过参与一种或某种形式的活动 (activity)，来避免威胁。因为在过去经历中，个人曾经通过做某些事情 (do something) 的方式避免危险，情绪紧张得以缓解。当个人预料到自我将遭到威胁 (ego-involving threat) 时，这样的想法同其他想法相比便占了上风。

内容刺激能够让个体预料到威胁，上述的理论假设主要探讨了内容 63
刺激的这种效果。当然，这些理论假设与以下这一类"情感"诉求无关，即这些"情感"诉求能够激发个体产生同情、爱、振奋，或其他"积极"情绪。[③]然而，有关恐惧诉求的假设，或许对许多不同类型的说服传播有一定意义。在激发情绪紧张这方面，最为突出的传播类型便是"惊吓宣传"，此类传播蓄意惊吓人们，迫使其接受宣传者的观点。诉诸恐惧的传播技巧也就是通过激发情绪紧张来提升传播效果的一种方法，除此之外，其他种类的说服技巧也不少。例如，许多宗教及道德领袖会让大家留意到个体常见的不足，或者是向听众描述个体没能抵抗住常见诱惑而面临"可耻"后果，这样一来，宗教及道德领袖得以激发受众的负罪感等情绪反应。由于这些建议提供了一些方法和手段帮助受众避免出现违反道德的行为，此类诉求或许有助于提升受众接受传播者建议的意愿。其他一些例子中或许也涉及情绪紧张的出现与缓解，在这些例子中，说服传播导致了敌意或者其他意外（也就是相反）的效果。费什巴赫（Feshbach）[6]在试验中的偶然发现证实了这种普遍接受的假设，即当传播者使用侵犯性语言激发出受众愤怒或者厌恶的情绪时，受众容易产生负面态度，这种负面态度不仅仅是针对传播者，同时也针对与传播者相关的群体、企业以及传播目标。因此，如果可以充分了解那些能够引发情绪紧张的诉求有着怎样的心理效果，这或许能帮助我们理解传播成功与否的各个方面。

并非所有的恐惧诉求都能成功地促使受众接受传播者所提倡的宽慰性建议。为了了解其对于现有讨论最关注的核心问题所具有的意义，有关此类诉求的理论假设需要进一步详细阐释：什么样的情况下，恐惧诉求能够有效地促进受众接受传播者的建议？受众因为激发出的情绪紧张而接受传播中的建议，进而影响其接受程度高低的主要因素为何？

64 如下的简要描述旨在提供一个假设模型。此模型描述了这样一种情况，即受众被强有力的恐惧诉求影响时，会有怎样的反应：

第一，个体首先了解到相对中性的内容提示，例如，定义传播主题的内容提示，同时伴随着这些提示或是在这些提示之后出现的是威胁性语言。这些威胁性语言指向一种真正的危险，并且此类语言能引发个体与自身相关的预计："这可能会发生在我身上。"这些个体的预料会在脑海中预演，同时个体的情绪紧张便会明显增强。

第二，处于高度情绪紧张状态的个体随后了解到传播中的其他内容，这些内容断言一些方法可以消除此类威胁（例如，通过采纳建议的行为或者态度）。当个体开始思考这些宽慰性建议时，情绪紧张便平息下来。情绪紧张的缓解其实强化了这些宽慰性建议，并且此后，每当类似的符号刺激出现时，相应的语言反应可能都会出现在相似的场合中。

第三，接触到传播内容时，个体经历的反应链可以做如下阐释：

内容暗示（Content cues，C）→情绪反应（Emotional reaction，E）→宽慰性建议（Reassuring recommendation，R）。

该反应的次序将会成为一种习惯链，无论何时，当个体留意到与早先传播内容相似的话题或主题，他都将会再次经历情绪紧张，并容易想起那些宽慰性建议。

情绪紧张的减弱会促成该反应链最后一个元素（R）的强化效果，但是，情绪反应（E）的习得也与其他学习过程相关。激发情绪的话语与中立主题的内容暗示，这两者的成对出现或许能产生一定程度的情绪条件，因为之前中立的内容暗示能够成为引发情绪反应的条件性刺激。个体对习惯链中情绪反应元素的习得，其实属于巴甫洛夫条件反射（Pavlovian conditioning）作用的一个简单案例；但是，这种情绪反应的习得也可能是因为更为复杂的语言习得机制，其中涉及这样一种情况，即个体会调节对与传播主题相关的威胁预期。不管是哪一种情况，我们都应该假设，当恐惧诉求能够使受众接受传播者的宽慰性建议，个体便会习得两种不同的习惯：（1）C→E；（2）（C+E）→R。该假设最主要的一个意义在于，恐惧诉求或许能够建立或强化该习惯链的第一个部分（C→E），而不必强化这些宽慰性建议（R）。（之后，我们会讨论一些造成此类失败结果的相关因素。）

为了解释这些理论假设的意义，我们来看一个典型的例子。例子中的这个传播，主要是通过夸大核战的威胁这种方式，来宣传民防项目（civil defense program）。当讨论民防系统，以及未来战争可能性之类的话题时，传播中所呈现的恐惧诉求极大地引发了受众的恐惧或者焦虑情绪（例如，传播中的恐惧诉求涉及敌方战斗力、原子弹袭击的潜在规模、原子弹爆炸会给个人以及家庭带来的影响等等）。当受众的个体焦虑水平增加到一定程度，传播者向其提供有关民防项目的建议，这将激发受众思考如何消除此类威胁。如果此类建议提出之后，焦虑水平有明显下降，则传播者会用力强调这些建议。在特定传播阶段内，上述顺序会多次出现。接着，一旦传播中的受众想到未来出现核战的可能性，相同的反应链就会启动：想到未来的核战争（C），情绪紧张的水平将瞬间提高（E），之后想到民防项目的安保价值（R），焦虑缓解。如果传播有效，这种习惯链将会持续性存在，除非之后的学习经历对其造成改变。[4]但是，在一个完整习惯链的构成中，传播也许会失败，即使传播 65

能够提高受众对原子弹威胁的焦虑度，也许在传播中，无法增加受众对推荐民防项目的接受程度。

66 基于如上讨论，毫无疑问，影响恐惧诉求效果的因素主要有两类：一是有助于成功激发情绪紧张（E）的因素；二是有助于成功预演并强化传播者宽慰性建议（R）的因素。在接下来的部分，我们将对其逐个加以讨论。首先，我们把情绪紧张作为因变量（dependent）进行研究，为了了解在何种条件下，能够充分激发情绪紧张，使之成为一种驱动力（a drive state）。然后，在接下来的章节中，以情绪紧张作为自变量（independent）进行讨论；我们将研究何种条件能够激发情绪紧张，而这种情绪紧张能够使受众学习，并接受传播者的结论或其他影响，所有这些影响都将处理为因变量。

研究证据

对唤起情绪紧张产生影响的因素

我们首先检验有关传播因素的假设。这些因素能够影响所引发情绪的强度。我们已知有关这些因素的实验证据，这些因素能够分成三类：（1）诉求的内容；（2）传播来源；（3）先前的传播经历。

传播内容因素

假设（*Hypotheses*）。显而易见，恐惧诉求的内容要能提供暗示，提醒受众之前学到过的对这种内容的情绪反应。如传播者描述了一种情景（目的是传达一种威胁），而这种情景碰巧对受众毫无意义，也就是说受众之前从未经历过或者听说过，那么受众对传播者的话语进行思考，其产生的预期无法激发自身的紧张情绪。恐惧诉求的“意义”各有不同，取决于传播所能阐明其意义的程度。譬如说，传播者仅仅通知说有他国的难民突然涌入本国，这样的通知不太会引发听众的情绪反应，除非在通知的同时，也告知受众这些难民将会与其争夺有限的资源与就业机

会。传播者如果可以适当说明其对于潜在威胁情境的预测，那么他就可以促使受众留意哪些目标与价值正受到威胁。极有可能的是，为了引发受众的紧张情绪，当潜在威胁对受众而言越陌生，对此进行更详细的解释也就越是必要。

即使受众注意到一个相对熟悉的威胁情境，也可能不会出现情绪 67
反应，因为许多人已经学习过如何将威胁最小化。有好几种方式可以将熟悉的威胁最小化［参见贾尼斯（Janis）[15]233～242页］。例如，受众或许自然而然地认为，传播中所描绘的潜在威胁是不太可能发生的（“非常有可能将来不会真的出现”），或者，认为这种情况的发生暂时还较为遥远（“或许将来会发生，但现在没必要担心”）。受众也许认为此类威胁不重要（“即使会发生，结果也不会太糟糕”），还有可能认为不会发生在自己身上（“其他人可能会受影响，但我不会”）。为了提高情绪紧张的水平，恐惧诉求可能会需要通过补充性的解释，来抵消各种类型的弱化效果，因为这些弱化效果可能会无意识地出现在受众当中。

临床观察表明许多人会忽视有意义的威胁，直到他们发现危险逼近的明确信号[9, 10, 15, 25]。通常情况下，这是因为受众会自然而然地认为自己不会遭遇这种潜在的危险。这种侥幸心理有时候是基于经验性的考虑，但在通常情况下，这种侥幸心理只是一种不切实际的理性化。甚至是处于战争的威胁之下，士兵们知道自己马上要面对战争的危险，市民们意识到城市很容易遭到猛烈轰炸，但不管是士兵还是市民，都会保持一种很强烈的“个人不会受伤”的心理［参见格林克和施皮格尔（Grinker and Spiegel）[10]130页；贾尼斯[15]171页］。有些传播会激发“受众个人价值会受到威胁”的预期，对大部分人来说，当面临这种传播时，无意识的弱化心理仍比较常见。在这种情况下，恐惧诉求能引发何种程度的情绪紧张，就取决于传播内容将受众这种侥幸心理化解的程度。

实验证据（*Experimental evidence*）。贾尼斯和费什巴赫[18]对激发 68
恐惧效果的传播进行了研究，并获得了实验证据，这些证据能够解释内

容因素如何影响情绪紧张水平。本章后半部分会对观点改变的实验证据进行讨论；现在，我们只考虑一些影响直接情绪反应的偶然发现（incidental findings）。

该实验旨在研究，在有关牙齿卫生的标准传播中，所使用的三种不同强度的“恐惧诉求”有何种效果。实验准备了三种不同类型的图片讲座（illustrated lecture），时长都是 15 分钟，每个讲座都包含有同样的核心信息，即产生蛀牙的原因，以及有关口腔卫生的一系列建议。三个讲座的差异性仅仅体现在所呈现的恐惧诉求材料数量上。讲座类型一，包含有“强烈”诉求，强调了因为不注意牙齿卫生引发的蛀牙疼痛、牙龈损坏，以及其他不健康后果。讲座类型二，提供了一种“温和”诉求，其中对口腔卫生不健康的后果进行相对较为轻微的描述，而且更加以事实为基础。讲座类型三，提供了一种“最低限度的”诉求，较少提及忽视牙齿卫生所带来的后果，该讲座类型并未使用之前两个类型中的大多数威胁性材料，而是采用了相对中性的信息，并且这些信息与讲座中的具体建议无关。但就其他方面而言，第三种讲座形式同讲座一、二完全一致。

实验对三种讲座进行了记录，并对三种讲座内容进行了系统的内容分析，总结出三种传播形式在内容方面的主要差异，见表 6。表 6 中数据显示，每个讲座类型中提及每种威胁的频率。强烈诉求和中度诉求之间的主要差别并不在于威胁诉求提及的累计频率，而是在于讲座所阐释的威胁性后果的严重性。然而，最低限度诉求与其他两种诉求有明显差异，体现在提及的威胁内容相对较少，几乎只是限定于“龋洞”或者“蛀牙”之类的表达。

69 **表 6　　三种口腔健康传播的内容分析：涉及牙齿护理不当的后果**

参考类型	类型一（强烈诉求）	类型二（中度诉求）	类型三（最低限度诉求）
牙痛	11	1	0
癌症、瘫痪、失明或者其他继发症	6	0	0

续前表

参考类型	类型一（强烈诉求）	类型二（中度诉求）	类型三（最低限度诉求）
拔牙、钻龋洞或者其他痛苦的牙齿治疗方式	9	1	0
填龋洞或者看牙医	0	5	1
口腔感染：酸痛、红肿、牙龈感染	18	16	2
牙齿不美观或者变色牙	4	2	0
“烂”牙	14	12	6
“龋洞”	9	12	9
内容中涉及不利后果的总次数	71	49	18

来自贾尼斯和费什巴赫[18]

恐惧诉求的使用，其目的是激发情绪反应，以便让受众认同一系列的建议。它的主要技巧在于强调，如果受众没能参照建议，可能会面对的潜在危险。例如，强烈的情感诉求包含如下话语：“如果你因为护牙不当而感染，结果会非常严重，因为此类感染真的很危险（really dangerous）。感染会扩散至你的双眼、心脏或者关节，进而导致继发感染，引发其他疾病，例如关节炎、中风、肾脏损伤，或者完全失明。”传播材料的恐惧诉求渲染了各种疼痛、疾病以及肢体损伤，这种方式或许又代表了当下报纸、广播、电视以及其他大众传媒，进行说服传播时使用的更极端的恐惧诉求。

此类强烈诉求的特点在于使用了明确指向受众的个人化（personalized）威胁，比如，使用类似的话语“你会碰上这事儿”。然而，中度威胁则运用不带感情色彩的语言描述口腔卫生保护不当的危险后果。最低限度诉求，采用了不带感情色彩的语言风格来谈及不利后果，且涉及次数非常有限。

恐惧诉求中的威胁阐释并不仅仅依赖于语言材料，来表达不遵从建 70
议的威胁性后果。在采用强烈诉求的讲座中，幻灯片使用了一系列高度逼真的图片，生动描绘了龋洞和口腔感染。中度诉求使用了一系列较为温和的口腔病理学照片。最低限度诉求使用了X光图片、龋洞的绘图，以及口腔病理学照片中完全健康的牙齿照片（参见表7、表8）。

被试者是康涅狄格州一所较大规模高中的一年级学生，实验人员将该校整个一年级班随机分为四个等组。作为卫生课的标准教育内容，三个小组分别接受了三种传播方式。第四组是控制组，并且接受了一个完全不同的话题传播（人眼结构以及功能）。

表 7　　口腔健康传播过程中，报告担忧感或关心度的实验对象人数比例

问卷反馈	实验组		
	强烈诉求组（$N=50$）	中度诉求组（$N=50$）	最低限度诉求组（$N=50$）
对自己口腔情况感觉担心——“有几次”或者“次数较多”	74	60	48
对于自己护理牙齿不当感到“中度”或者“非常”担心	66	36	34
“总是”想着自己牙齿状况	42	34	22

来自贾尼斯和费什巴赫[18]

表 7 的数据说明，三种类型的图片讲座所引发的情绪紧张程度有所差异。在实验传播刚一结束，学生们就开始回答三个问题，问题内容关于“图片讲座”过程中的自我感受。其反应说明，恐惧刺激成功激发了情绪反应。强烈诉求组与最低诉求组之间的差异具有统计学意义（$p<0.05$，基于单侧检测）。中度诉求组落至中间位置，但是大多数时候，与其他两组的差异不够显著。

71 从下面两个问题的反馈，可以获得有关恐惧诉求引发情绪反应的进一步证据。每个问题后面都有一个核对清单表，表内有五个从“非常担心”到“一点儿不担心”的答案类型：

（1）“当你想到你会得牙龈疾病（diseased gums），你对此的担心或忧虑程度如何?”

（2）“当你想到你会得龋齿（decayed teeth），你对此有多担心或忧虑?”

因为与图片讲座无关，所以实验人员将这些问题列入实验前传播问卷和实验后传播问卷，并发放给四个实验组，这种做法是可行的。

表 8　　威胁诉求的效果：对龋齿以及牙龈疾病感到担忧的人数比例

	强烈诉求组（N=50）	中度诉求组（N=50）	最低诉求组（N=50）	控制组（N=50）
实验前一周	34%	24%	22%	30%
讲座刚结束时	76%	50%	46%	38%
变化	+42%	+26%	+24%	+8%
差异的信度（Reliability of Differences）	临界比（Critical Ratio）		概率值（Probability Value）	
强烈诉求组与控制组	3.06		0.01	
强烈诉求组与最低诉求组	1.59		0.06	
强烈诉求组与中度诉求组	1.37		0.09	
中度诉求组与控制组	1.54		0.06	
中度诉求组与最低诉求组	0.17		0.43	
最低诉求组与控制组	1.43		0.08	

来自贾尼斯和费什巴赫[18]

表 8 中的统计结果说明了，每个组当中反馈“中度”，或者“非常” 72
担忧的受试人数的比例。这些实验发现表明，与控制组相比，三个实验组中的每个组都出现了焦虑迹象，并且该迹象的增强都很明显。与表 7 中的结果相对照，强烈诉求组的增加最为明显。

总体而言，之前的证据都说明，与其他两个小组相比，接受了强烈诉求传播内容的小组表示对其牙齿状况更为担忧；中度诉求小组比最低限度诉求小组更担忧。因此，实验结果提供了阐释性证明支持以下假设，即提高内容中的威胁含义——通过解释其后果，以及强化其对于受众的适用性——可以提高受众情绪唤起的水平。同样的因素是否适用于其他“情感”诉求，以唤醒内疚、敌意、厌恶等的情绪，这仍然需要进一步的研究。

可能出现的一种情况是，能够带来预期反应的符号刺激，尤其会引发受众的强烈情绪反应（认知形象以及符号反应）。这种预期的反应与真实生活情境中实际威胁所引发的反应非常相似。已有的研究发现为这样一个大体的假设提供了最初的基础：如果传播能够更清楚地描述潜在威胁令人不快的一面，并且强调其严重性，那么这种传播就能激起更高水平的情绪紧张。

上述假设似乎无法在任何条件下都成立。通常可以观察到，当人们已经处于高度情绪紧张的状态中——例如，迫在眉睫的危险有不可避免的迹象——对于威胁进行具体细节的描述会减弱而不是增强焦虑。正如克里斯（Kris）[23]指出，与明确已知的威胁相比，模糊且不明确的威胁有时候会导致更多的焦虑。模糊不明确的威胁有时候能刺激人们将个人夸大的幻想投射于环境中，运用自己的想象来填充恐怖的细节。除此之外，如果威胁是具体清晰的，人们通常能够通过采取保护性措施来控制自己的焦虑。这些措施能够减少人们的无助感。因此，需要进一步研究的一个重要问题是，我们需要了解，在何种条件下，相对于带有详细解释的威胁，模糊暗示型威胁会导致较低水平的情绪紧张；以及在何种条件下会出现相反的结果。下文将探讨一些重要条件，这些条件或许能够削弱由详细解释威胁所带来的情绪影响。

73

传播来源因素

不管什么时候，只要传播内容对潜在威胁进行预测，那么此类传播内容对情绪带来的影响，在一定程度上取决于受众对传播者的评估结果。例如，如果传播者被认为完全不知情，他的预测可能会遭到受众的直接忽视，因此也就无法激起相应情绪反应的心理预期（参见本书 17 页）。同样，如果受众认为传播者带有明显想要操纵受众情绪的意图，那么受众的反应便是怀疑。此外，对于恐惧诉求的反应，或许不仅仅是个体对传播者初步（传播前）评估的结果，而且也是传播者在传播中所提供暗示的结果。受众成员或许会对极端夸张的威胁内容有这样的反应，即他们会认为传播者故意想“吓唬”他们，并因此不愿理会传播者所说。

贾尼斯[17]在这方面进行了探索性研究，他认为受众有可能从恐惧诉求的传播中获得某种干扰，这些干扰来自传播者自身。该实验研究使用了两份印刷品，描述了大量吸烟的危险。这两份材料中都包含有同样的建议和同样的信息，这些威胁性信息涉及缩短寿命、罹患肺癌、损害循环系统、遭受伯格氏病痛的折磨等。但是，其中一份材料详细描述了这些害处令人不快的一面，另一份材料的描述则较为简略。在阅读两份材料中的其中一份之后，不同教育背景的40个受试者接受了采访（实验解释说两份材料都来自一位医生为某畅销杂志所撰写的文章）。值得注意的是，与描述简单的材料相比，详细描述的材料更容易引发受众的自发评论，他们认为传播者带有操纵意图，同时还怀疑作者的诚意。一些典型的评论如下：

> “看到这种宣传我笑了。我觉得这个家伙危言耸听，我怀疑他 74
> 到底想干什么。为什么他对此这么激动？”
>
> “我想这是写来吓唬大家的——让大家戒掉抽烟的坏习惯——因为这太极端了……我想他自己也是个烟民。”
>
> “这太夸张了。我想这对其他人而言不太舒服，但是我的反应是太搞笑了……我想他是个斗士，大肆宣传某个观点，但他或许也不相信自己的观点；他或许并非出于人道主义动机。”

这项探索性研究表明，对受众较为熟悉（familiar）的威胁进行非常详细的解释，有可能向受众暗示其传播带有操纵意图，或许因此会削弱传播效果。尤其是，当受众相对了解宣传技巧，如前面提到的研究被试者所做出的评论，这种反应会干扰受众对传播观点的接受。这时受众可能会忽视传播中的威胁内容，减少这种不利影响的方法是将恐惧诉求变得更加客观，尽可能弱化其感情色彩。然而，值得一提的是，一部分较有经验的受众在阅读了有关吸烟危害的印刷品后，表示会“忽视”传播内容，但是在其他场合的采访中却表示，自己会因为所读的内容而感到非常担心。这种实验外的观察表明，强烈的恐惧诉求有时候会成功激发情绪紧张，但是也会因为激发起受众针对传播者的防御性敌意，从而干扰了受众对于信息接受的效果。（与恐惧诉求的实验证据相关的此类反应有进一步讨论，参见本书71～73页）

前传播因素 75

贾尼斯、拉姆斯登和格拉德斯通[20]偶然发现还有一种因素会影响情绪唤起。几位学者恰好都在研究，说服传播之前的传播活动对能够引发焦虑的事件会产生何种影响（该实验的详细描述参见本书209～212页）。实验所获得的部分证据发现，由于三个月前，人们已经讨论并预测了苏联的首次核爆炸，因此杜鲁门总统宣布此新闻时，所引发的情绪紧张程度有所减弱。其中一个实验组接受了两次预先传播活动。其中的一次传播提供了“悲观”观点，认为苏联已经建造了原子弹，并详细描述了苏联原子弹工厂的地址。三个月后，官方宣布此事之后，与未接受“悲观”观点的组相比，该组成员对于原子弹问题所表达的忧虑较少。例如，接受“悲观”信息的组中，只有40％的被试因为担心自己的城市可能会遭到原子弹摧毁，表示了“忧虑”；而未接受此类观点的控制组内，有58％的被试表示“忧虑”（$p<0.05$，单侧检测）。

该实验结果表明，受众如果之前接触过传播内容，或许会形成一定程度的“情绪免疫”。尽管这个单独的发现，可以从不同角度进行阐释，但值得留意的是，它与如下假设是一致的：如果在正式的说服传播前实施预备性传播，讨论并预测威胁性或者悲观事件，那么这种提前接触传播内容的经历，会削弱正式说服传播所引发的情绪反应。该假设的合理性是基于这样一个假定：负面信息能引发何种程度的情绪紧张，这主要取决于“意外”这个因素；也就是说，如果受众意识到潜在威胁是逐渐出现，而非突然出现，那么其所产生的恐惧情绪便会相对较少。贾尼斯[15]曾分析过战争威胁所引发的情绪反应，并在研究中讨论了上述假定。考虑到广大英国、德国和日本市民因反复接触到空袭危险，因而已经产生了情绪适应，贾尼斯认为，如果受众意外意识到潜在威胁，又没有机会进行前期的心理准备，那么此时，最有可能出现对于所预期焦虑的极端反应。

76 为了避免针对预期焦虑而产生极端反应，重要的是在危险真正来临之前，应该逐步让受众意识到现实以及危险的逼近。在每个人对自己未来的设想中，如果之前尚未意识到危险极其严重时，威胁应该逐步显现。

从个人适应的角度来看，让个体逐步意识到迫在眉睫的危险，并随之逐渐产生不安全感，这种做法有两个好处。首先，这能够激发个体发挥想象力，预测未来的危险境况，反过来，这也会自然而然地促进个体学习各种技巧，来处理自我焦虑。个体所进行的内化准备过程，或许使得个体在之后直面引发焦虑的事件时，心理状况不至于太脆弱。其次，少量的不安全感通常会成为个体强大的动机，促使其参与旨在避开危险的群体活动；参与他人的活动成为个人获取安全感的重要来源，之后，随着不安全感的持续增加，个人可能会愈发将个人精力投入此类群体活动。[15] 250页

上述讨论主要强调了序列因素（sequence factors）潜在的重要性。在威胁诉求引发情绪紧张时，它可能成为决定性因素。换句话说，威胁诉求能否激发强烈的情绪反应，部分取决于受众是否提前接触过与此类型威胁相关的传播内容，以及这些传播内容是否能提供必要条件来引发情绪适应。正如之前我们在讨论威胁的意义时所说，我们有理由认为，提前接触传播内容有时能增强情感诉求的效果。例如，如果无法提前掌握与威胁后果相关的信息，那么受众便无法对该威胁产生相应的情绪反应。在这种情况下，预备性传播或许能够增加受众对其影响的认知。

情绪紧张和接受度

77

干扰源的假设

即使恐惧诉求成功引发了情绪紧张，预期的观点改变也有可能不会出现，因为传播者的宽慰性建议没有得到强化。除此之外，如果激发了强烈的情绪紧张，宽慰性建议又没有出现，那么这种恐惧诉求的使用会毫无效果。我们理论假设的一个明显意义在于，激起情绪紧张后，应该立即提供宽慰性信息。当受众极度需要宽慰信息的时候，不仅仅是受众会非常想采纳宽慰信息，而且，因为情绪紧张得到了缓解，进而受众对传播内容的强化程度也相应提高。重复出现的威胁以及伴随出现的宽慰性建议，或许能提高受众在恰当时间进行充分预演的可能。

我们现在讨论另一组能够影响情感诉求的主要因素。在特定条件下，传播者的宽慰性建议或许无法缓解受众的情绪紧张，因为这些建议无法让受众预想到此类威胁是可以避免的。例如，如果受众认为传播者的宽慰性信息是：(1) 与威胁无关；(2) 无法实施；(3) 虽然能够成功避免威胁，但存在诸多“漏洞”，那么上述失败则有可能出现。

与情绪紧张作为动因的总体理论相一致，我们可以预测到，如果传播者的宽慰已经被受众预演，而情绪紧张仍然以较高强度持续出现，那么个体将自觉地经历多种反应，直到某种反应能够成功地缓解情绪紧张。因此，受众自己的信仰与观点会得到强化，而不是传播中提到的此类观点，所以传播者可能无法得到预期的传播效果。强烈的恐惧诉求通常旨在激发受众，使其考虑到某种危险是确实可能出现的；但是，它或许会产生意外的传播效果，促使受众接受“神奇的”、“一厢情愿的”或者其他类型的宽慰性信念，而这恰恰与传播者的传播意图相对立。因此，只有了解了传播者建议中存在的不足之处或“漏洞”，才能防止情绪紧张的弱化，以及因此而出现的恐惧诉求传播效果的降低。

78 还有另一种因素可能导致不能强化传播者建议的情况。当受众产生极大程度的情绪紧张时，其潜在的反应会是习惯性防御行为。因此，虽然传播者在宽慰信息中提出一些方法和手段来对抗此类威胁，受众对传播者宽慰信息进行预演的趋势，或许不一定是强烈情感诉求的主要反应。例如，当传播内容引发高度情绪紧张时，受众会曲解传播内容的意思，或者采取显而易见的逃避措施，这种行为便干扰了受众采纳传播者宽慰性建议。诸如此类的意外效果，其实就是受众未能缓解的情绪紧张所促成的自发防御性反应。

对病人心理治疗的临床观察表明，如果情绪紧张被高度激发，各种干扰源就会出现在受众身上。[1,4,5]这类观察表明存在三种类型的防御行为，这些行为有助于个体不受这类能够激发强烈焦虑反应的语言传播的影响：

第一，如果传播引发了强烈的焦虑反应，受众有时会无法留意到所传播的内容（fail to pay attention to what is being said）。注意力不集中或许是个体的有意为之，目的是避免一些会引发焦虑情绪的想法。此类回避性反应体现在，个体会公开尝试改变对话内容，选择一个没那么令人不安的话题。如果当此类尝试失败，并且焦虑极度攀升的话，注意力障碍的状态会愈演愈烈：例如，注意力无法集中、注意力涣散，或者还会出现，由高度情绪紧张所引发的暂时性认知障碍等其他症状。

第二，如果接触到引发焦虑的传播，受众有时会对不愉快（“惩罚 79
性”）经历做出反应，那便是对传播者抱有敌意（aggressive toward the communicator）。如果受众认为传播者应该对他所带来的痛苦负责任，那么对传播者敌意的主要表现就是拒绝（rejecting）其传播的内容。

第三，如果传播内容成功地激发了强烈的焦虑，并且传播中包含的宽慰性话语，或者自我激发的宽慰都未能有效降低其焦虑，那么传播后仍然存在的情绪紧张一旦结束，就会激发受众产生防御性逃避的新习惯（the development of a new habit of defensive avoidance），也就是说，个体或许学会如何避免继续（subsequent）接触引发焦虑的传播内容。暂时无法结束某种因为讨论某个潜在威胁的话题，而引发令人不安的情绪状态，这种经历会催生强大的动力，使个体避免再次想起或者听说此类内容；这将最终导致，受众无法回忆传播者的传播内容，失去对此类话题的兴趣，或者认为此类威胁不重要，或者也没有那么重要。⑤

关于接受恐惧传播的经验性证据

之前，我们曾提到过贾尼斯和费什巴赫[18]实验的部分结果，该实验主要采纳了上述理论。其主要目的之一在于，探讨强烈恐惧诉求是否会带来相反效果的可能性。

在接触传播内容之前和之后的一周，所有被试者必须回答有关口腔健康的 5 个问题。这些问题要求学生们描述他们当前刷牙的方式，这些问题涉及三种图片讲座中详细推荐的刷牙方式。

正如表 9 中所示的结果，最低限度诉求组的传播内容带来了最大程度的一致性。强烈诉求组相对于最低限度诉求组的改变较少；事实上，强烈诉求组与控制组的差异不具备统计学意义，但是，最低限度诉求组与控制组相比，其一致性程度的增加具有统计学意义。表 9 中的数据展示了相当一致的趋势，这表明如果增加恐惧诉求材料的数量（超过最低限度数量），受众遵守传播者建议的程度会降低。实验中传播者还提出了另一个建议，即去看牙医做口腔卫生检查。实验结果表明，有关该建议的研究发现与上述发现类似。

80 **表 9　　被试者和图片讲座中口腔卫生建议保持一致的传播效果**

改变类型	强烈诉求组（*N*=50）	中度诉求组（*N*=50）	最低限度诉求组（*N*=50）	控制组（*N*=50）
一致性的增加	28%	44%	50%	22%
一致性的降低	20	22	14	22
无变化	52	34	36	56
总计	100	100	100	100
一致性的净变化	+8%	+22%	+36%	+0%
差异的信度	临界比		概率值	
控制组与最低限度诉求组	2.54		<0.01	
控制组与中度诉求组	1.50		0.07	
控制组与强烈诉求组	0.59		0.28	
强烈诉求组与中度诉求组	0.95		0.17	
强烈诉求组与最低限度诉求组	1.96		0.03	
中度诉求组与最低限度诉求组	0.93		0.18	

来自贾尼斯和费什巴赫[18]

研究者指出，研究发现并不一定代表受众做出了明显的行为变化，以便和传播内容保持一致，因为观察是基于被试者的自我口头报告，这或许只是被试者对于相关建议的口头反应而已。但研究者认为，研究结果仍然表明，强烈诉求的效果明显弱于最低限度诉求，至少从口头上遵守传播建议这个角度而言是这样。

除了描述“健康”牙刷的四种特点之外，图片讲座还包括许多评
81 论，以及通过使用图片来解释人们应该避免使用“不健康”牙刷。使用健康牙刷的重要性是整个传播过程强调的主题。正如预期的那样，这是

口腔健康传播造成的最明显的观点改变之一，实验人员对这种观点的变化进行了两次测量，分别是接触传播内容的一周前和一周后。在传播结束后的态度检测之前，每个组都接触了简短的反宣传内容陈述，对最初传播的主题进行驳斥。与另外三个组相比，实验人员发现，反宣传内容的传播对控制组更有效。但是，从是否能对反宣传内容产生抗拒来看，最低限度诉求却是最有效的传播方式。结果如表 10 所示。

表 10　　图片讲座对后续反宣传传播效果的影响 81

每个小组中，同意以下这句话的人数发生变化的净百分比："使用哪种牙刷其实根本不重要。"

变化的类型	强烈诉求组（N=50）	中度诉求组（N=50）	最低限度诉求组（N=50）	控制组（N=50）
更加同意	30%	28%	14%	44%
没那么同意	38	42	54	24
没变化	32	30	32	32
合计	100	100	100	100
净变化	−8%	−14%	−40%	+20%
净效果［实验组减去控制组］	−28%	−34%	−60%	
净变化差异的信度	临界比（Critical Ratio）		概率值（Probability Value）	
控制组与最低限度诉求组	3.66		<0.001	
控制组与中度诉求组	2.05		0.02	
控制组与强烈诉求组	1.71		0.05	
强烈诉求组与中度诉求组	0.36		0.36	
强烈诉求组与最低限度诉求组	2.03		0.02	
中度诉求组与最低限度诉求组	1.66		0.05	

来自贾尼斯和费什巴赫[18]

研究者指出，在传播内容成功导致受众的态度改变之后，受众对此后接触到的反宣传内容有怎样的抵抗力，这其实是一个指标，它能够对首次传播引发的态度进行强度和稳定性的测量。表 10 中的实验结果表明，当人们在接触相同主题，但方法不同的传播时，在态度改变的稳定性和持续性方面，使用强烈的恐惧诉求的效果，不如使用最低限度诉求 82

更有效。

上述结果表明，最低限度的诉求是最为有效的传播方式，因为它促使受众对后续反宣传内容产生更多的抵抗力，以及让更多受众表示会遵守所推荐的建议。就其他偏好和信仰的指标而言，不存在显著差异。因此，中度诉求以及强烈诉求不具备独特的积极影响，这种影响能够补偿所观察到的负面效果。研究结果表明，在传播中额外增加引发恐惧的材料，不仅无法增强传播效果，而且事实上会削弱整体效果。

该实验结果并未排除这样一种可能性，即在某种条件下，极其强烈的恐惧诉求或许能带来非常成功的传播效果。例如，有这样一种情况，传播者能够实施严酷惩罚，并且受众已经学会不能再忽略这类威胁，此时，强烈恐惧诉求有可能引发高度认同。在这种情况下，极端惩罚所带来的威胁，能够激发受众接受传播观点和态度。许多观察都证明了这种情况，例如，贝特尔海姆（Bettelheim）[2]的研究中描述了德国集中营内政治犯的行为。尽管坚决反对纳粹主义，许多政治犯明显开始接受盖世太保的某些态度和价值观，并且表现出各种“认同攻击者”（identification with the aggressor）的迹象，这大概是因为受到了严重饥饿和折磨的重复威胁。

另一种需要考虑的因素，是受众反应的类型，即说服传播所期待的
83 传播效果。一些实验发现表明，强烈的恐惧诉求或许能够非常有效地激发兴趣，以及引发高度情绪紧张（参见本书表7、表8以及55～60页）。如果传播者的目标是煽动即刻的受众行为（例如，召集人员完成某项小组任务），此类反应或许能提高说服传播效果。

然而，关于恐惧诉求实验的主要发现表明，如果说服传播的目标是创造持续性的偏好或态度，最好的方式其实是唤起相对低水平的恐惧——太过强烈的恐惧诉求会激发一定形式的干涉，这将减弱传播效果。假设认为大众传播中一旦增加恐惧唤起刺激物的量，受众必将变得更愿意接受传播中的宽慰性建议。但实验结果必然是与这种假设相冲突。就试验中所采用的传播内容，其最优量（optimal dosage）远远低于传播者选择使用的强烈恐惧诉求的量。

进一步的证实证据，来自于与这一实验相关的两起辅助性的实验。

第一，接触口腔卫生传播内容一年之后，后续调查问卷发放给相同的被试者。最低限度诉求相较于强烈诉求，在传播效果方面的优越性仍然显著；最低限度诉求相较于强烈诉求组，其遵守建议的学生人数比例稍高（贾尼斯[16]）。

第二，实验人员对被试者的意见改变进行了单独分析，这批被试者的焦虑水平有倾向性差异（predispositional differences），分析结果发现，在那些长期极度焦虑的被试身上，强烈诉求产生一些不利效果，主要表现为明显的兴奋和精神神经症抱怨。[19]⑥

总体而言，现有的证据表明，如果受众情绪紧张程度增加，那么受众对传播者宽慰性建议的接受程度不一定会相应增加。有可能出现的情况是，对许多种说服传播而言，两者呈现出曲线关系：情绪紧张程度从0增加到中度，接受程度也随之增加；但是情绪紧张程度增加到一定高度时，接受程度反而下降。表9和表10中的实验数据可证明，两者关系曲线中后半部分的接受度在不断降低；曲线中较低一端的攀升部分表明，一些实验发现本章开始所涉及的这样一个概念，即“情绪”诉求对传播效果的积极影响。[13, 26]

中介过程 84

我们现在来讨论一下，试验发现提出了一个核心问题：当采用强烈诉求时，某些干扰会削弱受众对传播者所提建议的接受程度，那么这种干扰的主要来源是什么？此前，我们描述了通过精神疗法观察到的三种自发防御反应类型。当说服传播激发高度情绪紧张时，这些反应类型会导致强化传播观点的失败。考虑到说服传播中威胁诉求的效果，我们应该简要评估一下每种防御反应类型对说服传播中使用恐惧诉求效果的影响。

对传播内容漫不经心（*Inattentiveness to the communication*）。受众受到强烈焦虑刺激后，实验对其反应进行观察，发现当情绪紧张得到强烈激发时，注意力涣散的趋势随之增加，并且认知功能会暂时削弱[12]。

如果说服传播中使用了强烈的恐惧诉求，并发生了这种现象，受众注意力就会降低，对传播内容的了解也将相应减少，这就会进一步降低传播效果。

在有关口腔卫生传播使用恐惧诉求的效果研究中[18]，研究者探讨了这种干扰因素是否会导致实验中强烈诉求效果的减弱。在传播结束后，被试者立即接受了全面信息测试，学习在传播中所包含的其他材料。测试结果表明，在讲授口腔卫生事实材料方面，三种传播方式同样有效。从传播中所获取信息量大小的相关证据表明，强烈诉求不一定会导致注意力涣散，或任何形式的分心，这种注意力涣散或分心，可能会干扰传播过程中的学习效率。⑦实验并未能观察到任何学习效率减退的现象，这与临床观察是一致的。临床观察表明，正常的性格通常可以容忍潜在威胁所带来的不愉快信息，并不需要出现任何显著的“自我”（ego）功能减退。[15]101～116页该研究还发现，图片讲座中所采用的诉诸恐惧的材料，不会干涉受众学习传播内容的能力。

85 贾尼斯和米贺兰（Milholland）[21]对即时回忆（immediate recall）进行了研究，同样提供了有关注意力和学习因素的证据。注意力和学习因素可能会受到恐惧诉求的影响。该实验对比了两个等同组被试者逐字逐句的回忆，其中一个组阅读了包含有强烈恐惧诉求内容的简短传播材料，另一个组阅读了包含有最低恐惧诉求的相同传播材料。材料的选择基于早前实验[18]中图片讲座所采用的内容，并且作为一个权威口腔杂志文章的节选呈现给被试者，其所描述的威胁主要与蛀牙有关。

读完节选材料之后，每位受试者应要求尽可能多地写出他能回忆的传播内容。研究者基于一个编码规则对逐字逐句的回忆进行分析，这一编码代表篇章中出现的每个信息条目。测试后的统计表明，两个组在描述中所获得的条目平均数没有差异。该发现得出了与此前实验结果相同的结果。此后的实验也有额外的发现，表明强烈恐惧诉求对于受众获取的内容具有选择性效果（a selective effect）。

调查者将其结果根据两大类信息进行分解，这两大类信息是两种传播形式中常用的：（1）健康威胁的原因（例如，牙齿上驻留的食物，形成的酸，以及表面釉质的溶解）；（2）健康威胁的不利结果（例如，必须要看牙医治牙病，口腔疼痛，牙龈红肿）。研究发现，接受强烈恐惧诉求的小组更容易回忆起第一种信息，研究还发现，如果采用较少的恐惧诉求来解释潜在的危险，会使人关注威胁性后果，使后果更加逼真，因而也更容易记忆；但是，对危险后果的强化学习会削弱受众的注意力，并且不利于学习传播中的其他材料——此案例中，主要是指受众对材料中口腔健康威胁各种成因的学习。但是，在该实验中，两个组对传播过程中所提出的主要建议均回忆得不错。然而，该实验表明，受众有选择性回忆的倾向。这说明恐惧诉求影响被试者学习和记忆内容。在特定条件下（尤其是当传播者希望受众随后采取的行为是否会出现取决于受众是否能理解威胁成因的时候），这种趋势会明显降低传播的最终效果。这一现象需要进一步研究。

对传播者的敌意（*Aggression toward the communicator*）。之前，我 86
们曾讨论过传播者的操纵性意图，我们考虑到对传播者不信任的态度，会干扰情感诉求的效果。一项探索性研究[17]考察了被试者对抽烟所带来危险的反应。在研究当中提到，即使一些被试者认为传播者是故意"吓唬"自己，但他们仍然认为恐惧诉求带来了极度不愉快的体验。操纵意图的暗示或许会导致受众无法预演传播者的建议（例如，因为受众已经提前预演了有关对传播者的想法），或者受众会因为对传播者带有敌对情绪，而故意拒绝采纳其建议。之前讨论操纵性意图的暗示对激发情绪紧张方面的效果时，我们提到了如上所述的多重因素。因此，上述提及的各种因素也同样适用于对传播者建议的学习和接受。

此外，即使操纵意图并非来自传播者，受众仍然会认为传播者是情绪的阻挠者（frustrator），也就是说，传播者成了沮丧、痛苦情绪的来源。这种情况也能激发被试的敌对情绪，导致他们拒绝传播者提出的建议。

之前提到了口腔卫生传播中采用了强烈、中度、最低限度诉求的实验。[18]研究人员从该实验中获得了关于受众对传播者陈述所持态度的证据。与中度、最低限度诉求相比，强烈诉求激发了受众对传播内容更加复杂或模糊的态度。一方面，接触了强烈诉求的学生们，比其他人更容易对传播者陈述的价值和质量表示赞赏。另一方面，他们主观上最不喜欢传播内容，对其抱怨也更多些。

87 其中一些评论，尤其是关于幻灯片的评论，强调了上述两方面的差异（学生们对强烈诉求传播内容的赞扬与他们个人对传播内容的负面反应）：

> "'血肉模糊'的蛀牙图片以及口腔疾病的图片，我无所谓，但是我真的认为，这让我决定，我可不想我的牙像图片那样。"
>
> "有些图片太极端了，但这或许对大多数人有影响，人们可不想牙齿长成那样。"
>
> "我觉得挺好的，因为很多人看到可怕事情发生的时候，会被吓住。"

这些评论表明，要想避免模棱两可的效果，可以采取这种态度："良药苦口啊。"

总而言之，现有证据并未表明，强烈诉求的使用能够激发出受众明显的敌意，进而引发对传播者建议的拒绝。[8]但是，低水平的敌意或许是由于缺乏这种暗示，即暗示内容导致受众怀疑传播者的意图。如果传播者在一开始就遭到受众质疑，或其言论中包含有明显的操纵意图，那么他在传播活动中使用恐惧诉求，就会激发受众产生一定程度的敌意，并且带有强烈动机拒绝受其影响。这种可能性表明，我们需要进一步研究，在何种条件下，使用强烈威胁诉求会导致干涉传播效果的敌意反应。

88 *防御性回避*（*Defensive avoidance*）。从恐惧诉求实验的结果来看，可以推测，接触强烈诉求的受众处于情绪紧张状态中，预演传播中包含的宽慰性建议并不能缓解这种紧张。相关数据与"防御性回避"的假设相吻合：如果传播内容激发起受众的强烈恐惧，但又不足以通过说服传播中所包含的宽慰性建议缓解这种情绪，那么此时，受众会主动忽略或弱化该威胁的重要性。该假设是个特殊的案例，属于恐惧诉求总体假设的其中一类情况：传播中出现一些内在和外在的暗示时，受众的恐惧反应会得到激发。在其他条件相同时，如果受众的恐惧反应持续得越久，那么受众就会产生更强的动机，以避免之后接触这些内在外在的暗示。

如果防御性回避的假设是正确的，可以预测的是，如果传播结束后，某个组仍表现出极大程度的恐惧（residual fear），那么其组员便具有更为强大的动机来避免内在象征性暗示（internal symbolic cues）——例如，对不当口腔卫生所引发不利后果的期待——这类内在象征性暗示在传播中和传播后是显而易见的。该研究发现，接受最低限度诉求的小组，对后续反宣传内容表现了最大程度的拒绝。⑨这些主要发现同此前的预测相一致。支持防御性回避假设最为直接的证据，来自实验中被试者自发书写的内容。当被试者被要求解释对反宣传材料的看法时，在那些不认可反宣传的人当中，接触过最低恐惧诉求的被试者更愿意引用图片讲座的内容，这些内容被认为具有权威性，他们也更愿意引用其论点（参见贾尼斯和费什巴赫[18] 87页）。接受中度和强烈诉求的被试者所给出的答案中，相对较少参考图片讲座中的内容，这些被试倾向于避免回忆引发其恐惧的传播内容。

毫无疑问，我们需要进一步研究，在何种条件下，防御性回避反应会干扰受众对传播者建议的接受。在如下特定条件出现时，由某种威胁激发起的防御性回避会出现在受众身上：（1）当传播内容涉及该威胁时，激发起受众强烈的情绪紧张；（2）当传播者提供的建议和被试者自发尝试的解决方案没能缓解情绪紧张，而且这种紧张在一种可以容忍的程度内；（3）当威胁信号不够明显，或者可以被直接忽略时。

启示

在本章前面部分，我们描述了恐惧诉求如何提高受众对传播者建议的接受程度。在说服传播中，成功使用威胁材料是通过对反应习惯链

(C-E-R) 的学习而实现的，当受众之后再次接触类似主题时，就能激发情绪反应，紧接着，受众会对传播者之前提供的宽慰性建议进行预演。

有关理论假设意义的讨论主要集中在其中一种主要的传播效果，即态度或观点的持续性变化。理论假设同样表明有一系列传播效果假设，旨在达到其他传播效果。我们简单说明一下这些假设对其他三种传播目的的适用性，无须进行具体推论。最后这个部分的主要目的在于，提出一些研究方向的建议，帮助我们理解说服传播中的情感因素。

其一，大众传播有时候会被用来激发受众当下的行为，例如号召受众捐款或者号召受众将时间和精力义务投入某项工作。此时，受众就是与传播者持有相同态度的人群，传播的主要目的是引发与传播态度一致的显著行为。例如，战争公债宣传时期，美国知名低音女歌手凯特·史密斯在广播中长期使用大量“内疚”（guilt）诉求，目的在于激发听众们的决心，以达到这样的效果：“对我而言，应该去做的事情就是去打电话承诺购买筹集军费的‘战争债券’”[27]。在此情况下，建立反应习惯链的长期效果就不再重要。比起催生受众的长期态度来说，说服传播中强烈“情感”诉求的使用，更能在传播之后立即激发某种直接行为。受众脱离传播情境前，防御性回避的反应出现几率较低；此时，在激发受众采纳建议的传播效果递减之前，情绪紧张程度或许会增至相当强烈的程度。（当然，上述考量或许不适用如下的情况。例如，在传播结束后很久，受众才接受有关特定行为的建议。如果传播旨在引发延迟性行为，那么当传播目标引发一种持续性的观点变化时，同样的干扰来源仍然会影响传播效果。）

90 其二，政治家和社会领袖们通常会在危机时期公开发表宽慰性话语，以避免公众出现情绪激动，从而采取无序行动。例如，因为强奸或者谋杀案，社群中针对某少数族群的仇恨爆发，地方当局为避免潜在的社区暴乱，有时会做出如下保证，即嫌疑犯将遭到严惩。这类例子中，恐惧诉求与宽慰性传播内容的来源不同。不过，尽管受众已经预见到此类威胁（例如，通过新闻报道这个途径获悉威胁），公众的紧张情绪在传播前就已经极度高涨，但传播者宽慰性言论的有效性和传播中既有威胁又有宽慰性信息的效果一样。因此，上面讨论过了影响信念和观点改变的因素，这些因素同样会影响其他借用宽慰性传播来避免过激行为的情景。

其三，心理健康以及性格培养（character training）材料，通常教授人们在感到羞愧、愤怒、缺乏安全感，或其他不安的情绪时，如何以调节性方式进行反应。此时，传播者或许会故意激发受众的情绪紧张，目的是给予受众某种指导性行为，让其在强烈情感激发时可以适当进行回应。这种传播的目的是通过语言来调节习惯，使受众接受传播推荐的行为模式，而不是感情用事（例如，教孩子如何控制愤怒，以免他将来"挑起事端"）。考虑到传播需要"转移"（transfer）和"普遍化"（generalization），传播中如果采纳多种威胁范例的情绪诉求或许有助于情绪控制习惯的习得，这样一来，带来情绪缓解的反应将更好地得到普遍化，适用于更多情境。

情绪控制训练的另一个方面，就是帮助人们通过练习具体的防御性 *91*
行为，来面对未来的危险（例如，教导士兵在轰炸袭击中寻求掩护的军事练习）。对于延迟性应急行为而言，重要的是指导个体在之后的危急时刻，当相同信号再次出现时应如何反应。为了达成此目的，传播者会采用预备传播中的情感诉求来激发情绪反应，使内容的内部暗示与真实威胁出现时的暗示相似。这为进一步研究情绪训练技巧提出了一系列问题：为了保证训练中激发的情绪与现实危险情境中激发的一样，应该使用哪种情绪诉求？应该如何使用说服传播来避免情绪反应在一系列训练实验中逐渐减弱？对此类问题进行系统性研究不仅有实用性，可以提高各类教育方式的传播效果，同时也具有理论价值，因为从加强情绪弱化效果的理论假设中可以得出一些具体的推断，而对这些推断的检测将有助于心理学理论的发展。

注释

92 ①奖励性刺激或者激发动力的刺激（drive-producing stimuli）可以带来观点的改变。我们认为，对此类过程的控制实验可以直接检测两个因素的关系：即受众动机的变化和受众对传播者结论的接受度。当然，也有其他相对不太可靠的方法（less dependable methods），可以间接研究两者之间的动态关系。例如，199页至202页便探讨了这样一种方法，即考虑不同受众之间的倾向性差异，以便提供动机诉求效果方面的数据。

②受众的注意力、理解力以及对观点的接受程度或许在很大程度上可以决定，由说服传播所引发的观点变化能持续多久。但是，除此之外，其他因素或许可能影响受众，使其拒绝接触后续压力，这种压力会干扰受众继续接受传播观点。

例如，某种“情感”诉求有时会引发持续性情绪紧张，本应该产生这样一种效果，即促使受众更需要同他人交流个人的观点变化，并因此会更加愿意支持新观点。因此，此处所涉及说服传播反应的三个方面并未想囊括所有的可能性，只是强调，有必要区分其他一些需要系统研究的效果反应（modi operandi）。

③我们对激发愉悦情绪反应造成的动机效果，知之甚少。所以，在何种条件下，说服传播可以使用“积极”情绪诉求来刺激受众接受传播者的建议，对于这个问题，我们不应针对可能的条件预先做出任何具体的限制。这方面研究的缺失表明，我们应该关注现有研究中的主要空白之一——既是说服传播和态度改变领域存在的研究空白，也是人类习得心理学这种一般性研究领域的空白。人文科学专家投入极大兴趣，研究焦虑和其他不悦情绪的成因与影响，与此不同的是，他们尚未关注愉悦和自我协调型情绪（ego-syntonic emotions）所能引发的动机效果。目前，这正是我们研究项目的不足之处。

④习惯链的每个环节（C→E→R）相应启动之后，只要情绪反应仍然存在并未消失，且目标反应出现之后，情绪紧张不断地有所缓解，就能产生额外的强化效果。但是，不断激活习惯链会渐渐导致“短路”。最终结果是，一旦内容暗示（C）出现，宽慰性反应（reassurance response，R）会立即激活。也就是说，多次接触内容暗示，习惯链中的干预环节（intervening link in the chain，E）会弱化，并从整个反应链中消失。“情绪适应”现象（“emotional adaptation” phenomena）[11, 15]的观察结果表明，由情绪反应调节的习惯会经历一个随后衰减的类似过程。“预期目标反应”（“anticipatory goal reactions”）的实验证据同样表明，复杂行为链不断激活会导致“短路”的出现[14]。为了发现在何种情况下，类似“短路”不会导致宽慰

性反应的消失，我们有必要进一步研究，激发恐惧的传播如何带来观点的持续性改变。

⑤文中大体上提出的这三种反应趋势，是参考了在心理分析以及心理治疗中所观察到的三种行为模式。当治疗师做出解释，而这种解释通常会给病人带来焦虑的想法或者焦虑的动机，此时，病人会产生某种立即（immediate）反应，也就是文中提到的前两种反应：（1）干扰注意力、拒绝联想（blocking of associations）、听岔了、推诿以及类似的“抵触”形式；（2）激辩、蔑视、鄙视以及其他针对治疗师的敌对性反应行为。第三种反应指的是特定类型的随后“抵触”（subsequent “resistance”），通常会因为治疗师提供令其不安的意见或者解释后，作为一种“遗留效应”在治疗后期出现。 93

虽然，这三种防御型行为主要是在对参与心理治疗病人的临床观察中所获得的（总体而言，病人们的焦虑反应与其潜意识冲突相关），但如果普通人接触了特定传播内容，令其敏锐察觉到外部危险带来的严重威胁，那么他们也会出现类似的防御型反应。然而，我们需要独立证据来说明，是否此类情绪干涉的来源（内容）会影响引发恐惧的传播内容的净传播效果——尤其是，当传播内容呈现在一个没有人情味的社会环境（impersonal social setting）中，受众的情绪反应会极大地弱化。

⑥学期末，四五位任课教师根据下述类型，对每位学生的情绪状态进行评估：“高度情绪化；容易冲动；通常能够控制情绪；非常稳定；冷淡；反应迟钝。”传播前，人格量表作为一种独立的数据来源，被用来对学生进行测量。其中有些项目与神经质焦虑症状有关。

教师们的评估，以及人格量表中的特定项目，针对个体层面的焦虑提供了不同的指标。针对每一个指标，实验组与控制组被分为一个相对高焦虑度和一个相对低焦虑度的组。然后考察这些预先设定的指标与牙齿卫生传播内容效果之间的关系。研究使用了态度改变的两个主要指标：（1）牙齿卫生习惯是否变得和传播者的建议保持一致；（2）对反宣传内容表示抵触，反宣传内容强调使用合适类型牙刷的重要性。

关于态度改变的两种指标都显示出相当一致的趋势。接触到强烈恐惧诉求的小组中，焦虑水平较高的被试者几乎没有表现出积极的态度改变，但是焦虑水平相对较低的被试者更容易受到传播内容的影响。接触到较低水平恐惧诉求材料的小组中，焦虑水平高低不同的被试者所受影响的差异性不大。研究发现与如下结论一致：高水平的情绪紧张可以削弱说服传播的整体效果。也就是说，假设个体长期处于高水平焦虑中，与他人相比，能对其造成影响的恐惧诉求限度较低（a lower 94 threshold of fear arousal)，那么研究发现便可以做如下的预测：在接触到强烈恐惧诉求后，个体越是容易经历高水平情绪紧张，就越不会受到传播者建议的影响。

⑦实验同样获得了被试者对“合适”牙刷类型应有特点的看法。可以假设，强烈诉求或许对集中注意力有益（beneficial effect)，因为在接触传播内容后，研究者立即询问被试者相关问题，强烈诉求组相当高比例的被试者表达说：(1) 非常容易能留意到主讲人的讲话内容；(2) 他们很少出现走神的状况（“mind-wandering”)。(参见贾尼斯和费什巴赫[18]82～83页)。

但是，记住这一点很重要，该实验中参与说服传播的是强迫型受众，也就是教室内的学生。当人们待在家里收听广播节目（或者处于任何一种可以按照自己意愿，选择是否继续留意传播内容的情境中)，强烈恐惧诉求的使用有时候会带来强烈负面效果，即受到刺激的受众会“关掉广播”。总而言之，如果传播时不具备明显的社会规范或者情境限制，因而无法阻止受众分散注意力，那么使用强烈恐惧诉求所可能带来的注意力分散，或许是传播效果不好的主要原因。即使传播中受众为强迫型，处于特定极端条件下，强烈诉求可能会干扰学习效率。例如，如果采用诉诸恐惧的传播让受众敏锐地觉察到一种意外的危险——尤其当受众认为这种危险迫在眉睫不可避免，此时，可能会产生临时认知功能障碍。当语言刺激碰巧触发无意识的个人冲突或者各种“情结”（emotional “complexes”)，此时，同样可观察到如上所述的临时认知功能障碍。

⑧强烈诉求组对传播内容表示出最大程度的主观厌恶，并且对内容抱怨最多。
95 可以将这种情况理解为一种态度的信号，表明受众对传播者持有一种潜在的攻击态度。如果强烈诉求小组所持有的攻击性态度强大到某种程度，足以激发其拒绝传播中的结论，那么该小组便不会对传播者讲演及其图片讲座的价值给予最正面的评估。因此，将强烈诉求中态度削弱这种效果的主要原因解释为，受众对传播者产生了攻击性态度，进而引发了受众与传播者之间的对立性倾向，这种可能性不大。在得出该试探性结论时，贾尼斯和费什巴赫[18]指出，其试验中的传播是作为学校卫生项目的正式组成部分进行组织安排的，并且，其中包括的建议毫无疑问对受众有益。即使该实验的条件相对有利，强烈诉求的使用依然激发了被试者的主观批评，这似乎反映了他们的攻击态度。如果受众认为传播的准备工作（auspices）以及目的有一定攻击性，在这种差异性极大的条件下，受众将会不太愿意抑制或者控制自己的攻击性反应。

⑨表 10 中所展示的结果表明，即使后续传播内容与最初的传播内容相比，情感诉求不太强烈，并且可能出现内容冲突，在这种情况下，与低度诉求相比，接受

强烈诉求的受众对后续传播内容的抗拒较少。事实上，反宣传传播提出，对于使用错误类型牙刷带来的所谓后果，受众可以不予理会，因此，也就是说，该传播对此前激发恐惧的传播中所着重强调的危险进行了弱化。

根据学生报告的牙齿卫生习惯（表9），我们可以继续从这个方面解释。可预期的是，在了解或者参与到三场图片讲座中的任意一场之后，学生们受到了激发，进而改变其牙齿卫生护理习惯。其原因在于，讲座中的大多数建议都提到了不纠正“错误”习惯所可能带来的不利后果，并且被试者们能够回忆起其中一些印证讲座建议的语言材料。理论上而言，可以这么说，从传播中所获得的象征反应（symbolic responses）最终促成了学生们采纳这些建议。受众从三种类型的图片讲座中所获得的调节性反应（期望、想法或想象）经常会联想到不愉快的后果，并会间接导致某种决定或者某种公开行为，而此类决定或者公开反应会与预期中成功避免危险这种结果一同出现。

现在我们回到之前讨论的假设，即受众经历过剩余的情绪紧张后所产生的效果。可以预测的是，如果受众的调节性反应（mediating responses）是采取防御避 96
免的措施，那么不管激发恐惧的说服传播所建议的保护行为如何，都将会降低受众遵守建议的程度。如果在传播中和传播结束后，有关潜在威胁的话语预演伴随着强烈的情绪紧张同时出现，那么受众将受到激发，避免在以后可以采取适当行为的时候回忆起此类话语。此类回避型动机从图片讲座中获得，会让学生不要采纳传播中提出的改变，不去调整其刷牙习惯。这是因为，以后他们刷牙时，就无法时时记起那些不当护牙方式所导致的不快后果。

参考文献

[1] Alexander, F., and French, T. M. *Psychoanalytic therapy*. New York, Ronald Press, 1946. 97

[2] Bettelheim, B. Individual and mass behavior in extreme situations. *J. Abnorm. Soc. Psychol.*, 1943, *38*, 417–452.

[3] Brown, J. S., and Farber, I. E. Emotions conceptualized as intervening variables—with suggestions toward a theory of frustration. *Psychol. Bull.*, 1951, *48*, 465–495.

[4] Dollard, J., and Miller, N. E. *Personality and psychotherapy*. New York, McGraw-Hill, 1950.

[5] Fenichel, O. *Problems of psychoanalytic technique*. Albany (N.Y.) Psychoanal. Quart. Inc. 1941.

[6] Feshbach, S. The drive reducing function of fantasy behavior. Unpublished Ph.D. dissertation. Yale Univ., 1951.

[7] Freud, S. *The future of an illusion*. London, Hogarth Press, 1928.

[8] Freud, S. *Civilization and its discontents*. New York, J. Cape & H. Smith, 1930.

[9] Glover, E. Notes on the psychological effects of war conditions on the civilian population: III, The Blitz. *Int. J. Psychoanal.*, 1942, *23*, 17–37.

[10] Grinker, R. R., and Spiegel, J. P. *Men under stress*. Philadelphia, Blakiston, 1945.

[11] Guthrie, E. R. *The psychology of human conflict*. New York, Harper, 1938.

[12] Hanfmann, Eugenia. Psychological approaches to the study of anxiety. In P. H. Hoch and J. Zubin, eds., *Anxiety*. New York, Grune & Stratton, 1950. Pp. 51–69.

[13] Hartmann, G. W. A field experiment on the comparative effectiveness of "emotional" and "rational" political leaflets in determining election results. *J. Abnorm. Soc. Psychol.*, 1936, *31*, 99–114.

[14] Hull, C. L. *A behavior system*. Yale Univ. Press, 1952.

[15] Janis, I. L. *Air war and emotional stress*. New York, McGraw-Hill, 1951.

[16] Janis, I. L. A follow up study on sustained effects of fear arousing communications. 1953. (In preparation.)

[17] Janis, I. L. Intensive interviews on reactions to fear-arousing propaganda. (Unpublished study.)

[18] Janis, I. L., and Feshbach, S. Effects of fear-arousing communications. *J. Abnorm. Soc. Psychol.*, 1953, *48*, 78–92.

[19] Janis, I. L., and Feshbach, S. Personality differences associated with responsiveness to fear-arousing communications. 1953. (In preparation.)

[20] Janis, I. L., Lumsdaine, A. A., and Gladstone, A. I. Effects of preparatory communications on reactions to a subsequent news event. *Publ. Opin. Quart.*, 1951, *15*, 487–518.

[21] Janis, I. L., and Milholland, W. The influence of threat appeals on selective learning of the content of a persuasive communication. *J. Psychol.*, 1954, *37*, 75–80.

98 [22] Knower, F. H. Experimental studies of changes in attitudes: I. A study of the effect of oral argument on changes of attitude. *J. Soc. Psychol.*, 1935, *6*, 315–347.

[23] Kris, E. Danger and morale. *Am. J. Orthopsychiat.*, 1944, *14*, 147–155.

[24] Lasswell, H. D., Leites, N., and associates. *Language of politics: studies in quantitative semantics*. New York, Geo. W. Stewart, 1949.

[25] MacCurdy, J. T. *The structure of morale*. New York, Macmillan, 1943.

[26] Menefee, S. C., and Granneberg, Audrey G. Propaganda and opinions on foreign policy. *J. Soc. Psychol.*, 1940, *11*, 393–404.

[27] Merton, R. K. *Mass persuasion*. New York, Harper, 1946.

[28] Miller, N. E. Learnable drives and rewards. In Stevens, S. S., ed., *Handbook of experimental psychology*. New York, John Wiley, 1951. Pp. 435–472.

[29] Mowrer, O. H. *Learning theory and personality dynamics*. New York, Ronald Press, 1950.

第四章　说服性观点的组织

说服传播效果不仅仅取决于动机诉求的选择，同时也依赖于那些支持观点的论据组织方式。因此，学者们会从重复讨论的次数、重点内容的数量、反驳的方法等影响因素的角度，来研究说服传播的方法［布伦贝克和豪厄尔（Brembeck，Howell）[4]］。一些典型的研究问题如下：最有力的说服性观点是应该开门见山来表述，还是放在结尾说才比较好？哪些类型的内容明确陈述出来比较有效？哪些类型的内容最好暗示表述才会有效？目前来看，回答这类问题更像是一种艺术而非科学，但是对传播学学者来说，他们更加关心和感兴趣的是，当同样一则信息以不同的组织方式进行传播时，决定其传播效果的因素到底是什么？

只研究影响信息组织方式的理论因素，很难形成一个完整的理论体系，还需要将大量关于注意、理解力、动机、学习的原理或因素纳入研究范畴。例如，当一个传播者在选择究竟应该把最重要的说服性内容放在开头讲，还是留在后面高潮部分说时，该传播者一定会去考虑受众最初的态度和观点。对此，最相关的研究来自对动力因素（motivational factors）的分析，尤其是当说服传播涉及反驳受众此前强烈支持的观点时。同样，传播者的决策还可能取决于受众最初对传播内容的感兴趣程度。除此之外，这个问题还与学习因素（learning factors）这样的理论问题相关，比如传播所涉及内容之间的兼容程度或互相干扰的程度。因此，关于信息的组织构架问题在理论上比较复杂，与此相关的研究，目前才刚刚起步。正因为如此，本章无法就与说服传播的组织架构相关问题给出一个系统的解决方案。本章只讨论与此领域相关的案例。这些被选案例与重要理论问题相关，并且这些研究结果能够从我们的研究项目，或其他研究人员的工作成果中获得实验证据支持。

100 首先要讨论的问题是，对比研究在传播中向受众明示结论，与完全由受众自己得出结论，这两种表达方式之间的传播效果差异。第二个要对比研究的问题是，在说服传播中，只集中表述传播者所赞成的观点，与传播者表述中还包括对立面观点，这二者之间传播效果的差异。最后一个问题是，最佳的观点陈述顺序排列问题。由此，还研究了两个有待考虑的相关问题：（1）当所有的内容都指向问题的单一方面时，层进式顺序（最有力的观点最后出现）和突降式顺序（最有力的观点出现在最开始）会产生怎样不同的传播效果？（2）当一个问题的正反两方面观点连续被提出时，相比之下，首先被提出的观点更占优势，还是后来被提出的观点更有优势？

问题 1：在下列情形中，传播效果如何？（1）明确得出结论的传播效果；（2）含蓄保留结论的传播效果。

让受众自己得出结论的传播效果会更好，这一点可以从间接建议比直接建议更有效［邓拉普（Dunlap）[9]］的主张中得到启示。这一点也能从那个经常被引用的非指导性心理治疗理念中得到证实：经由患者自己做出的决定，比由治疗师建议给出的决定会更加有效［罗杰斯（Rogers）[22]］。另一方面，基于对很多受众来说必须明示结论才能被理解的情况，与前述相反的结论也会出现。

库珀和迪纳曼（Cooper and Dinerman）[6]在一个关于测试反偏见影片的反应研究中偶然获得了答案。其中一条重要的信息就是“坚决不要在影片中明确陈述观点……希望观众能够自己推论得出观点……”（249页）。他们在报告中还指出，暗示型信息能够影响到受众中智商比较高的人，但是对受众中的其他人很难产生影响。因此，他们得出的结论是，“通过他们这种暗示的表达形式，这些信息事实上很难影响到这些智商不是很高的群体”（263 页）。

研究证据 101

霍夫兰和曼德尔[14]设计了一个实验，该实验用于系统研究明示结论与暗示结论的传播效果。这个对比实验由两组传播构成：除了结尾部分，这两组传播内容完全一样，一组实验在结尾处由传播者直接得出结论，而在另外一组实验中，则由受众自己思考结论。

在这个实验中，关于话题的总体原理和现状陈述一起被传播呈现，因此，其结论是一种建立在具体细节和总体原理基础之上的推断。

实验的话题为“货币贬值”，传播内容为一组被极度简单化的普通经济原理和一些能决定货币贬值是否合理的条件。从这些经济学原理和普遍存在于美国的现实状况中，一个合乎逻辑的理性推断应该是美元货币需要贬值。

实验内容被录制在磁带中，以一个名为“美国民众教育”的广播节目形式播出。所有实验对象听到的传播内容完全一样，唯一不同之处在于，半数实验对象听到的录音内容中，含有明示结论的那部分内容被省略了，关于这个实验的其他内容在本书之前的章节中已经讨论过（参见本书 26～28 页）。

该项实验在几组大学生中展开，实验对象被告知这是由一家商业机构组织的预先测试，目的在于探寻受众对于一个流行事件节目的看法。“受众反馈”问卷不仅包括实验对象对此节目的评估问题，还包括若干关于货币贬值看法的关键态度问题，这些问题在先前一份调查问卷中曾经出现过。此外，问卷内容还涉及一系列事实测验，用于测试实验对象对传播内容中出现过的“原理”和“现状”的学习程度。

102 表 11 给出的是实验中态度改变的总体结果，此数据来自于调查问卷中两个关键问题的反馈：这两个问题都是关于被测者对美元贬值可取之处的意见。对比两组实验，由传播者明确给出结论的结果，与传播者没有给出明确结论的结果相比，两者差异非常明显，并且对由传播者明示结论的这组实验十分有利。在传播者明示结论的这组实验中，被测者态度改变与传播者所支持观点一致的人数，是传播者没有明示结论这组的两倍多。

表 11　　传播实验前后，测试对象关于“货币贬值”的意见变化百分比

改变的方向*	传播者未明确给出结论（$N=114$）	传播者明确给出结论（$N=121$）
支持	30.7	51.2
未改变	57.9	45.5
反对	11.4	3.3
净改变百分比	19.3	47.9
中差	28.6	
p 值	0.001	

* 这里“支持”的定义是：意见改变为与传播者所持观点一致的方向，这里“反对”的定义是：意见改变为与传播者所持观点相悖的方向。净改变百分比 ＝ 意见改变为支持方向的百分比，减去意见改变为反对方向的百分比。

来自霍夫兰和曼德尔[14]。

从实验结果来看，并没有发现结论推断变量与性格测试结果（该测试用于测量“对建议的抵抗”和“独立性”）之间存在重要的关联。同样，也没有发现智力测试成绩和结论推断效力之间存在重要关联性。这可能源于此实验选择的测试对象为大都市的大学生，其能力远高于平均水平（三分之二的被测对象，其能力水平高于全国大学生的平均值）。

启示

传播者明示结论不会占有绝对的优势，那么这两组传播实验的相对效果可能取决于哪些因素呢？

103 *传播者的类型*。霍夫兰—曼德尔的研究曾经测试过一个假设：由一个引起了被试者怀疑的传播者给出结论，基本不会产生传播效果。在一个实验中，传播者被描述为一名进口商，如果他的结论能被听从，他便能因此获利；相比之下，在另一个实验中，传播者的角色由一位公正的经济学家担任。尽管这两位传播者的可信程度被认为有所差异，但是他们两个给出的推断结论在各自的实验中都是有效的，而且效果差不多。不过，在其他类型的话题中，传播者类型这个因素可能会变得更加重要（参见下文，同时也参见本书第二章，36 页）。

受众的类型。受众成员对话题复杂程度的认识判断，很可能是一个重要的影响因素。这一点可能是由受众对特定问题的相关知识掌握情况而决定，或者是受到受众整体能力水平的影响。因此，一方面，面对由高智商个体组成的受众时，可能不需要明确地把结论说出来，并且由传播者得出结论的传播也不会有好的传播效果。另一方面，如果受众是一群智商不是那么高的人，可能仅凭含蓄暗示他们无法得出正确的结论。库珀和迪纳曼[6]的实验观察指出了这样一种结果。虽然这个结果在霍夫兰和曼德尔的研究中没有得到显示或证明，但是这可能是因为在他们的实验中，实验对象智商“高”和“低”的差别不是十分明显。如果话题本身足够复杂，那么这个话题对所有实验对象来说都很难。要是能够在一个智商分布范围广泛的群体中（比如军队），研究这个问题的话，那将会是一件极其有趣的事情。

尽管目前的研究当中还没有出现过对个性差异的研究，但是个性差异可能同样也是一个影响因素。很有可能是这种情况，如果具有极端性格的人被选为实验对象，那些非常容易被他人观点影响的人，将会用他人陈述的结论来决定自己的想法；在另一个极端上，对他人意见持抵抗态度的人，则更喜欢听从自己的意见。那样的话，可能就需要进行一些变量研究，以此来决定各种类型的个体在不同受众群中的出现频率。但是霍夫兰和曼德尔的实验结果提出了一些问题，比如，个性差异因素对于人群中的常见类型来说有多重要。他们的研究结果似乎在指出其他因素起到的作用会更重要一些。

这是一个有趣的研究领域，将来需要大量的研究来描述这些基本的影响因素，并判断他们之间的相互影响。

104 *话题的类型*。一个重要因素可能是，这个话题在受众个人心中最初的关心程度。可以做这样的假设，就普通问题而言，“借用”他人的意见看法更加容易。这种形式的借用，不仅在受众个人得知的信息少于传播者时会发生，而且在受众个人对该话题的参与程度较低时也会发生。但是当有强烈的“自我参与”内容出现在传播话题中时，受众个人的独立思考就可能会被极力坚持维护，受众个人可能会更有动力仔细审视这些观点和其中包含的暗示结论。在许多案例中，会出现这样的情况，受众发觉有人出于某种特定动机而试图影响他的决定。在这种情况下，由受众自己得出结论的说服形式更具传播效果。

话题的复杂性是第二个影响因素。如果暗示结论很容易被发现，那么由传播者给出的明示结论就不会有太多差异。从另一方面来说，如果受众个体和话题密切相关，同时自己推理得出结论的过程很困难，明示结论的优势就可能体现出来。如上所述，霍夫兰和曼德尔所选择的实验话题的复杂性高于平均水平，这可能是他们实验研究中会出现明确推理结论，更具传播效果的原因所在。

在传播内容与个人化问题高度相关的心理治疗过程中，直接给出的建议尤其可能被强烈抵制，而暗示结论的非直接方法则更具传播效果。但就相对非个人化的问题而言，暗示结论这种非直接方法，其传播效果可能更微弱，甚至没有传播效果。在霍夫兰与曼德尔所做的那个围绕一个非个人化的问题，并且需要若干步骤和假设才能得到结论的实验中，我们看到明示结论传播效果的优势是明显的，即便在传播者被认为是有偏见的情况下，这种效果优势依然存在。因此，以实验所提供的证据为基础，可以提出一个大致假设：在关于非个人化的话题，但是需要复杂步骤去推理结论的说服性传播中，明示结论比让受众自己去推理结论的形式，通常来说更加有效。

105 问题 2 ：在下列情形中，态度改变的效果如何？

（1）传播中仅出现与传播者所支持观点相一致的观点；

（2）传播中同时还出现与传播者所持观点相悖的观点。

对传播者来说通常有两种模式可供选择：一种是只聚焦于他所支持的观点的内容，另一种是附带讨论与其所持观点相悖的观点内容。哪一种更有传播效果？这个问题和另外一个相关问题应该区分开来，即充分暴露于相反观点的传播效果。这两种传播形式得到的结论是截然相反的。已经有一些关于辩论和大众传播［例如，施恩克和古德曼(Schanck and Goodman)[23]］的实验，从侧面证明：这两种传播通常会导致效果消失。[18] 55～57页 在本书这部分所参考使用的实验结果中，赞成的结论都只支持一种观点，而实验话题关心的是加入或者省略讨论对立观点后的传播效果。

研究证据

关于这个问题的实验数据是由霍夫兰、拉姆斯登和谢菲尔德[13]提供的。他们向各有 214 名士兵的两个实验组和一个由 197 名士兵组成的控制组，陈述了关于德国投降后，提早结束与日本战争的话题。关于这个问题的意见态度，在传播实验前进行过测试，并在实验结束后立即再次进行测试。第一个实验组收听了一段 15 分钟长的谈话内容，其内容仅限于与日本的战争将是一场长期战争的观点。这些论据材料包括很多强调日本优势与资源的事实性信息。第二个实验组收听了与前一组相同的内容，并附带了一些对立观点的内容，或反驳对立观点的内容，例如讨论日本的弱势所在。

在给双方准备传播内容时，有一个重要假设起到控制作用，即“那 106
些持反对观点的人会在一面之词的刺激下，巩固他们自己的观点，并寻找新方法来支持其观点”（203 页）。对于之前未能成功向他们提及相反观点的传播者，他们也不太会相信这些人的一面之词。按照这个构想，在思考最好的陈述顺序时，会使用到一些原则，这些原则包括：（1）与传播者所持观点相悖的主要观点内容应该在最开始就出现，尤其是那些很难被驳倒的观点；（2）对于和传播者所持观点相反的受众，让能够吸引他们动机的内容尽早出现；(3) 只有当拥有足够令人信服，完全基于事实的反驳观点时，才可以尝试着去反驳对立观点；(4) 在反驳观点和支持观点中，任何可能最让受众反感的内容，应该在传播中晚些出现；(5) 持反对意见的受众，不应该有机会让他们识别出自己是持反对意见的。

为了评估这两个实验项目的效果，实验对象被要求预测一下与日本的战争可能会持续多久。最后发现两个实验项目都非常有效，两个实验组均显示出了显著的变化（实际上控制组并没有显示出变化）。整体来看，没有一组实验比另一组对受众更有效果。然而，正如前面提到过的那样，在这个实验背后的理论中有一个重要特点，那就是期待在两面之词的实验中，在最初就反对评论者观点的实验对象身上呈现出更好的传播效果，这些反对评论者所持的观点是，这场战争在第二次世界大战欧战胜利纪念日后至少还会持续两年。实验所获得的数据支持这个假设。

图 4 显示了基于受众最初的立场选择（depending on the initial stand of listener）分别进行的两组传播实验的净效果是有差异的。一方面，对最初持反对意见的实验对象来说，即期待战争时间短一些（少于两年）的实验对象，提供两个观点内容的传播对他们更有传播效果。另一方面，对那些最初就支持传播者意见的实验对象来说，即赞成这场战争时间至少会持续两年的实验对象，只提供一面之词的实验对他们更有传播效果。

107 研究者的另外一个假设是，一方面，受教育程度高的人们，显而易见受一面之词的影响很小，相反，他们更容易接受那种看上去综合考虑了所有因素后才得到结论的观点。另一方面，对受教育程度较低的人来说，他们不擅长批判性思考，并且更可能会不假思索地受到一面之词的影响，因此两面之词反而会削弱观点的即时效果。

如果实验结果按照受教育程度来划分，两面之词的传播对受教育程度较高的群体来说更有效，一面之词的传播则对受教育程度较低的群体更有效。

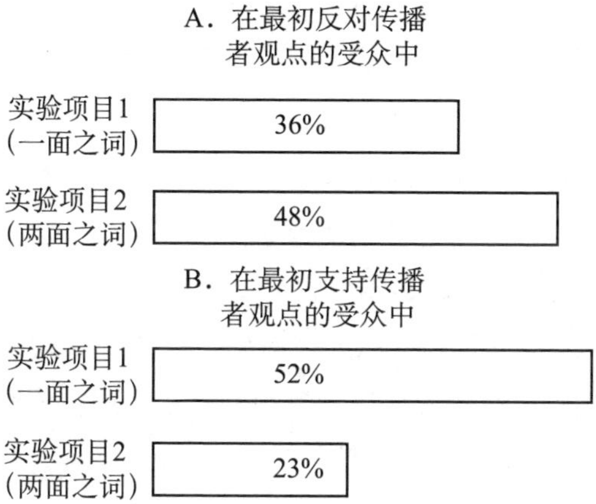

图 4 一面之词与两面之词的传播效果对比

源自霍夫兰、拉姆斯登、谢菲尔德[13]

如果同时考虑受教育程度与初始立场这两个因素，实验证明两面之 108
词对受教育程度较高的群体来说更加有效；然而，一面之词的传播主要对受教育程度较低的人群有效，这一点是已经被证实的。从实验结果出发，能够做出这样的预测，这几组实验的总体效果取决于被测人群的受教育程度构成，以及被测群体内最初的意见态度差别。因此，在选择最有效的陈述方式时，非常有必要获取有关受众的教育程度及其初始立场的信息。

在霍夫兰、拉姆斯登和谢菲尔德的实验中，传播效果只以受众意见的即时变化形式进行测量，因此就不可能从随后出现的抵制抗辩或“反宣传”效果角度，来对比研究一面之词的传播效果和两面之词的效果。拉姆斯登和贾尼斯[20]最近进行的一项研究，就是用来扩充一面之词和两面之词传播效果的研究，在部分受众接受了第二次传播，或反宣传传播之后，来重新对比研究两种类型的传播效果。

拉姆斯登和贾尼斯的实验是在杜鲁门总统宣布苏联已经进行过一次原子弹爆炸实验的前几个月进行的，实验旨在对比研究两种不同形式的说服性沟通的传播效果。这两种形式的传播内容都是由翻录的“广播节目”构成，这个节目中的传播者认为苏联至少在未来五年内都无法大量制造原子弹。

实验项目 1，一面之词，仅包含支持这个结论的观点（例如，苏联科学家尚未掌握关于原子弹的所有关键秘密，即便通过间谍情报他们也不可能学会所有技术；就算他们获得了制造原子弹的全部信息，苏联的工业水平也无法支持其大批量生产原子弹）。

实验项目 2，两面之词，不仅包含从内容到形式都完全和实验项目 1 一样的观点，还讨论了对立观点（例如，苏联拥有众多一流的原子物理科学家；苏联的工业在战后得到显著的恢复发展；苏联的西伯利亚有铀矿）。如同之前的实验，在实验前进行了预期受众类型代表的预测访谈，实验里的反对性观点部分来源于预测访谈里受众自发的讨论内容。反对性观点交织在整个传播内容中，同时也没有刻意要去驳斥支持性观点的意图。两组实验整体上的内容设计都清晰指向一个结论：苏联至少在未来五年内都无法大量制造原子弹。除去反对性观点内容，这两组实验的传播内容完全一样：首先录制实验项目 2 的内容，在此基础上，从录音中删去反对性观点，就是实验项目 1 的传播内容。

109 一个实验组收听到的是一面之词的录音 1，另一组收听到两面之词的录音 2。一周之后，两个实验组各有一半实验对象又经历了一次反宣传。反宣传的内容是另外一个传播内容，由另外一个传播者讨论和原来一样的话题，只是该传播者所持观点与此前的传播者相反。他宣称苏联很可能已经研制出了原子弹，两年之内将能够实现大批量生产。大部分的反宣传内容都是对实验项目 2 中提及的反对性观点进行夸大和详细阐述，但是也加入了一些新内容，包括一段四家宣称正在生产原子弹的苏联工厂的描述。被控制的那一组实验对象，既没有接触到之前的传播内容，也没接触到后面的反宣传内容。在传播实验开始的数周之前，各组实验对象都填写过一份初始调查问卷，以此测定实验对象的初始态度水平；在实验结束时再次向他们发放一份最终的调查问卷。

在这个实验中，用来测量传播效果的主要问题是：“从现在开始算起，你认为距离苏联真正实现批量生产原子弹的时间会有多长?”在发给被测群体的初始调查问卷和最后的调查问卷中都包含这个“关键”

问题。

与之前的实验一样，对于没有接触到反宣传内容的群体来说，两个 110
实验项目的传播效果相差不大。在后面的实验中，最令人感兴趣的地方在于接收了反宣传实验组的传播效果，以及没有接触反宣传实验群体，这两个群体之间传播效果的对比。

实验结果的模式非常清晰明确：尽管对未曾接触过反宣传的群体来说，传播效果没有明显差异，但是对接触过反宣传的群体而言，传播结果显示实验项目 2 的传播效果明显领先于实验项目 1。这些相关数据如下图 5 所示。

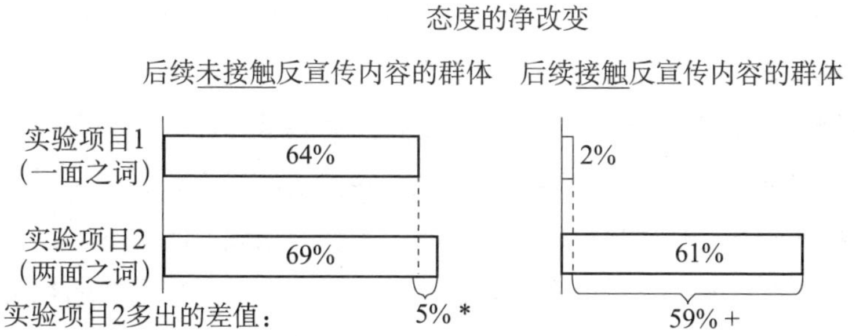

图 5 针对接触过后续反宣传内容，以及未接触过后续反宣传内容的群体，对比一面之词与两面之词的传播效果

源自拉姆斯登和贾尼斯[20]

* $p>0.30$

\+ $p<0.01$

两项实验的结果可以简要概括为：

第一，从长期来看，两面之词比一面之词的传播效果更强，这个结论成立的前提是：(1) 无论受众最初的态度如何，受众接触过随后的反宣传；(2) 无论受众后来是否接触过反宣传，受众最初对传播者的意见持反对态度。

第二，两面之词比一面之词的传播效果要弱，这个结论成立的前提是：受众的初始态度为赞同传播者意见，并且未曾接收后面的反宣传。

111

启示

反宣传传播效果的一个基本原理可以表述如下：无论受众最初的态度如何，只包含支持传播者意见的、有说服力的一面之词，能够让受众中的很多人向传播者所支持的态度方向大步靠拢。不过随后，同样的一群受众接收到反对型观点，并且有说服力的论据支持这些反对型观点。这时受众的态度又趋向于摇摆，并进而转向反对型观点的方向，尤其是当新的观点内容好像能够抵消此前支持性意见的论据内容时。换种方式，如果受众最初接收到的是两面之词，正反观点会被综合考虑，受众依然会得出支持型观点的结论。当受众随后接触到反宣传里负面反对型观点时，他几乎不可能被影响到，或者转向相反态度的那边。因为他此前已经熟悉了反对型观点，并且是在了解反对型观点的背景下，自行得出支持型观点的结论。事实上，他已经提前具有了忽视或者弱化反对型观点的基础，因此“被免疫的受众”将倾向于保留支持型的观点。

在这两个研究中，反对型的观点都是以研究者认为最可能得出明确结果的方式出现，这是一个极其重要的研究问题。未来的研究应该指向以下更有意义的方向：在两面之词的传播中，反对型观点的呈现方式；论据内容的特征；这些论据内容被明确反驳的程度；以及其他相关问题。这类研究，不仅能够解释两面之词在什么情形下才能实现传播效果最大化，而且能够促进我们对关于反驳的一般性问题的理解。

112 问题 3：在说服性传播中，陈述观点的不同顺序会产生怎样的结果？

这个问题的讨论通常会归入到首因效应（Primacy）和近因效应（Recency）的话题之下，首因效应和近因效应关注的是对比传播的开头部分和结尾部分的相对效果。但在某种程度上是不同的两种情况，它们通常会被放在一起讨论，在这里必须把这两种情况区别开来。第一种情况，传播者只准备陈述支持某个观点的一面之词，他需要决定的是，要将其主要观点放在开头说，还是将其放在后面，做一个有说服力的结尾。第二种情况，如果传播者准备陈述两面之词，问题就变成了先被陈述的一方观点更有说服效果，还是后被陈述的一方观点更有说服效果。这两个问题相似点较多，但是它们仍然有很明显的差异，因此比较周全的讨论方式就是将此问题分为两个问题来讨论：

A. 若仅需称述一面之词，最有力的观点放在开头更有效，还是安排在结尾更有效？

把最有力和最重要的观点保留到结尾出现，这种顺序通常被称为“层进式”顺序。反过来，将最重要的观点安排在开头，把较弱的观点放在结尾出现，这种顺序被称为“突降式”顺序。

研究证据和分析

有两个实验，全面研究了这两种不同顺序的相对效果。第一个是斯邦博格（Sponberg）[24]进行的实验，这个传播实验的内容是关于战时婚姻的好处。每组传播内容都由三个部分组成：“大”（时长 8 分钟，事先被鉴定人评级为最重要的观点）；“中”（时长 5 分钟，中等重要的观点）；“小”（时长 3 分钟，重要性最弱的观点）。这些内容以层进式顺序（从最不重要的观点开始），传播给由 92 名大学生组成的一个实验组；同样的内容以相反（突降式）顺序传递给由 93 名大学生组成的另外一个实验组。涉及所有问题和三组支持性观点的态度调查问卷，在传播实验进行前和结束后，及时进行了分发和回收，并且在实验结束后 10 天到 13 天再次进行问卷调查。斯邦博格得出了这样的结论：“研究显示了首因效应在口头传播中的作用，总的来说，突降式的陈述顺序更具传播效果”（44 页）。

由克伦威尔（Cromwell）[7]进行的另外一个重要实验得出了截然相反的结论。他向 4 组大学生（共计 441 人），以播放讲话录音的形式展开实验。录音讲话的主题是联邦医疗救助是否可取，每一组的实验内容均由两部分构成，一部分是持支持性态度最强的观点，另外一部分内容的时间长度与前一部分相同，但是在观点和结构上都较弱。他对讲话内容“强”和“弱”的先验性界定，是由鉴定人根据效果等级来指定分配的。一组实验对象接收的录音内容是强有力的支持性内容，后面接一段持同样观点，但是说服性弱的内容。第二组实验对象接收的录音内容与第一组完全一样，只是前后顺序颠倒一下。另外两组接收的录音内容是关于持反对意见的“强”观点和“弱”观点，内容顺序与前两组形式一样。在实验前后分别进行了态度的测试，测试采用的是修改过的瑟斯通（Thurstone）态度量表。

结果显示，弱—强的顺序（层进式顺序）比强—弱的顺序（突降式顺序）对受众的态度改变有更加显著的影响。在接收到突降式顺序内容的被测对象中，只有27%的受众态度在朝着传播内容支持的方向，呈现出大于一个标准误差的改变；然而，在接收到层进式顺序内容的群体中，42%的受众呈现出同等强度的态度改变（$p<0.01$）。

因此，斯邦博格的实验结果支持突降式顺序，而克伦威尔的实验结果暗示了层进式顺序更具传播效果。这里有两个实验过程中的主要变量可能会对这两个实验的结果产生影响。在斯邦博格的实验中，对于差异的强调被限制在单一的观点之中；而在克伦威尔的研究中，对于差异的强调在于同一个话题中两种不同观点的说服强度。还有一个变量，那就是斯邦博格的实验中论据的强度差异，在某种程度上它是由其在传播中所占时间长短来进行定义的；而在克伦威尔的研究中，内容的时间长度是一致的，但对内容的说服程度进行了差异化设定。

114 鉴于有两个截然相反的结论，我们不能判定是层进式顺序，还是突降式顺序更具传播效果。我们的兴趣点在于，在特定条件下，能够让层进式顺序或突降式顺序更加有效的因素是什么？目前研究中讨论过的因素和假设大多只起到提示性作用，因为这个领域的研究还没有出现关于理论变量的直接研究结果。这些研究基本上都是演说专业的学生完成的，他们的研究主要是针对演说中的实际问题。因此，对演说内容“弱”或“强”的界定，并不能表明它所涉及的相关理论因素。因此，从某种意义上说，随后的讨论试图从“心理学”角度对传播过程中所涉及的因素和机制进行解释。

“学习”因素

在一次传播过程中能够改变人们意见的程度，部分取决于传播内容所涉及问题的程度，以及传播内容被理解和被记忆的程度。当任何支持性观点都没有被理解或者记忆的时候，基于这些内容的信仰与期待，总体来说也不会产生任何影响。因而，我们必须研究这样一种可能性：层进式或突降式的传播效果可能取决于它们促进受众学习传播内容的程度。因此，“动力”因素和“关联”因素必须考虑在内。

1. *学习的动力*

对一个传播内容中的“弱”部分和“强”部分来说，可能存在的一种差异来自于它们引发受众兴趣与注意的有效性。在大众传播环境中经常会发生这种情况，面对个人不感兴趣的传播内容时，受众会选择“关闭”传播，可能是物理层面的关闭（关掉收音机或电视机），也可能是心理层面的关闭（不再会有任何注意）。

因此，层进式顺序或突降式顺序的有效性，可能取决于它们在引发或延续受众兴趣所起到的作用。在一种极端情形下，即受众对所接收的内容一点都不感兴趣，这时将最有力和最有趣的观点安排在开头部分会使传播效果更好，因为这种顺序安排更有助于引发受众的兴趣，并且激励他们学习传播内容。这种考虑因素会青睐突降式顺序，并且在亚当斯(Adams)[1]的一个实验中有所体现。实验对象翻阅一本事先准备好的杂志，杂志中有不同广告商的若干广告内容，每一个广告商的广告内容按照层进式，或者突降式顺序被安排在杂志中。在层进式顺序中，小广告被排在开始部分；而在突降式顺序中，最大的广告最先出现，较小的广告留在最后。实验发现，对比两种顺序，在突降式顺序（最大的广告首先出现，较小的随后出现）中实验对象更容易记住广告产品的名字。对此结果，也许可以从注意与兴趣的角度给出一个解释：大的广告可能会获得注意。在突降式顺序中，实验对象可能会因为大广告而引发注意，进而开始注意该产品后面出现的较小广告内容。如果是小的广告最先出现就可能有一种倾向：实验受众会忽略前面的小广告，只会注意到最后

115

出现的较大的广告。

在另外一种情形下，可以得到相反类型实验的预期结果，即传播对象因为事先就对传播话题怀有好奇，进而对开始部分予以关注，但是如果缺乏有趣的和令人印象深刻的观点支持，他们的兴趣和注意将会迅速下降。因此，在吸引初始注意力的时候，仅在一种情况下是有效的：在注意力被引发后，还要有能够延续维持受众注意的传播内容。基于下列情形的研究会更有助于发现层进式顺序和突降式顺序的有效性，即不同的观点排列顺序对引发受众兴趣和延续受众兴趣的影响。

综上所述，我们可以得出一个可能的假设：当受众起初对所说话题毫无兴趣时，重要论据内容安排在开头的顺序（突降式顺序）将会最为有效。当受众自身的兴趣能够保证传播内容引发其注意时，其他因素对传播效果的影响则会更重要。

116 其他影响因素也许会在一些特殊情形下产生影响。例如，在引发焦虑的传播中，能够强烈引发焦虑的传播内容如果被安排在开头部分，可能会具有破坏性。力量微弱的观点出现在开头（层进式顺序），可能会让受众对后面出现的能够强烈引发焦虑感的内容做好心理准备（通过“消极适应”），关于这个问题的一些讨论在第三章中已经做过论述，这部分的实验数据似乎暗示在通常的传播中，焦虑引发的强度并不足以干扰受众对传播内容的认识理解，尽管他们对受众态度和行为的改变依然会有影响。

2. “关联”因素

陈述顺序的有效性，部分取决于主要观点是否出现在受众能够快速学习的位置。

许多学者都对下面这个问题进行过研究：当传播内容是可控的，且学习动力可以看作永恒值的时候，同样的传播内容是放在开头部分更容易被认识理解，还是留在最后出现更容易被受众认识理解。杰西尔德（Jersild）[17]的研究在该领域处于领先地位，他让实验对象阅读一系列的叙事传记材料，随后对每份材料的记忆情况进行测试。参加实验的实验对象共有253人，划分为十组，通过让十个实验组逐一阅读内容相同而顺序不同的材料，实现对每份材料“记忆值”的控制。他发现开始阅读到的内容比结尾阅读到的内容更容易被记忆，前三份材料的64.3%能够被实验对象记住，相比之下，最后三份材料的 50.9%能被实验对象记住。尽管杰西尔德没有检验统计显著性，但他的数据经统计显著性检测后表明，获取这种差异的概率低于 1%。

埃伦斯贝伯格（Ehrensberger）[10]进行的一项实验本质上是在重复杰西尔德的实验，他在实验中使用了十个不同的传播者形象，目的是为了去除传播者会带来的影响。实验对象被告知他们即将会阅读到一系列材料，并且紧接着会接受一项关于记忆的测验。他随后测试了实验对象对阅读材料的认识情况。结果显示最后出现的内容在统计上具有明显的优越性，这个结果和杰西尔德的实验结果完全相反。

这里又一次出现了相反的实验结果，此前实验中普遍性的缺乏被杜 117
布[8]的一项研究证实了。他的实验是在实验对象并不知道要参加记忆测试的前提下进行的效果研究。其实验包括两部分：（1）357 个实验对象阅读了关于争议性话题的五小段内容，并且每一段内容都暗含了自己的态度观点。从随后的回想测试结果中，他发现“在这个实验情景中，首先出现的内容倾向于被更多数人回想起来，但是这种回想并不十分准确，或者说不能回想起大量的确切内容”（204 页）。（2）来自同一个班的 137 个实验对象，在一家地方影院观看了一部电影，观影前他们被告知即将要学习沟通技巧。观影结束后，他们接受了关于电影中新闻短片的测试，在该实验情景下，被测对象能够做到清晰回想，尤其对新闻短片结尾处的内容记忆深刻（近因效应）。

至此，是首先出现的内容更具有被记忆优势，还是最后出现的内容更具有被记忆优势，并没有一个普遍规律。这个结果和简单内容的实验结果是一致的。实验心理学有一个已经提出了很长时间的假定：首因律和近因律［卡尔（Carr）[5]］。关于简单内容的研究清楚证明，首先出现的内容更难被记忆，或者最后出现的内容更难被记忆，并不存在一个普遍想象。如果一定要找两者之间的共同点，那就是中间内容被记忆的困难程度较大。本书作者（霍夫兰[11]）进行过一项关于学习三字母音节清单的实验，所有音节在清单中连续出现，实验结果如图 6a 所示。从该图中，我们可以观察到开头部分和结尾部分的学习记忆难度相当，但是清单中间部分的学习记忆难度最大。

在简单连续内容的学习记忆实验中，中间内容的记忆难度往往是由干涉效应导致的，这种影响在列表的中间部分最突出。我们不禁会产生这样一些疑问：在说服性传播中是不是同样存在中间和两头内容记忆难度差异的现象？传播受众是否会因为提前知道有后续任务而影响传播结果？内容出现在哪里更有意义？什么情况下实验对象不会带着特定意识去学习系列顺序出现的内容。杰西尔德[17]的一项实验数据接近日常传播所要求的条件，他在实验中陈述了很长的一系列材料，随后测试了实验对象对这些内容的记忆程度。

118

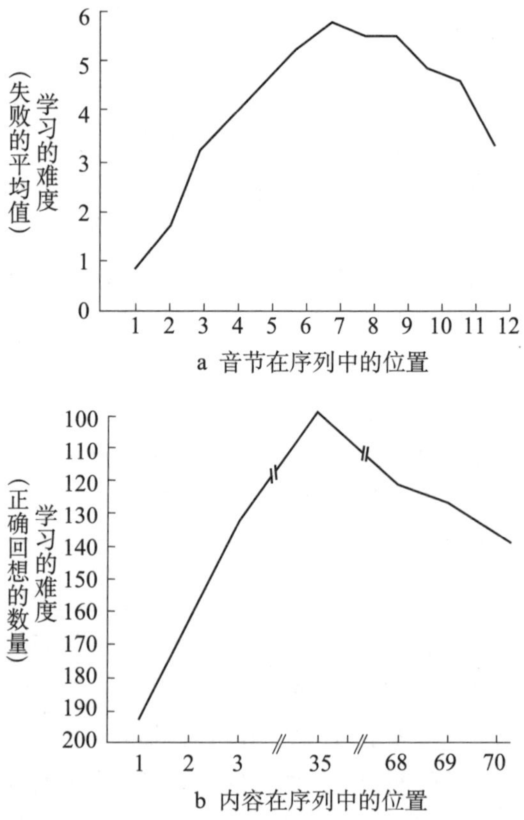

图 6 序列位置效应

a. 在学习试验中，每一个音节位置上记忆失败的数量。来自霍夫兰[11]。

b. 回想分数。在此作为叙述性内容序列位置的变量，任意值 100 指定给序列位置 35。数据源自杰西尔德[17]。

当他的实验结果绘制在图表上时，包括中间部分、开头部分，以及结尾处内容，就能看到一条系列位置曲线，该曲线非常接近于简单内容的曲线（图 6b）。与中间内容的记忆困难程度相比，清单中的开始内容和结尾内容的差异并不重要。因此，尽管序列位置效应的确在发挥着重要影响，但是这并没有解释清楚，层进式和突降式的传播效果哪个更重要？ *119*

“接受”因素

还有另外一组能够影响层进式顺序和突降式顺序的相对传播效果因素，这组因素关注这两种顺序能够让受众接受传播者信息的程度。有一个假设能够进一步解释层进式顺序与突降式顺序的对比优势，该假设来源于一个对诱因大小变化的学习理论分析。赫尔的假定[16] 140～148页如下：第一种情形，小诱因放在开头，后面跟随出现大诱因；第二种情形，大诱因放在开头，小诱因随后出现。对比两种情形，尽管两种情形下的诱因总量是一样的，但是前者能够激发受众更强烈的反应潜能。如果我们假设“有力的”观点和“微弱的”观点代表了较高的诱因刺激价值和较低的诱因刺激价值，在其他因素均等的情况下，会产生一种可能：有力的观点后面跟着微弱的观点，其传播效果比不上微弱的观点后面出现有力的观点。目前还没有足够的数据能从理论角度验证这个假设，不过值得注意的是，克伦威尔[7]的实验数据表明“如果说服力微弱的观点后面接着出现有力观点，前者的传播效果会更加微弱”（119 页）。这一点很容易理解，有力观点一开始就出现会引发受众对之后内容的期待，不过这种期待会被随后出现的“令人失望”的微弱观点所消解。对比来看，层进式顺序能让随后出现的观点令人印象深刻，由此能够通过刚开始陈述的内容让受众提升期待。

启示

在之前的分析中，考虑过若干假设作为可能区分层进式顺序和突降式顺序传播效果的方法。从目前已有的证据来看，最后出现的观点和最早出现的观点被轻松记忆的差异，似乎并不能解释最终传播效果的不同。一个更可能的因素是对比传播中信息出现在“有力”位置和“微弱”位置上引发关注的可能性。综合考虑这些因素就能得出以下启发：当受众对话题的兴趣不大，也没有学习动力时，特别需要把最有趣最重要的内容放在开头；在受众兴趣较低的情形下，人们期待突降式顺序会更有效果。但是在各种排列顺序的诱因价值分析中显示，还有其他一些因素必须一同考虑。在最低水平的受众注意能够得到保证的情形下，如果把微弱观点放在有力观点后面，可能会削弱整体论据内容的诱因价值，因此在这种情形下，层进式顺序更受欢迎。

120 前面提到的讨论表明，我们不应该期望层进式顺序或突降式顺序总是有效的。哪种排列顺序更具传播效果，取决于传播发生的特定环境，包括受众的态度倾向和传播话题的类型。相应的，最有用的归纳就是“交互”效应，在此提出关于这种类型的两条尝试建议：如果传播话题是受众熟悉的并且是其深切关注的，层进式顺序更加有效；对应来看，突降式顺序适合受众不熟悉并且兴趣不大的传播话题。

B. 当一个话题的两面之词接连出现的时候，最早出现的观点更有优势，还是最后出现的观点更占优势？

在之前的章节中，我们讨论了一面之词的观点按照不同顺序出现时的传播效果，我们现在要讨论的是关于两面之词的出现顺序，即在其他条件完全一致的情况下，首先出现的一种态度观点和最后出现的一种态度观点，哪个更具传播效果？

121

研究证据

关于这个问题最广为人知的研究来自于伦德（Lund）[21]，他把自己的研究结果定义为说服的首因律。伦德为实验准备了关于三个话题的两面之词，共六段实验内容。这三个话题分别是“是否所有的人都应该拥有平等的政治权利?”“保护关税政策对美国来说是否是一项明智之选?”“一夫一妻制未来是否依然是唯一被社会认可的两性关系?”该实验共分为三个实验组，每组大约有 40 位实验对象，在实验中接收到某一话题的一面之词传播，随后会接收到另一面说词的传播。在每一组实验的两次传播中，一半实验对象接收到的内容顺序是支持—反对，另外一半接收到的内容顺序是反对—支持，通过这样方法实现顺序的平衡，以此控制说服传播中各种可能的差异。

此外，实验组织者会提前两天对实验对象进行针对实验话题的态度测试；每一次传播结束后，立即向实验对象进行态度测试。因此，实验对象对每个话题的态度都有三次测量。伦德发现第一次传播出现的内容会使受众态度向支持的方向变化，第二组内容会让受众态度向初始态度方向变化，但也不是完全退回到初始状态。因此，最终的态度会维持在第一次传播内容所支持的观点方向上，这种现象表明了一种“首因”效应。六组实验对象中有五组都呈现出与上述一致的结果。

诺尔[19]的实验结果经常被引用来证明首因律。该实验有 107 名实验对象参加，通过阅读关于禁酒令的两面之词，测试他们对禁酒令的态度。诺尔从实验中得出结论：“当两面之词全部出现的时候，首先出现的观点对实验组中发生态度改变的人数有影响，甚至可能对态度改变的方向能产生影响”(532 页)。但是从他提供的实验证明来看，只有在四个实验组中的一组呈现出相当大的影响。

在本章（本书 93～94 页）前面曾经讨论过的克伦威尔[7]实验的另外一部分中，实验数据呈现的是关于反对意见内容的首因效应和近因效应的相对传播效果。实验内容是关于两个话题的两面之词，即公费医疗制度和劳资纠纷的联邦仲裁。在一个实验版本中，支持性意见和反对性意见两边均使用了“有力”的观点；而在另外一个实验版本中，两边意见中均出现了“微弱”的观点。实验分为不同的实验组进行，每个实验组由 100 到 123 位学生组成。这些实验组接收到以下内容：(1) 首先出现微弱的支持性观点，微弱的反对性观点随后出现；(2) 首先出现微弱的反对性观点，微弱的支持性观点随后出现；(3) 首先出现有力的支持性观点，有力的反对性观点随后出现；（4）首先出现有力的反对性观点，有力的支持性观点随后出现。在实验进行之前，实验者对实验对象的态度进行了测量，实验结束后再次对其态度进行测量。虽然关于微弱观点的实验并没得到明显差异性的结果，但是克伦威尔发现在传播有力观点的实验中，具有数量优势的态度变化方向与最后出现的观点方向一致。这一结果的显著性远超过了两个话题显著性1%水平。因此，实验结果的差异均支持近因效应，这个结果和伦德的实验结果大相径庭。

122 霍夫兰和曼德尔[15]通过调查问卷研究“承诺”效果实验，也能够提供数据证明首因效应在说服传播中的效果。这个实验的一部分尽可能地复制了伦德的实验条件，并使用了他原来实验的两个话题，分别是“是否所有的人都应该拥有平等的政治权利?”以及“保护关税政策对美国来说是否是一项明智之选?”在由331位高校学生构成的实验组中，半数实验对象首先接收到支持性观点，半数实验对象首先接收到反对性观点。在每一次传播进行前后，分别以调查问卷的形式对实验对象的态度进行测量。

实验结果明显与伦德的实验结论不同，该实验没能证明首因效应的实验数据。事实上，这个实验的结果要稍微更支持近因效应。之后，这个实验再次被重复进行，由191位受测对象构成，所选话题与当下大众兴趣更为接近：“抗组胺类药物应该被列入非处方药”以及“核潜艇在当下是切实可行的”。实验结果仍然与伦德的实验结果不一致。

在此，就像之前关于层进式顺序和突降式顺序传播效果一样，实验结果呈现出比较大的变化性。很多在之前部分讨论过的因素都会产生影响，其中首先需要考虑的因素就是：由同一传播者传递两面之词，对说服受众产生的影响。接下来的章节会分析相关的学习因素，并会讨论影响受众接受说服的因素有哪些。

123 “学习”因素

和前面论述一样，在此我们假设传播所产生的态度变化，部分程度上取决于受众对传播内容的学习程度。然而，与此相关的数据几乎找不到。

1. 学习的动力

在单独的传播实验中，受众的学习动力是影响正反两种观点能被受众学习到何种程度的重要因素之一。在一些情形下，受众对首先出现的传播内容具有更高的学习动力。[①]当其他传播内容出现时，受众的兴趣可能会消失，也可能会被引发，其结果取决于多种因素。兴趣减弱会产生首因效应，兴趣增加会产生近因效应。面对简单的词语传播内容，如果受众很快感觉到无聊乏味，其学习动力就会减退；面对相对复杂的传播内容，如果受众发现传播内容无趣，其学习动力也会减退。当首先出现的传播内容已经引发受众的学习动力后，其学习动力能否继续提升取决于是否有一些新的兴趣点被引发，或者在一开始引发的兴趣点上有所提升。例如，一个人最初可能是出于责任感才参与到一场辩论中，但是辩论者的说服技巧可能会引发这个人的兴趣和好奇，进而提升他的学习动力。

在特定实验背景中，测定相关动机和这些动机的强度时，必须要考虑分析该实验进行的环境条件。在伦德的实验中，由同一实验者前后分别陈述两种不同的观点，并且选择的实验者是实验对象所认识的授课教师，这一事实会对实验结果产生怎样的影响？因为没有得到任何事先说明，作为实验对象的学生们会把最先出现的传播内容假定为该实验者的个人观点，因而会对该内容产生学习动力。然而，当该实验者继续提出一个与此前完全相反的观点内容时，学生们完全可能会对该授课教师这种突然的观点逆转产生疑惑，并且认识到他们其实正在被作为某个实验的实验对象，因此学生们会失去此前作为课堂学习内容的学习动力。这个原因可能导致了实验中得出首因效应的结论（参见本书106～107页，同样讨论了这种过程对受众接受可能产生的影响）。

在很大程度上来看，在传播中，能够影响一面之词引发受众注意和学习的动力因素，在两面之词的传播中同样会产生影响。在其他条件相同的前提下，当首先提出的观点内容引发了受众对该话题的兴趣，并且在相反观点出现之前该兴趣能够得到极大满足时，首因效应应该是成 124

立的。

2. “关联”因素

如果实验对象的学习动力能够贯穿实验始末，并且能够对所有实验内容保持同样水平的兴趣，那么实验对象对第一组内容的学习和第二组内容的学习，即这两组学习之间的相互影响，必须列为传播效果的影响因素之一。在伦德、克伦威尔、霍夫兰和曼德尔的实验中，实验对象实际上首先学习一种观点，随后学习另外一种与此前完全相反的观点，可以图示为：

第一组传播实验：　学习：A→B

第二组传播实验：　学习：A→C

保留测试（调查）：　测量：　A↗B，A↘C

A 可以理解为话题，实验对象需要去学习观点的话题。A 可能会提出一个常见话题“还要多久才能真正实现种族平等?”B 就是传播内容中给出的结论，比如在示例中给出的“至少一百年”。但是随后，对同一个话题 A，第二段传播内容会给出一个截然相反的观点 C。传播实验结束后，以调查问卷的形式再次提出话题 A，测量这两个迥异的结论（B 和 C）被记住的程度。

从学习因素的分析角度来看，就会出现两组问题：

一是第二组观点被学习的效果能否和第一组一样？如果第二组的观点能够被更有效的学习，在此可以使用术语关联性简化（associative facilitation）来解释；反之，如果第二组观点的学习记忆效果不如第一组，那就是关联性干预（associative interference）[12]在发挥作用。从过去三四十年间实验室环境下的大量研究结果来看，当 B 和 C 属于同一问题的相反观点时，学习第二个观点的过程中会出现干预效果。因此，从学习因素的分析视角来看，或许可以这样理解：学习第二组内容的难度要高于第一组内容。当受众对传播话题的兴趣不高时，第二组内容的传播效果可能被减弱。在此情况下，要想学习一个新的、截然相反的观点内容，困难相当多。但是如果两组传播都很有趣，并且实验对象具有很强的学习动力，那么我们可能会看到，他们能凭借更强的专注力克服这些困难。

二是当两面之词都被受众学习后，哪一个会被更好地记住？如果两面之词被学习的程度相当，这个问题就属于再生性干扰（reproductive interference）或者再生性简化（reproductive facilitation）。②

在实验室研究中，在评估两组传播内容被记忆的程度之前，我们可以假定这两组内容被学习的程度是一致的；但是，在自然传播环境下，我们并不能想当然地认为两组传播内容被学习的程度能够达到一致。在那个关于词语学习的经典实验中，有如下发现，当两组内容能够被学习理解的程度相当时，关于 A 问题的观点中，结论 C 的被记忆程度优于结论 B。站在传播的角度来看，这也就等同于表明，如果两组内容被学习的程度能够保证一致，近因效应就会产生影响。在预估第二组结论比第一组结论更具被记忆的优越性时，时间将是很重要的影响因素。普遍的研究结果是两组传播内容被学习的时间间隔越长，近因效应越可能发挥影响。这个结论当然是能够被预期的，因为在接受完第一次传播后，间隔很长时间之后再接受第二次传播的话，此时第一次传播的大部分内容将被遗忘。因此，第二次传播内容的学习几乎不会受到任何干扰，并且只有后面出现的内容才可能会被记住。

另外一个需要考虑的重要因素就是时间间隔，即学习第二次传播的时间与要求回忆传播内容的时机，即两者之间的间隔长短。从关于简单词语的实验结果出发，可以预测在时间间隔短暂的情形下，会出现近因效应；但是随着时间的流逝，近因效应的影响将会减弱，同时在其他因素的作用下，首因效应的影响会相对增强。③安德伍德（Underwood）[25]指出，就词语学习而言，当学习与测验之间的时间间隔增大时，第二组单词能够被记住的相对优先性呈下降趋势。如果这些同样的因素在日常社会生活的传播中依然起作用的话，可能会有这种情况，在接受某话题一种观点的传播内容之后，间隔相当长时间，此话题再次被提及时，近因效应基本不会发挥任何影响。贝特曼和雷默斯（Bateman and Remmers)[3]的实验为这一点提供了显著的数据证明，70位高中生被安排接受了不利于工会的宣传内容，第二天他们又接收到支持工会的宣传内容。在实验进行前后，测验了学生的态度；两个月后，再次给学生进行态度测试。结果显示，两组传播内容结束后的短时间内，学生们的态度向第二次传播内容的方向发生改变，这是此前被预测过的近因效应；然而，两个月后，学生们的态度转变为与第一次传播内容一致的方向，也就是说随着时间流逝，首因效应开始产生影响。尽管实验数据与这里提到的分析一致，但是这个实验并不能被认为提供了确凿的证据，因为它没有考虑设计一个控制组，也没有考虑传播内容的顺序轮替。所以说，有必要进行一个类型相同，但是受到控制的实验研究。

126 “接受”因素

如果通过控制实验条件，使受众对两次连续出现的传播内容的学习程度差不多一样，那么首因效应或者近因效应产生影响的程度，则依赖于受众接受这两次传播的程度。接受程度取决于两次传播中的具体内容，在首因—近因的研究中，对两次传播内容接受程度的差异意味着平衡抵消，但是我们目前的研究范畴仅包括那些能够导致接受程度和序列效应相互影响的因素。接下来，我们讨论可能会影响首因效应或近因效应发挥影响的接受因素。

127 1. 对传播者的态度

已经有充分的理由能够表明，在伦德的实验结果中，受众对传播者的态度可能会产生很大影响。在现实传播环境中，带有对立观点的传播内容通常是由不同传播者提出的，比如在辩论、论坛、法庭，以及其他类似的场景中。但是在伦德的实验中，是由同一位实验者（那位课堂教师）先后提出了两种意见观点。因此第一次传播内容可能会很容易就被接受，并且这种结果反映在第一组传播结束后所进行的调查问卷上。但是当这位教师以同样的方式向学生传播与此前截然相反的结论观点时，作为受测对象的学生非常可能产生怀疑，不仅不会学习理解这些内容材料（此前提及过），更不会接受这些内容。这种方式导致的不接受，体现在第二次传播结束后进行的态度调查问卷结果中。由此看来，该实验之所以能够得到首因效应的结论，可能部分归因于实验中与现实不相符的传播环境。未来的研究应该注重更加贴近现实的传播环境，即由不同的传播者提出对立的观点结论。

2. 承诺与自我一致

导致首因效应出现的第二个接受因素是个体保持自我一致的倾向性，即保持自己公开或私下承诺过的态度，这种承诺将会导致某种态度改变的不可逆性，伦德相信这是最重要的因素，他假设了一种“力求一致性的努力”。毋庸置疑，在我们的文化中，的确有这种类型的动机在发挥作用，但是目前尚不清楚究竟在什么样的情况下，这种动机才能被引发。

如果个体已经公开表达自己的态度，那么一致性动机就很有可能发挥作用。但是对于个体私下持有的态度，这种一致性的倾向究竟能有多么强烈，目前还不确定。霍夫兰和曼德尔[15]发现在两个实验组中，即在两次传播之后分别填写过态度问卷的这组，和只在第二次传播结束后才填写态度问卷的这组实验对象，两者之间的实验结果并没有呈现出太大差别。第一个问卷上的“自我承诺”并没有改变他们在第二个问卷上的态度反应，由此，当承诺仅限于在一张态度问卷上表达自我立场时，自我一致性和对某个意见的承诺似乎不能有效引发首因效应。

尽管上述讨论的这种承诺不是能够有力引发首因效应的原因，但是 128
涉及人际的、社交型的公开承诺，一旦被接受，就很有可能产生更强的作用，使此承诺得到保持。一个人如果在他人面前得出一个结论，并与其他人对此进行了讨论，那么他可能会强烈抵抗接下来的传播。这种现象也许在不同个体身上会呈现出较大差异，这可能与性格特征相关，比如“死板”和“过于超我”。

3. 受众的初始立场

首因效应只是相对的，有时候传播所涉及的某个话题是新鲜的，有时传播所涉及的话题此前已经被提及过很多次。因此，在受众个体所接收的关于某话题的全部传播内容的背景下来看，在某次传播中首先出现的内容可能根本不是第一个（参见伦德，183 页）。第一次和第二次传播内容的相对有效性，将会相应取决于受众之前对此话题的熟悉程度和话题所涉及的复杂程度。例如，一个人如果此前对某话题知之甚少，和某个此前就对这个话题比较熟悉的人相比，前者可能更容易受到“恐惧”诉求和情感厚重信息的影响（参见本书 62～64 页）。

129 受测对象事先对话题缺乏了解，也许可以解释阿施[2]在实验中发现的首因效应。在实验者所朗读出的一系列描述性说辞的基础上，要求受测对象描述出一个陌生人的特征。两组受测对象听到的内容完全一样，只是内容的排列顺序不同。一组受测对象听到的内容顺序是“聪明，勤奋，任性，爱挑剔，固执，嫉妒”；与此相对，另外一组受测对象听到“嫉妒，固执，爱挑剔，任性，勤奋，聪明”。相比之后出现的那些形容词，首先出现的形容词更能对“构建”受测对象随后的描述产生影响。

对于那些一开始就要清晰表明结论的话题来说，获得首因效应的可能性也许取决于受众群体对此话题最初始的态度。当同一个传播者陈述关于某话题的两面之词时，这一点尤其可能是真的。如同之前提到过的，如果大部分受众反对的观点首先被提出，他们可能会忽略或拒绝传播者的论述，同时会在心里重复他们自己所坚持的观点。因此，首先出现的这个观点可能不会产生任何影响。另一方面来看，如果首先出现的是受众群体所支持的观点，他们也许会对传播内容更加关注，并且随后受到另外一种观点的影响更多，因为他们从开始就确信这个传播者考虑了他们的观点态度，这个因素已经在前面讨论过（105～111 页）。

就学习因素和接受因素而言，首因效应或者近因效应是否会出现，取决于进行传播的环境条件。在一种传播环境下，如果第一次传播让受众对随后的传播内容产生“免疫”，或者形成某种情绪感染（拉姆斯登和贾尼斯[20]），那么受众对第二次传播的接受程度会减弱。在其他环境条件下，通过增加受众对话题的关注力，或者作为受众，对相反观点做出过度反应，就可能增强第二次传播的效果。

启示

以上分析表明，主张首先出现的内容，将会比随后出现的内容具有更有效的首因效应，其在社会心理学中是否总是有意义尚未有定论。如果是的话，那么可能会产生一种经验性的结论，即“首因”比“近因”产生影响的频次会更高，但是假如这一点成立，这也是由于话题的特殊搭配原因所致，所选话题能够独自产生首因效应或近因效应，或者两种一样的效果。因此，未来更有价值的研究可能在下列两个不同的研究方向中出现。方向一，分析传播环境，即各种不同的真实传播情形，并且 130
能够决定实证结果。因此，建议选择辩论或者政治运动作为研究话题，分析判断此前讨论的这些因素中，哪些能够主导或者影响最后的结果。方向二，基于各种能够促使第一次传播或第二次传播更具效果的影响因素，进行理论分析。比如，可以在保持所有其他因素不变的情况下，评估研究两组传播之间的时间间隔对态度的影响。在传播内容与受众兴趣相关的特定情形下，这类研究能够为传播者提供判断传播结果所需要的数据。

注释 131

①在所有引用的实验中，受众对传播内容的接收是确定的。在没有“被动受众”(captive audience) 的自然传播环境中，受众的自我选择是一个重要问题（克拉珀[18]）。在这些环境中，研究者必须明确一个传播内容首先出现或者第二次出现会对受测对象的注意力因素或动机因素产生什么影响，而这些因素决定了受测对象是否会接受后面出现的传播内容。在一些环境下，首先出现的传播内容会提升受测对象让自己接受第二组传播的可能性。另外一些环境下，第一个传播内容的无趣，以及引发的疲劳会减弱受测对象的兴趣，并降低受测对象接受第二个传播内容的动力。传播的新奇性、环境的类型（教室、广播、报纸等等)、受测对象对话题的初始立场，这些因素都很重要。

②应该强调的是，被提及的范例能够创造再生产简化和再生产干扰。当受众所接收到的两个观点是互相矛盾时，干扰效应就会显现，这是伦德的实验研究中常常出现的情形。但是总体来说，除了观点之间是相互对立的关系以外，必须研究受众所接收的观点之间是如何互相影响的。在词语学习的实验中，总体上会发现这样一种现象：两个观点越相似，干涉效应会越弱。当两个观点完全相同时，介于中间的学习内容会被认为是关于初始学习内容的额外试验，因此初始学习的大部分内容会被记起（产生简化）。在复杂的学习实验情形下，这种情形涉及有意义、但又完全不同的学习内容时，首先出现的传播内容有时候会让随后出现的第二组传播内容更有意义，源自第一组传播内容更好的理解，将会令第二组的传播受益。该实验结果是一个“积极转移”（positive transfer）的例子，近因效应会显现作用。受众在连续接收两组传播内容后，最后的传播效果会出现简化或者干扰，取决于两组传播内容互相影响的关系，以及传播内容对受众而言的意义程度。

③如同较早前提及过的那些因素，学习和测试之间的间隔期并不是一个学习的真空期，因此学习因素会以复杂的方式影响传播效果。面对一个复杂的、具有社会意义的传播内容，间隔期内的社会经历会影响受测对象对传播内容的记忆保留。社会的支持或反对，能够简化或干扰受测对象此前所学习过的某个传播内容。当学习两组传播内容之间的间隔期较长时，一种相似的影响也会随之发生（参见第八章）。

参考文献

132 [1] Adams, H. F. The effect of climax and anti-climax order of presentation on memory. *J. Appl. Psychol.*, 1920, *4*, 330–338.

[2] Asch, S. E. Forming impressions of personality. *J. Abnorm. Soc. Psychol.*, 1946, *41*, 258–290.

[3] Bateman, R. M., and Remmers, H. H. A study of the shifting attitude of high school students when subjected to favorable and unfavorable propaganda. *J. Soc. Psychol.*, 1941, *13*, 395–406.

[4] Brembeck, W. L., and Howell, W. S. *Persuasion: A means of social control*. New York, Prentice-Hall, 1952.

[5] Carr, H. A. The laws of association. *Psychol. Rev.*, 1931, *38*, 212–228.

[6] Cooper, Eunice, and Dinerman, Helen. Analysis of the film "Don't Be A Sucker": a study in communication. *Publ. Opin. Quart.*, 1951, *15*, 243–264.

[7] Cromwell, H. The relative effect on audience attitude of the first versus the second argumentative speech of a series. *Speech Monogr.*, 1950, *17*, 105–122.

[8] Doob, L. W. Effects of initial serial position and attitude upon recall under conditions of low motivation. *J. Abnorm. Soc. Psychol.*, 1953, *48*, 199–205.

[9] Dunlap, K. *Civilized life*. Baltimore, Williams & Wilkins, 1934.

[10] Ehrensberger, R. An experimental study of the relative effectiveness of certain

forms of emphasis in public speaking. *Speech Monogr.*, 1945, *12*, 94–111.

[11] Hovland, C. I. Experimental studies in rote-learning theory. II. Reminiscence with varying speeds of syllable presentation, *J. Exp. Psychol.*, 1938, *22*, 338–353.

[12] Hovland, C. I. Human learning and retention. In S. S. Stevens, ed., *Handbook of experimental psychology*. New York, John Wiley, 1951. Pp. 613–689.

[13] Hovland, C. I., Lumsdaine, A. A., and Sheffield, F. D. *Experiments on mass communication*. Princeton Univ. Press, 1949.

[14] Hovland, C. I., and Mandell, W. An experimental comparison of conclusion-drawing by the communicator and by the audience. *J. Abnorm. Soc. Psychol.*, 1952, *47*, 581–588.

[15] Hovland, C. I., and Mandell, W. Is there a "law of primacy" in persuasion? Paper presented before the Eastern Psychological Association, April 1952.

[16] Hull, C. L. *A behavior system*. New Haven, Yale Univ. Press, 1952.

[17] Jersild, A. Primacy, recency, frequency and vividness. *J. Exp. Psychol.*, 1929, *12*, 58–70.

[18] Klapper, J. T. *The effects of mass media*. New York, Columbia Univ. Bureau of Applied Social Research, 1949 (Mimeo.)

[19] Knower, F. H. Experimental studies of changes in attitude. II. A study of the effect of printed argument on changes in attitude. *J. Abnorm. Soc. Psychol.*, 1936, *30*, 522–532.

[20] Lumsdaine, A. A., and Janis, I. L. Resistance to counterpropaganda produced by a one-sided versus a two-sided propaganda presentation. *Publ. Opin. Quart.* (in press).

[21] Lund, F. H. The psychology of belief: IV. The law of primacy in persuasion. *J. Abnorm. Soc. Psychol.*, 1925, *20*, 183–191. 133

[22] Rogers, C. R. Some observations on the organization of personality. *Am. Psychologist*, 1947, *2*, 358–368.

[23] Schanck, R. L., and Goodman, C. Reactions to propaganda on both sides of a controversial issue. *Publ. Opin. Quart.*, 1939, *3*, 107–112.

[24] Sponberg, H. A study of the relative effectiveness of climax and anti-climax order in an argumentative speech. *Speech Monogr.*, 1946, *13*, 35–44.

[25] Underwood, B. J. Retroactive and proactive inhibition after five and forty-eight hours. *J. Exp. Psychol.*, 1948, *38*, 29–38.

第五章　成员身份及抗拒影响

传播效果不仅是由传播者的特点、传播方式和传播技巧所决定的，而且由受众个人的动机和能力所决定的。第五章和第六章主要关注受众的倾向，这一点与传播的效果存在相关性。在这些倾向中，有些最重要的倾向和群体成员的遵从性有关。群体成员的遵从性，建立在其他成员对其行为的期待和遵守的动机之上。第五章主要关注遵从性背后的动机，以及诱发该动机的社会因素。

分析群体对个体成员态度的影响，对于通过传播来改变观点有着明显的重要性。对于传播者支持的观点，他们经常借助社会性的刺激来增加观点的接受程度。例如，社区领导认为采纳他们的建议才能获得群体的认可，反之，拒绝采纳他们的建议会导致群体成员反对他们。再者，因为一个群体会强烈支持原有观点，所以某一个别建议会受到阻碍。某些说服技巧可能会降低群体动机的重要性，或者让其他群体的动机增强。（比如，降低群体成员对于群体的依赖性，可以让他更容易改变观点。）

关于影响传播效果的群体因素，目前只讨论两个主要方面。首先，考虑这两方面的因素主要是因为它们与抗拒变化（resistance to change）

相关联。本章将特别关注被称作“反规范传播”（counternorm communication）的传播类型，“反规范传播”与常见群体成员拥有的共同意见不同。我们将分析造成传播障碍的某些因素。这些因素影响“反规范传播”的效果，如果能够进行适当的变通，则可以预测同群体观点一致的传播效果。某种程度上，这些因素和原则同样制约着群体内部的相互影响，诱导并维护群体服从。目前关于“反规范传播”的研究有更深远的意义：“反规范传播”并没考虑试图改变个人对群体规范的认知方式，比如，对于一个给定的问题，通过传递占主导地位的信息观点[1,3,7]，或者通过群体讨论来做出决定[11,30]。在此，我们感兴趣的是，在传播过程中，那些争论直接反对群体规则，而不是在传播中试图重新解释这些规则。

其次，我们仅仅考虑的是，当个体作为一个群体成员（membership），其态度取决于所属群体的观点或者属性的情况。在社会学论著中，有充分的证据能够证明，在特定群体成员的态度中，存在相对遵从性。例如，群体成员经常相互交流，经常参加社会活动，通常被认为“相互拥有”（belonging together）。对于成员加入，或者离开群体时引发的观点变化研究（比如，纽科姆[36]）表明，遵从性并非完全是由于群体的选择性构建（selective formation），但是至少在某种程度上反映出群体成员的相互影响过程。除有关群体组织成员（membership groups）的证据之外，还有证据表明，有时这些观点还与个人不从属的群体有关（如［2，6，8，23］）。不管是群体成员和非群体成员，都要考虑到其重要性，为此，海曼（Hyman）[23]引入了“参照组”（reference group）的概念，该概念逐渐用来指称任何对个人观点产生影响的组织。谢里夫[41]、纽科姆[37]225页、默顿和凯特[33]等人都相继提出了有关参照组的新理论，大体来讲，他们的论述由影响群体态度的一系列论断构成。尽管我们将当前的讨论限定在群体成员之内，但是我们希望基本结论能够整合在参照组框架之内，同时也会分析非群体成员对观点的影响。①

考虑到以上的限制，在此，我们感兴趣的是抗拒观点改变的因素，这些变化观点与个人所属的群体行为标准一致。这些标准通常被称为“规范”（norms），群体中的成员共同遵守规范，并且他们期望其他成员在行为和态度上也要遵守这些规范。从群体的立场来看，成员在行为和态度上遵从群体规范，来自于一个复杂的社会进程，其中包括教育成员学习群体规范，督促成员遵守规范，并且在某些情况下，提醒成员注意规范，以及违反规范时要受到的制裁。在一个群体组织内部展现出来的这些过程的各个方面的适当性，将会决定由其成员展现出来的遵从性程度，同时还会决定群体成员抗拒劝服传播的程度，这类劝服传播提供了非遵从性的建议，尤其是来自于外部群体的非遵从性建议。

作为这些社会传播过程中的一个结果，如果从一个个体成员的视角来看，遵从规范会保证让他得到一些预期行为（或观点）的概念，并且在任何时候，都可以督促他及时地让自己的行为（或观点）与之保持一致。如果个体成员了解预期要遵从的规范，他就会在任何时候展现这些顺从性的行为，以至于会达到这样一个地步：

首先，他依靠群体来满足不同的动机需求，这就形成了遵从动机（motivation）的基础。

其次，社会刺激或情境线索的影响，都会激发与遵从性相关的动机。

这两组因素将会在本章的两个主要部分加以讨论。

137

第一部分　成员身份价值

背景

对群体规范的态度和行为遵从性的动机是多种多样的。一些动机与个体成员保持社会对他的认可，以及避免社会对他的否定有关，在个人社会化的早期阶段，他会学习到这方面的重要性。另一些动机与个体期望相互理解以及共享处理重复出现问题的解决方案有关。对精确传播的自信依赖于共享看待事物的一般方式，以及共享语言和其他符号的一般意义。简言之，如果个体试图与他人建立有效的双向传播关系，那么他会主动接受对方的评估标准。与遵从性动机相关联的一个依据是，群体成员要感到安全，感到“正确”，这种感觉主要来自于他与其他人持有类似的观点。毫无疑问，一部分安全感来自于期待获得社会认可，但是在某些情况下社会认可并不是关键所在。在一些情况下，个体需要对一个问题作出判断，这时如果没有专家意见，也没有现实经验作为判断的依据，那么个体最终会通过认同他人的观点，来确认自己的判断。

一个重要的问题是，为什么个体积极地遵守这个群体的规范，而不是其他群体的规范呢？对于这一问题的回答，就要求我们了解，在一个特定的群体组织中，他寻求和维持成员身份的动机。很显然，不同的人在加入和留在一个群体中时，可能会有非常不同的理由。常识和一些研究数据[44]表明，在一个群体中的个体成员身份，可能会涉及以下三个因素中的一个或多个：

第一，群体组织内部基于友谊的正面吸引，以及使成员身份的地位和行动变成可能的那种期望。在确定一个组织纯粹正面的吸引时，如果成员身份要得以维系，必须考虑到要忍受的这个组织不令人满意的某些方面，以及放弃组织外一些令人期待的行动。

第二，在一个组织中，维系成员身份能够避免来自外部的威胁或 138
侵害。

第三，让个人待在组织之内，且不考虑个体好恶的限制行为。

以上这些因素不管牵扯到哪一个，他们都会让个人易于受到群体的影响，并构成了遵守群体规范的基础。这种遵从性可能来自于效仿尊者的需要，获得社会认可，或者逃避不利的环境（比如，失去成员特权）。

任何特定的群体成员所表现出来的遵从性程度，在某种程度上取决于上文提到的成员身份因素对他个人的重要性。②其他成员越是受到尊敬，接受他们的观点和价值所获得的满足感也就越大。群体在抵御外部危险上的作用越重要，那么成员被排斥在组织之外的威胁就越有力，并且在不考量其他条件的情况下，群体的遵从性就越紧密。因此，个体努力维持其群体成员的身份动机就越强，其行为也就愈发与群体规范保持一致，而且至少在某些情况下，其言论因而也就愈发一致。

以上观点的现有证据主要来自对群体的研究，在这类群体中，成员身份是自愿的，躲避外部威胁与维持成员身份没有多大关系。这些研究并不主要关注群体的避难动机，或限制性接触的结果，而主要关注群体内部正面吸引的重要性，或成员身份带来的正面价值总量。我们将其称为成员身份“价值”（valuation）。有鉴于这方面的个体差异，我们有必要在“高价值”（high valuation）成员身份（比如，对于这些人群体组织提供了更多的需要满足）和“低价值”（low valuation）成员身份之间进行区分。

费斯廷格、沙克特（Schachter）和巴克（Back）[15]的有关关联性的研究详细地解释了该因素对于观点遵从性的重要作用。在一项关于群体内聚力（group cohesiveness）的研究中，他们测试了该因素在小型社会群体中的区别。他们将“群体内聚力”定义为群体对其成员的平均吸引力。他们通过每一个群体组织内的朋友数量来计算其内聚力，结果发现，在面对一个有争议的问题时，群体内聚力与成员遵从性程度有关。作者将群体权力（power of group）定义为群体改变其成员的态度的能力，同时还认为群体内聚力和态度遵从性之间的关系表明一个群体的“权力”（power）是其内聚力的直接作用。这种检验环境让虚假因素（spurious factors）不能解释这种联系，因此这样的解释似乎是正确的。柏克随后进行了实验研究，在实验中，成员身份之间的吸引成为控制变量，因此有力地证明，更大的人际影响总是发生在更有吸引力的群体中。

139 马森（Mussen）[35]在一个人种混合（interracial）的男孩野营地进行了为期四周的实验，旨在研究种族（ethnic）态度的变化。他在实验中发现群体吸引力和符合群体规范的态度变化之间存在相关性。他的研究结果显示，这些态度改变的男孩，通常也对营地和他们的同伴感到满意——这些改变通常符合营地认可的平等态度。

总之，现有证据表明，在一个群体中，一个人越是重视成员身份，他的观点和态度越会遵从群体内的共识。这也就意味着，越重视成员身份的人，越容易受到来自其他成员传播的影响，尤其当该成员认为该组织对某些问题有一定之规的时候。

研究证据

成员身份价值

如果非常重视群体的成员，深受与群体规范相关联的组织内部传播的极大影响，那么在面对背离规范的情况时，他就会强烈地抗拒这种影响，尤其是当这种影响来自群体外部的时候。如果群体的吸引力与导致观点改变的能力有关，那么吸引力同时是维持这些态度，以抗拒这种反压力（counterpressures）影响的一个因素。这其中包含了一个假设，即保持群体规范的过程和形成群体规范的过程大致相同。

凯利和沃卡特（Volkart）[26]就以上问题进行了相关研究。与低身份价值的成员相比，高身份价值的成员不太容易受到违背群体规范的传播所影响。也就是说，观点的改变量与成员身份价值呈负相关。

为了验证这个假设，凯利和沃卡特与 12 支童子军（Boy Scout）成员进行了交流，并发放了调查问卷。相关规范包括童子军对森林生活技能、丛林经验和野营活动等常见问题的积极态度。（这些都是童子军项目的基本知识，通过对童子军和非童子军的观点进行初步比较，发现童子军在这些问题上的确存在群体规范。）在每周的例行会议上，每支童子军都需要回答两个调查问卷，一个用来测试他们的身份价值水平，另外一个用来测试他们接受传播前（precommunication），与城市生活相比，他们对森林生活的态度。 *140*

一周以后一名成年人出现，他向童子军发表了标准化的演讲，他在演讲中批评了森林生活，并且指出现代社会中的儿童应该从他们对城市的了解，以及城镇中丰富多彩的活动中获益更多。在演讲一完毕，为了确定在接触传播后（postcommunication）的态度变化，马上发放了调查问卷。调查问卷发放者让童子军再次回答前面的问题，用来验证他们在听过演讲之后对各种活动的感受。不过，在这一次的检验中，童子军被随机分成了两部分。其中一部分的童子军仍然在“保密”（private）

141 条件下进行，许诺无记名和进行保密。另一部分童子军则在“公开”（public）条件下进行，他们认为自己的回答很快就会被其他成员知晓。为了测试关于价值（valuation）和观点变化的假设，我们只考虑每支童子军中被测试的“保密”组成员，并假定他们的回答能够反映其真实的观点。（在下一部分中，我们将比较研究秘密和公开的条件。）

通过分析每支童子军中“保密”组，可以得出以下两个实验结果：(1) 演讲之后发生观点变化的均值，(2) 成员身份价值的均值。上文负相关的假设得到了实验数据的证实。在这 12 支童子军的“保密”组中，观点变化量和成员身份价值的相关性是－0.71，该单侧检验的实验误差为百分之一，由此看来结果十分显著。

图 7 显示了“反规范传播”（counternorm communication）所带来的净变化（net change），不同童子军整合后，再按照他们的成员身份价值分为不同的群体。这也再一次验证了成员身份价值和态度变化之间存在明显的负相关性。通过图中正的净变化可以发现，低身份价值的成员倾向于按照支持传播的方向来变化，而高身份价值的成员实际上正好从相反的方向来变化。简言之，在群体中，身份价值非常高的成员不容易受到“反规范”传播的影响。[③]

图 7 所显示的结果表明，如果童子军非常重视其在群体中的身份价值，那么传播会产生事与愿违的消极效果。在缺乏一个特殊控制组（control group）的情况下（他们没有接受任何传播内容），无法排除在测试之间，无关因素对负面结果的干扰。例如，第一次的测试可能使被试者考虑，并且讨论过群体规范，因此在对他们传播之前，被试群体的遵从性程度已经得到提高。尽管这样的假设无法改变群体身份价值和抗
142 拒“反规范”传播之间的关系，但是却提出了另一个问题，负面价值是否确实是代表了一种反向效应（boomerang effect）。作为一种反向效应，如果我们把负值解释为反向效应，那么考虑到在实验中使用的“反规范传播”，就会引出一个重要问题：传播者在解释规范的过程中为了与被试者进行争论，从而增加了其对于规范的理解，最终提高了被试群体的遵从性。在该研究中的传播内容重点强调了童子军的户外活动，然

而童子军的领导者并不同意演讲中对这些活动所提出的批评。这可能会提高童子军对群体规范的理解，从而使他们认识到规范对于童子军群体的重要性。这最终使得格外忠诚的童子军对户外运动表达了极度的喜爱。这里的问题类似于在支持既定观点时，应该只提一面的观点，还是两面观点都要提出："反规范"传播需要明确提出群体规范，还是应该在辩论过程中暗示群体规范？在前面的章节中并没有针对这个问题进行专门的研究。

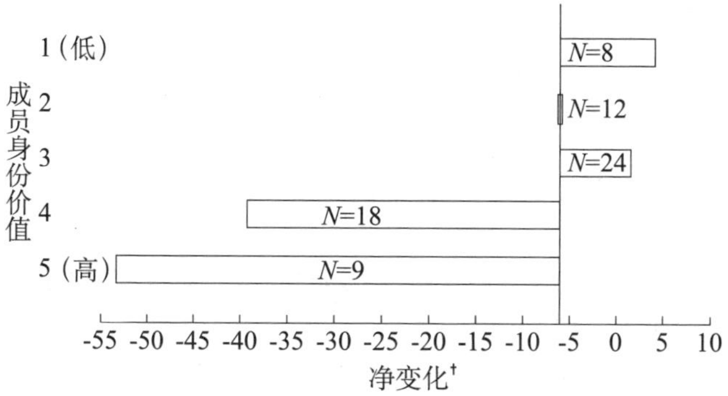

图 7 具有不同成员身份价值程度的童子军，在面对"反规范"传播时的观点变化*（仅仅包含"保密"组的结果）

数据来自凯利和沃卡特[26]

*将 1、2、3 组和 4、5 组进行综合比较，单侧检验的相关性小于 0.02

†净变化等于支持传播变化的百分比减去反对传播变化的百分比

在本章后面，会提供实验过程中对群体成员身份显著性进行调查时意外获得的证据，并以此来验证保密环境下身份价值和观点变化之间的相关性。信奉天主教的大学生匿名参加了一项包含天主教规范的问卷调查。同时，一部分学生接收了包含其他大学生对这份调查问卷回答的传播。这些回答与正常的天主教规范背道而驰。这些回答显示了一个粗略的群体身份价值指数，由对"你多久参加一次宗教仪式?"的回答来确定，并通过对群体中身份价值较高的学生（即经常参加宗教仪式的学生），与群体中身份价值较低的学生进行比较。让他们分别与不参加宗教仪式的学生进行传播交流，图 8 显示了对这两种学生进行比较的结 143

果。从图中可以发现，在群体中，身份价值较低的学生，在传播中发挥了明显的作用。与群体中身份价值较高的学生相比，他们更容易受到传播的影响。

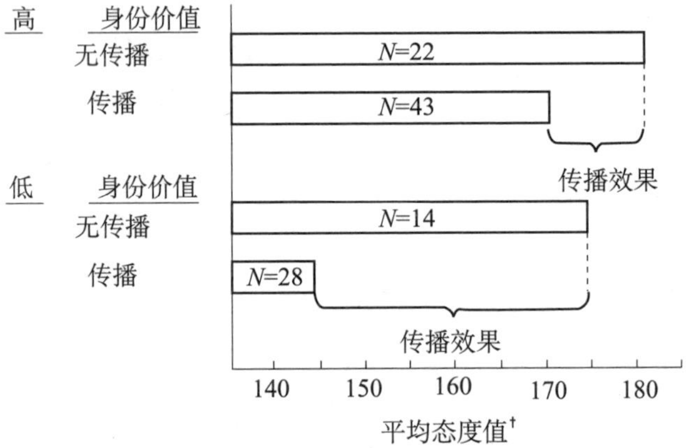

图 8　反规范传播对高身份价值成员和低身份价值成员的效果*

数据来自凯利和沃卡特[25]

* 身份价值较高的学生比身份价值较低的学生，传播效果要明显；单侧检验相关性小于 0.06

† 分数较高意味着具有较高的群体规范遵从性

144　因此，通过上述两个实验可以发现，具有较高群体身份价值的个体不容易受到“反规范”传播的影响。在所有的案例中，被试者对调查问卷的回答都是在得到保密和匿名承诺下进行的。

公开环境和保密环境下的实验结果比较

凯利和沃卡特在实验中引入了公开变量和保密变量，来验证群体规范“内化”（internalized）条件的假设。（例如，即使是在缺少外部社会压力的情况下，成员都能够真正地认可并且遵守群体规范。）确切地说，这个假设是个体成员对群体规范的内化，源于群体对个体成员积极吸引的程度。

前一部分的证据表明，对抗“反规范”传播与成员身份价值直接有关。这也可以被看作遵守群体规范的动机强度，与成员身份价值之间关系的一个特例。假如个体在保密环境下能够表达真实观点，那么之前的结果表明，对群体规范的接受或内化是身份价值的结果。如果我们能够证明观点表达的一个对立环境（比如在公开环境下）会产生不同的结果模式，那么这个关键推断的合理性就会不断增加。

将公开与秘密的环境进行比较的具体原理阐述如下：假设有两组成员，一组已经将群体规范内化，另一组成员没有内化。由于第一组成员由衷地相信群体规范性的合理性和必要性，因此他们所表达的观点符合群体规范。第二组成员会表达遵从性的观点，这仅仅是因为其他人透露出了奖励或惩罚的信号，并且这种遵从也取决于他所展示出来的遵从性程度。当这两组成员同时暴露在“反规范”传播面前的时候，基于不同的影响因素，对于变化的抗拒会展现在他们的观点反应中。第一组将取决于内在因素的影响，而第二组则取决于外部压力的影响。如果这个假设成立，群体中身份价值较高的成员与身份价值较低的成员相比，他们内化群体规范的程度也会更高，那么两者相比，前者更加强烈地拒绝改变观点是受到内化因素的影响。

假设在保密环境下，表达观点一般只是受到内部因素的控制，而在 145
公开环境下，表达观点则会同时受到内部和外部因素的控制。[④] 如果将群体中身份价值较高的成员和身份价值较低的成员进行比较，前者拒绝改变观点更多的是由于内化因素的控制，在保密环境下，通过测试他们对于调查问卷的回答，可以发现他们拒绝改变观点的差异更加明显。换言之，与公开环境相比，在保密环境下，变化数量和成员身份价值之间的负相关性（negative correlation）可能更加显著。

我们从对童子军态度的实验中获得了证明该假设的证据。正如前面部分所提到的，12 组童子军中的秘密样本，其变化数量和身份价值之间排列顺序关系是－0.71，公开样本的对应关系是＋0.35（几乎接近于零）。而公开环境下的结果是＋0.35（接近 0）。这两个系数（coefficients）完全不同。表 12 分别显示了公开环境和保密环境下，不同价值程度的净变化量。在保密环境下，身份价值和变化量之间存在着明显的连续负相关性，而公开环境下这种负相关性则不太显著。

与公开环境相比，现有的证据似乎在支持这一假设，在保密环境 146
下，身份价值和变化量之间存在更加强烈的负相关性。不过，从表 12

看来，与秘密的环境相比，在公开环境下，会出现更明显的总体变化。这明显不符合之前的假设，在保密环境下拒绝改变观点是由于内在因素的影响，而在公开环境下则是由于内外因素的共同影响。如果违背了这一假设，那么对于身份价值和变化之间不同关系的解释是不是就是合理的呢，因为作为巨大内化指示的这两个实验条件，本身就代表高身份价值成员。经过仔细研究发现，公开环境下的信息可能不仅仅增强了拒绝改变的程度，同时也增加了改变的压力。后者的产生可能是因为演讲者的助理，以及部分作为童子军官员的一部分成年人赞成演讲的内容，并且他们能够把握童子军成员遵守演讲内容的程度。因此，之前的理论分析认为，公开环境可能会增加外部压力，并导致群体中身份价值较低的成员反抗传播，与此同时，这也可能促使童子军遵守传播的内容。当然，这也可能导致群体中身份价值较高的成员在公开环境下改变观点。由于受到不同压力的共同作用，群体中身份价值较低的成员在从公开环境进入到保密环境时变化则不太明显。如果对于这个矛盾的解释是正确的，那么已有证据表明与身份价值较低的成员相比，身份价值较高的成员，其群体规范内化更加显著。

表 12 对于不同程度的成员身份价值，在公开环境和保密环境中的观点变化

成员身份价值的程度*	公开		保密	
	N	净变化†	*N*	净变化†
1（低）	9	−11.1%	8	+12.5%
2	12	+41.7	12	0.0
3	18	+33.3	24	+8.4
4	17	+29.4	18	−38.9
5（高）	18	−5.6	9	−55.5
合计	74	+19.0%	71	−12.7%

*将 1、2、3 组和 4、5 组进行比较，保密环境下单侧检验的样本相关性小于 0.02；公开环境下单侧检验的样本相关性等于 0.24.

†净变化等于支持传播的变化百分比减去反对传播的变化百分比

来自凯利和沃卡特[26]

推论 147

内化

综合考虑前面论述的发现表明，对群体的依靠与群体规范的内化之间存在直接关系，这也与之前的假设相吻合。类似的关系在内化和认同的相关概念进行理论讨论时似乎已经得到认可[18,38,43,47]。但是对于发生在青少年或者成年人群体中的此类关系的进程，我们知之甚少。孩子对自己喜爱的人的价值进行内化的过程中包含着认同和其他相关机制，对于它们进行精神分析可以获得启发性的线索。[17],[34]576～616页

在本章开始，我们将保持成员身份的动机分为三种情况。第一，群体具有积极的吸引力，为成员实现个人的目标提供机会。第二，群体能够为成员提供机会，使其躲避外部危险并且避免不愉快的事情。第三，群体存在某些限制性因素，迫使成员加入群体，接受群体的管理。之前论述的证据表明，成员身份价值使得第一条成为群体规范内化的原因；另外我们也希望弄清楚其他两条因素是否发挥了作用。我们简单看一下就这个问题的几点发现以及一些存在争议的观点。

尽管费斯廷格[13]同意对群体的依靠导致群体规范的内化或者认同的观点，但是他也指出，对于群体而言这是产生内化结果的唯一原因，其他两个因素虽然包含了威胁或者惩罚，但是仅仅产生了群体服从而非个体认同。只有当群体影响个体，个体积极寻求保持成员身份时才会产生个体认同。

安娜·弗洛伊德（Anna Freud）[17]通过对识别进攻者（identification with the aggressor）的概念进行精神分析之后，提出了相反的观点，驳斥了物质因素的限制和处罚导致群体规范的内化。这种机制是对威胁和焦虑而不仅仅是喜爱所产生的防御性反应。以一对父母严厉管教下的孩子为例，莫勒[34]588页认为如果他能够“赞同”父母或者假装父 148

母，他就没有理由害怕父母。小孩的期望和社会的惩罚之间的矛盾就会消失，他们的焦虑也会随之减轻。随着防御性识别（defensive identification）的增加，小孩获得了必要的制约、态度和价值，从而使他们能够克制自己不受欢迎的冲动。⑤

这样解决矛盾之后，即使是在缺少喜爱或者积极诉求的情况下都有可能产生群体规范的内化，然而这些态度无疑可以增加最终的效果。爱和信任的缺失可能会增加群体成员惩罚的程度。一个关键问题是这些矛盾的积极诉求是不是群体规范内化的必要条件。

通过研究现实生活的情况可以回答这个问题，如果个体的交际范围被限定在特定群体的成员，那么他很可能会增加与这些成员的感情，并且认同他们的观点。大多数个体都希望自己的观点能够得到社会的认同。同时，大部分个体会发现与群体长期失去联系之后就无法继续获得这样的支持。当个体被强制离开他所喜爱的群体，并且被置于陌生环境中时，他会逐渐失去原来的认同感，并且开始依靠当前的群体来获得自尊。

对于未来的研究和理论发展而言，一个重要的问题就是对群体规
149 范内化依据的研究和条件分析能够相得益彰。关于群体规范内化，纵观当前的不同观点有助于消除一些分歧。例如，费斯廷格强调对群体信任的价值，而防御性识别理论则强调限制和惩罚的重要性。如果我们可以统筹考虑动机强度的不同层次和制约措施的不同强度，那么这些理论都是可以兼容的。费斯廷格主要关照对同龄群体的影响。由于该群体教育情况的特点和防御性识别的必要性，因此在这些群体中不存在强烈的动机和社会制约因素的影响。然而，在成人群体或者青少年群体中，某些极端情况下该机制在改变观点方面发挥着重要的作用。上文提到的贝特尔海姆[5]的研究显示，德国集中营中的囚犯通过以下方式支持残酷的狱卒：模仿他们的行为，执行狱卒遗忘的规定，接受曾经极度反对的观点（82 页）。在现实环境中，如果个体在群体中毫无权力，或者他在物质方面、社交方面都无权接触其他成员，我们也会发现相似的效果。我们仍然需要研究该机制在观点变化方面的

重要意义。

社会地位和对影响的抗拒

我们已经看到个体遵守群体规范，同对群体的身份重视直接相关。然而这种关系会被同遵从性有关的其他因素改变，特别是影响因不服从而带来的社会压力和自由度。其中最重要的方面就是个体在群体中的社会地位。我们现在要讨论的是，无论个体多么重视群体，具有较高社会地位的个体，在哪些情况下才有可能偏离群体规范而接受异端的观点。

群体规范遵从性不仅仅依靠群体对个体的重要性，还依靠个体认为 150
偏离群体标准可能会受到奖励或者惩罚。违反群体规范遵从性，不同个体可能会遭受不同程度的惩罚。个体对群体所做的贡献各不相同，一部分个体为群体作出的贡献远远超过了他的能力、知识和财力的范围，最终造就了群体的成功和繁荣。这些拥有崇高地位的个体的存在和参与至关重要，因而其叛逆行为享有更大的容忍度。由此说来，这些个体很清楚他的身份价值，从而影响了他在群体中的安全感，或者他对群体的影响力。[6]因此，个体所获得的身份价值越高，他对群体规范的叛离就越被容忍，因而在接受对立观点的时候，他就会感到更大的自由度。换言之，个体在群体中的社会地位越高，越容易减轻他对违背群体规范遵从性的焦虑。

验证这个假设的真实性并非易事，因为这里涉及的是这与个体对自己偏离规范的自由度的了解，而非意愿。许多情形显示，相比那些不太受到重视的个体，高身份价值的个体遵守群体规范的动机更强烈。例如，受重视的个体应该对群体活动和规范产生更重要的影响，以至于更趋同于自己的态度和兴趣。与地位较低的个体相比，由于具有相对自由的活动空间，地位较高的个体更容易获得满足。如果以上的逻辑是正确的，那么特别受尊敬的个体对群体尤其重视，从而更加遵守群体规范。

151 相关的假设还适用于这样的情况，只要个体认为他能持续遵守群体规范，他才可以保留较高的群体地位。与普通成员相比，当个体被赋予更高的群体地位时，他就能够更加自觉地遵守群体规范，因为（群体）对处在这些地位上的个体有着更高、更加严格的期望值。尤其是当地位较高的个体作为比较点或者比较模型，成为群体规范的榜样时，我们更加认为这个假设是正确的。

以上的讨论表明群体对个体的身份价值和个体对群体规范的遵从性存在正相关性。将两者进行比较，可以做出这样的推断，即身份价值较高的个体在试图偏离群体规范时拥有更大的自由，当然在他愿意做的情况下。然而这种自由也只表现在某种情形下，例如，群体外的传播使他对群体内部现状不满，并试图进行改革，与其他成员相比，面对这样的情形时，他可以自由支配其个体行为，使其符合其个人对传播来的论点和结论的反应，而不是群体的要求。

与这个问题直接有关的实验数据相对比较匮乏。休斯（Hughes）[22]提到了一个有趣的现象，在一个工作群体中，个体遵守群体规范的程度与个体被群体接受的程度呈现负相关性。工作时间较长的工人们建立了生产规范，要求新手必须遵守。休斯通过观察发现，新手获得认可之后，遵守生产规范的压力逐渐减轻；“站稳脚跟”的工人可以在一定程度上违反规范，他们不会像尚未获得认可的新手，因为背离规范而受到严厉的惩罚。

纽科姆[36]发现了有关关联关系的证据，他研究了某个大学大学生接受政治经济自由主义规范的程度。他通过学生被推选参加校际聚会的频率来测试他的声誉。测试结果和学生的受欢迎程度、任职职位的数量和重要性紧密相关，其中学生受欢迎的程度代表了他的社会地位。在遵守规范方面，具有较高声望的学生同时具有较强的自由主义思想，同时对自由主义思想有更大的接受度。换言之，具有较高声望的学生大多沿着自由主义的方向改变观念。

凯利和沃卡特在童子军态度实验中已经发现受欢迎程度和抗拒变化
152 之间的联系。受欢迎程度指的是个体被选择成为朋友的频率，它与传播导致的观点变化之间存在负相关性。换言之，与受欢迎程度较低的个体相比，受欢迎程度较高的个体更加坚持群体的观点（在保密环境下的相关性为 0.04，而在公开环境下则为 0.08）。因此，受欢迎程度和成员身份价值在抗拒变化方面表现一致。但是目前的实验显示二者之间并没有明显的联系。

简单地讲，通过相关性分析可以发现具有较高声誉和受欢迎程度的个体更加遵守群体规范，并且对违背群体规范的外部影响表现出更加明显的抵制。个体社会地位越高，越容易接受“反规范”传播的假设明显不符合上述结论。然而这样的结果也说明：第一，社会地位较高的个体更加自由的效果，在之前提到的静态相关性上并不明显。第二，社会地位较高的个体认为他的社会地位依靠的是群体规范遵从性，而不是个体对群体的贡献程度。

纽科姆的发现进一步验证了第二个结论，他发现，试图获得更多声誉的个体认为非常有必要遵守群体规范。沙克特[39]通过研究受欢迎程度和遵从性程度的关系，更加详细地解释了上述观点。他研究了偏离群体共识对社交地位的影响。受过训练的“托儿”加入了讨论组，他们按照标准的方法偏离群体共识。通过对传播类型和社交地位的分析发现，参与者在连续违背群体规范导致其受欢迎程度明显下降。这意味着社交地位部分地取决于社会（规范）遵从性。如果这个推断是正确的，那么遵守群体规范很显然会增加受欢迎的程度。这与偏离群体规范的自由度没有直接关系。

将受欢迎程度作为群体遵从性获得社会地位的条件，也证实了凯利 153
和沃卡特所发现的受欢迎程度、身份价值和抗拒变化之间的相互关系。根据沙克特的研究，受欢迎程度被大多数群体成员所重视，个体受欢迎的程度取决于其遵守群体规范的程度。为了保持受欢迎程度和社会认可，受欢迎程度较高的个体更加遵守社会规范。因此，受欢迎程度和抗拒变化存在正相关性。受欢迎程度和身份价值之间没有直接关系，这表明个体受欢迎、万众瞩目、结识众多泛泛之交所带来的满足感不同于结交朋友、参与群体活动、身处成功且具有声望的群体中所获得的满足感。因此，个体受到欢迎所带来的满足感，不需要对群体的其他方面感到非常满意。

总的来说，受欢迎程度是特殊社会地位的一个方面，研究发现，它与群体规范遵从性和拒绝“反规范”传播存在正相关性。还有证据表明如果个体成员试图保持其社会地位，那么他们必须遵守群体规范遵从性。然而，尚无实验证明个体成员的权力地位越高或者越被重视，他在接受违反群体规范的观点时具有更大的自由度。如上所述，社会地位和群体规范遵从性之间的相关性分析有可能被两种自然关系干扰：其一，地位与群体身份的价值；其二，地位与规范情境的控制。唯一的办法是开展控制实验以区分这些变量。

154 谢里夫[42]在研究实验群体之间存在的敌对状态中，提供了解决问题的方法。一些素不相识的男孩加入了夏令营，并被分成相互竞争的两个组。通过观察和社交计量测试，可以发现群体中基于受欢迎程度和权力所形成的不同的社会地位。实验还记录了群体规范的发展和个体遵守群体规范的情况。尽管实验并不是专门验证这里所提出的假设，但是仍然发现了有意义的结果。首先，受欢迎程度和权力等级并不是完全对应的；其中几个男孩对群体的影响，远远超出了根据其受欢迎程度所做出的判断。其次，其中几个例子表明，地位较低的成员在群体规范遵从性方面表现突出，很显然他们试图通过这样的方式获得更多认可。这与之前的假设相符合，社会地位和群体规范遵从性之间存在相反关系。

总体而言，这对未来的研究非常重要，因为它着重研究了通过传播来改变观点。如果我们的分析是正确的，那么身份价值高的个体与身份价值低的个体相比，在抵制改变上没有区别。但是，与其他群体成员相比，具有较高地位的个体更容易独立改变观点。因此，在一个庞大的群体中，他是引领观点改变的重要个体（参见默顿[32]关于相关性的讨论）。这个假设很有意思，它指出了群体成员创新和变化的自由度。但是需要弄清楚这个问题：在什么情况下，处于群体边缘地带且满足程度最低的个体主导着群体内部的创新；在什么情况下，处于群体中心、相当熟悉群体规则和需求的个体主导着群体内部的变化。

第二部分 情境线索与群体显著性 155

背景

个体潜在的遵从性行为是由个体对群体规范的理解和制约因素的类型所决定的，前一部分已经讨论过，包括成员身份价值和社会地位对观点变化的影响。但是在实际情况中，遵从性行为还取决于情境线索，诱导动机和认识的产生。理解这些情境因素的作用对于研究传播效果尤其重要，因为传播效果在很大程度上依靠如何正确使用情境线索。我们所提出的这个问题与情景变量（比如，群体标志或者“提示物”）有关系，还与情景变量对个体抵制“反规范”传播的效果有关系。这一现象的实际情况是个体往往属于不同群体，而这些群体都有可能影响个体的态度。另外，其他群体、个体或者客观因素也会影响个体的观点。这些社会性的或者非社会性因素，一般不会共同发挥作用，但是通常会影响不同的观点，或者从不同方面影响同一个观点。特定群体的情境线索和其他情境线索在个体环境中相互竞争，吸引个体的注意力，增加个体遵从性行为的动机，在任何情况下，个体遵从性行为都取决于两者之间的竞争程度。

在给定条件下，我们将特定群体主导个体“意识”的程度作为群体的显著性。某些情况下，高显著性引起个体的极度重视，但是我们并不希望将这个概念仅仅局限在群体受到极度重视的情况。我们也忽略群体及其规范在不同方面所存在的差异，而只是统观群体的显著性，并且推断群体任何一方面的显著性，都会促进个体遵守群体规范。

对于这种现象的研究之前仅仅局限在理论讨论的层面，但是最近终 156
于通过实验进行了研究。⑦查特斯（Charters）和纽科姆[9]研究了在没有传播的环境下，直接情景对个体观点的影响。他们的调查在三组天主教成员之间进行，实验条件如下：第一组在其他同学在场的大教室内进行；第二组只有被试者在场，但是没有强调他们的天主教身份，也没有强调把他们聚集在一起的原因；第三组同样只有被试者在场，但是在实验开始之前，反复强调，由于他们是天主教成员，所以一切协助参加关于宗教信仰的调查问卷，并且要求被试者参与讨论关于天主教观点的重要推断。实验中反复向最后一组强调他们的天主教身份。

所有被试者都匿名参加问卷调查。问卷中的许多问题都涉及天主教规范，但是经过措辞上的处理，被试者也可以通过其他群体成员的身份来回答这些问题。结果表明，第三组被试者的答案比其他两组更加符合天主教的规范。

正如作者所述，仍然不清楚这样的结果是不是因为在第三组中反复向被试者强调他们的身份，因而“增强了他们对群体身份的认识”（415页）。一种可能是，实验之前的讨论让第三组的被试者认为天主教徒应该如何回答某些问题。查特斯和纽科姆试图建议负责讨论的人员降低这种影响。另一种可能是，被试者试图正确回答这些问题，因为其他人期望通过实验数据判断天主教徒如何遵守宗教规范。实验人员也试图降低这方面的影响，他们最终发现“个体的态度取决于其他成员对个体在相关问题上的暂时性影响”（420 页）。

如果情境线索可以这样影响个体表达观点，那么它也可能影响个体
157 对抗“反规范”传播。有理由推测群体的显著性决定了它能否对其产生影响，抗拒程度的高低取决于其他因素，比如群体成员的身份价值。然而，如果群体不重要，那么成员价值无法对个体的态度产生帮助。如果将群体分成两组，身份价值对其中一组非常显著，而另一组则不显著，我们可以断定，对于前一组而言个体很可能对“反规范”传播的对抗更加强烈；但是在这两组中有些个体可能对群体根本不重视，因此在任何情况下，他们都不会因为忠于群体而做出反抗。

研究证据

群体显著性和抗拒变化

凯利[25]的实验研究了群体显著性和拒绝“反规范”传播之间的关

系。实验中，被试者按照宗教信仰混合在一起，但是他们并不知情，这样的安排是为了测试在这样的条件下是否会发生这样的关系。实验假设如下：当群体观点面对反压力时，群体的显著性越高，越容易拒绝改变观点，反之亦然。

为了验证上述假设，实验人员测试了高中生和大学生天主教徒的态度。实验在普通课堂中进行，信仰其他宗教的学生也在场。由于情境线索可以增强忠诚度，提高兴趣，因此，任何一种宗教身份的显著性，都比单独一种宗教线索呈现时要低。学生先进行一小段阅读，然后开始回答调查问卷。不同学生阅读不同的材料，有些学生的材料意在突出天主教的显著性，另一些则是无关材料。前者提到天主教的领袖和教堂的作用，但是没有涉及任何有关天主教规范的内容。在即将进行的问卷中就是关于天主教规范的。无关的材料描述了一些公众人物和组织，他们与天主教没有关系。

阅读环节结束后，被试者开始回答调查问卷。调查问卷的内容涉及天主教规范，但是经过精心选择尽可能不包含其他群体，同时也尽可能 158
不强调天主教的显著性。调查问卷的内容涉及宗教环境下的书籍、电影审查，父母对孩子在宗教选择、传统习俗方面的引导等。另外，调查问卷试图引导三分之二的被试者改变他们的回答。他们的调查问卷透露了其他相同层次的在校学生的观点。这些“有代表性的观点”不同于被天主教所接受的观点，从而创造出“反规范”传播的效果。

所有的这些实验材料创造出了两种重要的实验环境：高显著性的传播和低显著性的传播。为了验证传播的效果，还创造了另一种只有高显著性而无传播的实验环境。不同实验环境下，被试者随机分组，从而能够保证在实验误差允许的范围之内，三组被试的实验结果具有可比性。在不同实验环境下，不同实验组中具有不同信仰的被试者表达了各自的态度，基本的实验数据对这些态度进行了比较。图 9 显示了高中生的实验结果，较高的分数代表对天主教规范的遵从性程度较高。该图表明了上述预判的正确性，因为在高显著性而无传播的实验环境中，天主教被试者比非天主教的被试者得分更高。尽管在不同宗教信仰的实验组中存

159 在明显的差异，但是传播在调查问卷中处于特殊的地位，影响了非天主教被试者和天主教被试者的实验结果。因此，传播对不同宗教都会产生重要的影响。

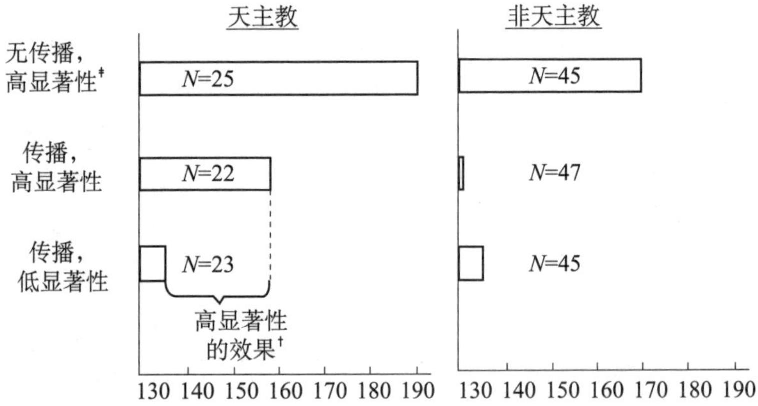

图 9 不同的显著性对信奉天主教高中生平均态度的影响*

数据来源于凯利[25]

* 得分越高表明越遵守天主教规范

† 显著性较高的样本和显著性较低的样本，通过单侧检验得出其传播效果的差异小于 0.05

‡ 天主教样本和非天主教样本，通过单侧检验得出其传播效果的差异小于 0.01

图 9 还验证了之前的推测，即群体显著性高的被试者与群体显著性低的被试者相比，前者更不容易改变观点。在接受传播的天主教被试者中，高显著性的被试者比低显著性的被试者得分更高。无论是否阅读过有助于增加显著性的材料，在接受传播之后，信仰其他宗教的被试者表达了与天主教被试者相同的态度，这符合预期的推测，因为天主教和他们的态度基础无关。

尽管在不同年龄的测试组中采用了相同的实验步骤，但是大学生被试者的实验结果，却无法验证之前的假设。天主教徒和非天主教徒的观点存在差异，传播对两组都有效果。然而，实验试图通过变量的不同造成群体重要性的差异，最终却未能在天主教徒对抗“反规范”传播方面产生任何作用。

160 实验过程旨在造成天主教显著性的差异，但是最终却无果而终，这样的结果可能是由诸多因素造成的。一种可能是在来自都市的大学生天主教信徒中，部分被试者并没有坚定的宗教信仰和归属感。如果属实，那么增加其对宗教的显著性，对于其观点或者对抗“反规范”传播的作用就会微乎其微，甚至不会产生任何效果。另一种可能是，大学生信徒可能更加清楚宗教信仰规范的错综复杂性，调查问卷的问题增加了其显著性，相对削弱了阅读材料的效果。与高中生相比，大学生天主教信徒的样本更加复杂，更多的大学生放弃曾经的宗教信仰，也更加了解宗教信仰规范的复杂性。如果本次实验中的这些因素，削弱了旨在增加显著性的线索实验效果，那么高中生样本中所表现出来的现象只能代表群体显著性高的个体，也表明他们对相关问题的观点相对比较简单。

总之，本次实验部分验证了之前的假设，在其他实验因素处于正常的情况下，群体的显著性直接关系到改变群体态度遇到的障碍。在高中生教室中所进行的实验结果表明通过短暂的阅读，了解宗教领袖、符号和功能，可以增加成员身份价值的显著性。然而，相同的实验却没有在大学生天主教徒中产生相似的效果。

显著性不同，保持变化的效果不同

上一部分的实验数据表明，当某一群体显著性较高，而对立群体较低时，传播对观点变化的影响是显而易见的。从大众传播的角度来看，这似乎表明，假如必须改变群体观点，在受众受群体影响，忠诚度发生动摇并且被其他兴趣吸引时，传播者接触受众才是明智之举。

然而，随着时间的变化，在这种情况下发生的改变能否保持，成为我们关注的焦点。如果后来的群体显著性增加，那么我们认为对抗拒传播也会提高，并且会恢复以前的观点。群体显著性不同的个体最终所形成的观点差异性会因此消除。不利于提高成员身份价值和有利于提高身份价值两种环境下进行比较，我们有理由相信后者所产生的变化更容易保持。

一般而言，传播的即时效果越明显，那么它的长期效果也越明显，上述讨论不符合一般的实验结果。如果较低的群体显著性在传播中对观点的影响比较明显，那么它也会产生更加明显的长期效果。

通过对高中生开展上述的群体显著性研究，获得了关于保持变化的相关实验证据。问卷调查在以下三种不同的实验环境中进行：显著性较高但是无传播的环境、显著性较高的传播环境、显著性较低的传播环境，实验之后的第三天，所有被试者在第一种条件下重新进行测试。这些天主教学生第一次接触传播，图 10 对显著性较高和较低的样本进行了比较。从中可以发现这两组样本的天主教规范遵从性方面都发生了巨大的变化。三天之内这两组样本实际变化的量和开始是一致的。很显然，显著性较高的组已经回归到控制组的水平，而显著性较低的组仍然有相当的影响。

162

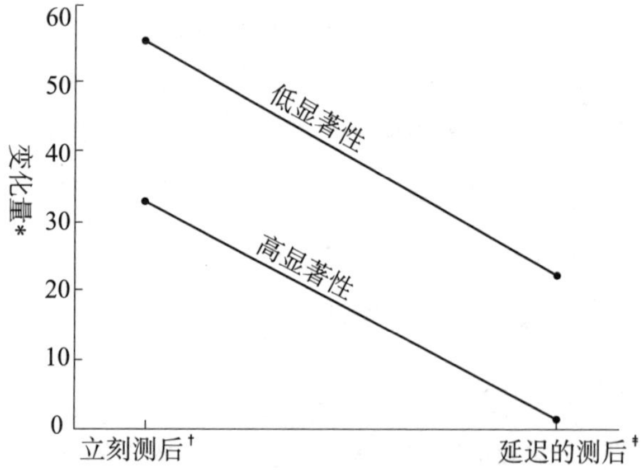

图 10　三天之后不同显著性条件下观点变化的保持情况

实验数据来自凯利[25]

* 变化量等同于样本最初接受传播与不接受传播的差异性

†单侧检验表明显著性不同的样本之间的差异小于 0.05

‡双侧检验表明显著性不同的样本之间的差异为 0.06

因此，实验结果表明初始变化量越大，之后的变化量也越大。没有证据表明在显著性较低的环境下产生的变化，被试者的结果最终会回归到初始状态。尽管这样的情况有可能在某些情况下发生，但是对于本次实验的条件而言并不重要。当然，本次实验中，初始测试和后期测试的时间间隔很短，被试者可能没有受到正面观点的影响，或者不清楚个体非遵从性行为。更加严格的测试需要被试者清楚以上两点。

启示

163

本章所讨论的情境线索带来的效果必然取决于诱导因素，而这也是本章主要关注的问题。例如，情境线索能否引发群体遵从性行为，取决于个体的成员身份价值，从而获得与其他成员一样的满足感，得到他们的认可。由于个体的群体地位不同，如果个体有足够的自由偏离群体规范，并且存在其他因素诱导个体观点背离群体规范，那么情境线索可能无法促进群体遵从性行为。个体对于行为的认识不同可能会降低遵从性行为。总之，分析个体对“反规范”传播的抵制必须要考虑与群体遵从性相关的诱导因素，以及引发遵从性行为的情境线索。

情境线索发挥作用的途径之一是增强特定群体中个体的身份价值。有关的假设表明，有必要考虑在某些条件下，群体规范可能会增加个体对违背群体规范的劝说性传播抵制。反之，在某些实验环境下，“反规范”传播则对个体观点产生明显的即时影响，在某些情况下，会产生更长久的影响。进一步的实验需要关注的问题是，探究实验条件对不同重要性下所产生变化留存的影响。上述结果表明，显著性较低情况下产生的顺势结果，可能会持续一段时间。其他情况下，尤其是在个体清楚其非遵从性行为的情况下，变化可能会消失。

另外一些理论表明，显著性较低的情况下产生的巨大变化容易完全丧失，同时最终的结果可能会出现显著性反效应，与重要程度较高的情况下产生的变化相比，该情况下的变化更不容易持续。一种可能是，高显著性的情况下对于低显著性的个体会产生内疚感和焦虑感，让他们措手不及，在这种诱导下偏离群体规范。减轻内疚感，躲避社会惩罚的方法之一就是，更加认真地遵守社会规范。结果，低显著性的条件下反而比高显著性的条件下，表现出更加明显的群体规范遵从性行为。 164

第二种途径也会产生相似的末端效应。如果在传播过程中，群体所产生的对抗可以发现并且克服，那么很有可能最终的变化会更加持久，群体的显著性也会更高（一面提示与两面提示的讨论参见本书 86～92 页）。最终的问题就是，为个体提供解决传播吸引力和群体反抗力之间冲突的方法，或者是让个体适应这种冲突。这最终可能会导致对群体的
165 重新评价、对问题的重新审视，以及对个体在群体中角色的重新定位等等。同时，这也可能有利于让个体直面社会批判，从而产生新的观点。个体可能会借助其他规范或者先例，为自己的非遵从性行为进行辩护，或者他也可能具备更充分的依据，来帮助其他个体分辨自己在某些问题上的非遵从性行为，以及对群体规范的遵从性行为。个体在完全支持自己群体规范的情况下改变观点，这时候所产生的变化，比在不知晓情况下产生的变化更加具有持续性。因此，高显著性情况下产生的变化，比低显著性情况下产生的变化更加具有持续性。所有关于不同显著性下，变化持续性的推断都需要进一步的实验分析。

166 注释

①考虑到“参照组”适用于不同的现象，参照组在促进遵从性行为的产生中主要发挥着两种不同的作用。第一，基本的作用是指明规范并且促进规范的遵守；第二，比较的功能是阐释规范或者提供比较点，让成员能够评估本人或者他人的行为。群体成员的遵从性行为通常是群体本身发挥作用的结果：其他成员告诉他“预期”的行为是什么；他们肯定达到预期的行为，否定没有达到预期的行为；并且通过自己的行为给他树立了预期行为的榜样。某些情况下，其中的一些作用是来自于并不包含该成员的其他群体。

参照组的概念包括成员身份或者非成员身份的所有群体，发挥着执行标准或者构成标准的作用。最核心的假设是群体促进遵从性的动机背后的共同推动因素来自于群体的成员或者其他个体。相似的，将个体的朋友当做比较点所包含的一般因素与将其他群体成员当做比较点所包含的因素相同。

例如，参照组的概念适用于这样的例子，一个群体成员的遵从性行为符合其他群体的成员的行为标准。在向上流动的社会阶层这很常见，父母将不是家庭成员的并且与家庭成员接触较少的其他个体的行为确定为孩子的标准。而另一些情况下，父母会警告孩子遵守其他家庭的行为标准可能会遭到家庭成员的反对，失去家庭成员的认可。作为阴性参照组的其他群体对孩子而言可能是阴性对照，当孩子发现某些行为是阴性对照组的特定行为时，他会主动拒绝甚至反对这样的行为或者态度。

某些情况下，不包含个体的群体可能会发挥着规范功能或者比较功能。一个重要的例子就是社会地位较低的个体试图加入社会地位较高的群体。对于这些个体的 167
研究充分证明即使没有加入这些群体，他们仍然认可社会地位较高群体的观点[14]。一个商人期望加入社会精英俱乐部，他认为该群体的行为为他提供了范例，会重新评估自己的行为是否符合该群体的要求，他认为自己行为的相似度可能会获得该群体的认可或者拒绝。

尽管主要关注的是参照组，但是很显然不仅仅是群体，个体也发挥着相同的功能，比如，个体作为符合标准的传播者、规范的执行者和比较点。对个体非常重要的成员会对要求的行为符合自己的要求，他会通过奖励或者惩罚的方式实现此目的。还有一些个体独立于其他人的观点，自己设立行为目标，并且恰当的要求自己实现所设立的目标。

参照组的理论将会不断完善，充分考虑不同的判断标准及其依据。规范的参照组应该符合目标设置和动机的一般理论，明确个体设置标准并且强迫自己执行标准的步骤。参照系和判断尺度的概念等参照组的比较功能应该符合自我知觉理论和判决理论参见赫尔森（Helson）[21]、沃尔克曼（Volkmann）[46]。如果继续发展下去，参照组理论将会在包含社会控制理论、团体角色理论、符号过程理论以及自我知觉和判断尺度参考框架理论等众多理论的社会科学理论中占据重要地位。

②个体遵从性行为是由于个体认为遵守群体规范获得奖励，而违背规范可能受到惩罚。因此，遵从性行为的部分动机来源于群体的正式或者非正式的制约。正式惩罚越严厉，其他成员对背离群体规范的反应越强烈，个体遵守规范、对抗负面影响的倾向越强烈。对于群体规范的社会反映或者社会压力部分来源于群体的内部因素。例如，群体内聚力的影响[39]，群体外部因素要求遵守群体观点[16]或者任何规范对于群体成员生活和成功的重要性[39]。很显然，群体的不同成员面临着不同的制约性因素，这取决于他在传播网络中所处的群体地位和社会地位[22]。而社会地位主要在本书 124～128 页进行讨论。

当某一规范对群体非常重要时，面对强大压力个体必须遵守，而且将会认识到这种重要性。这种重要性取决于它在群体内部强调和讨论的程度，相关个体行为受监督的程度以及促进遵从性行为的直接诱因的质量和数量。在监督最完善、处罚最 168
及时的情况下群体规范遵从性的程度最高。对于群体规范遵从性的重要性，最常见的线索是全体成员在某一事件中的观点的统一程度。统一程度越高，偏离规范的行为越容易被发现，遵守规范的行为越容易得到奖励。因此个体的观点统一性越高，他遵守规范的动机越强烈。

③可以这样理解，图 7 中的负相关可以通过“军队的价值”来解释，它与态度量表测试的态度是相同的。如果这是正确的，那么高身份价值的成员原本对森林活动的喜爱程度越高，因此越不容易受到抵制森林活动的传播的影响。因而成员身份价值和抗拒变化之间的关系是人为制造的差异。然而，实验数据显示，身份价值的分数和支持传播的态度之间缺乏联系，这降低了这种猜测是正确的可能性。

④在有关不同宗教信仰群体的态度的经典试验中，施恩克[40]发现对于洗礼的正确方式在公开环境下的观点和在保密环境下的观点存在巨大差异。在一个研究相互矛盾的社会规范的实验中，斯托弗（Stouffer）[45]比较了两种不同的情况。一种情况下规范的支持者不知道被试对冲突的态度，另一种情况下他们能够知道被试的态度。杜布[12]39～40页区分了个体的内部观点（个体实际持有的观点）和外部观点（个体表述出来的观点）的不同。最近戈登（Gorden）[19]的实验表明当个体被要求公开表达观点时，最典型的方法是个体在真正观点和公开表达的观点之间进行妥协。其中公开表达观点比不表达观点或者匿名表达观点面临更多的压力（观点测量的讨论，参见本书 6～8 页）。这些社会性的观点可以促进容易被社会接受的观点，抑制容易遭到反对的观点。

⑤内化的必要条件包括以下几个方面。第一，影响的接受者持久而坚定地反对影响的产生者。第二，影响源必须足够有力而且警告违背规范的个体将会受到惩罚。这些条件表明接受者是矛盾的，他无法逃避或者妥协，也无法完全满足自己的动机需求。因此个体处于持续的矛盾和焦虑状态。最终他同意影响者的观点，否定或者压制自己的观点。

169 ⑥利皮特、波兰斯基和罗森为这个假设提供了相关证据[31]。概括关于童子军的一系列调查，他们发现他们在对于谁有能力让其他人按照自己的要求去做任何事情这个问题上童子军成员存在极大的共识。通常被认为有能力这样做的男孩都拥有体力、智力以及社会能力的优势。他们发现大部分童子军成员都能够正确判断他们在群体中的能力，并且利用他们的能力去影响其他成员的行为。根据我们的假设他们一般不容易受到来自群体其他成员的直接影响。不幸的是，这些优秀的实验难以证明对于构成群体规范的社会影响的遵守，也无法证明对“反规范”传播的抵制。

⑦在一份关于态度和行为非遵从性的报告中，找到了关于对群体重要性的讨论[10]。众所周知，公开表达的观点会随着环境的变化而变化因此呈现出明显的非遵从性。分析其中原因，几种理论认为非遵从性是由于环境波动，而环境波动是由于社会角色和成员身份的重叠。

在最新的社会心理学著作中，尤金和鲁斯哈特利[20]478～480页讨论了产生相关参照组的问题。他们提到了几个实验，比如，对民意测验中访谈员效应的研究，这是在特定环境下，特殊群体角色的受访者的反应。

内部的动机因素也应该考虑。具有强烈群体认同感的个体总会将矛盾问题和群体规范联系起来，无论群体或者群体的代表是否出现。因此在不同情况下群体的显 170
著性如何，很可能与成员身份机制密切相关。勒温[28]35页特别提到了对具有多重群体身份的个体进行讨论的心理学结果，有时候他的某一种个体身份占主导，有时候另外的个体身份占主导，这取决于他所处的特殊环境[27]。勒温[28]34～35页,201～209页认为占主导地位的群体在很大程度上决定个体的态度和行为。

另外，关于显著性的许多假设都可以归结为紧张体系理论，这是由勒温和他的同事在研究任务完成和回忆及重构时提出来的观点[29]。高身份价值的个体拥有强烈的群体认同感，也就是说他有强烈的动机，这种动机决定于群体在达成目标的过程中的成功和失败。尽管这里不需要探讨这种关系，但是在群体目标与群体规范之间存在强烈的联系，群体规范导致个体根据群体运动来控制自己的行为。因为他的动机和群体的目标和规范紧密联系在一起，作为“蔡加尼克”效应的特例，个体通常会非常清楚自己的目标和规范，作为重构效果的特例，个体的行为将符合不同条件下的群体规范。

参考文献

[1] Allard, W. A test of propaganda values in public opinion surveys. *Social* 171
Forces, 1941, *20*, 206–213.

[2] Arnett, C. E., Davidson, Helen H., and Lewis, H. N. Prestige as a factor in attitude changes. *Sociol. Soc. Res.*, 1931, *16*, 49–55.

[3] Asch, S. E. Studies in the principles of judgments and attitudes: II. Determination of judgments by group and egc standards. *J. Soc. Psychol.*, 1940, *12*, 433–465.

[4] Back, K. W. Influence through social communication. *J. Abnorm. Soc. Psychol.*, 1951, *46*, 9–23.

[5] Bettelheim, B. Individual and mass behavior in extreme situations. *J. Abnorm. Soc. Psychol.*, 1943, *38*, 417–452.

[6] Bowden, A. O., Caldwell, F. F., and West, G. A. A study in prestige. *Am. J. Sociol.*, 1934, *40*, 193–204.

[7] Burtt, H. E., and Falkenberg, D. R., Jr. The influence of majority and expert opinion on religious attitudes. *J. Soc. Psychol.*, 1941, *14*, 269–278.

[8] Chapman, D. W., and Volkmann, J. A social determinant of the level of aspiration. *J. Abnorm. Soc. Psychol.*, 1939, *34*, 225–238.

[9] Charters, W. W., Jr., and Newcomb, T. M. Some attitudinal effects of experimentally increased salience of a membership group. In G. E. Swanson, T. M. Newcomb, and E. L. Hartley, eds., *Readings in social psychology* (rev. ed.). New York, Holt, 1952. Pp. 415–420.

[10] Chein, I., Deutsch, M., Hyman, H., and Jahoda, Marie. Consistency and in-

consistency in intergroup relations. *J. Soc. Issues,* 1949, *5,* No. 3.
[11] Coch, L., and French, J.R.P., Jr. Overcoming resistance to change. *Hum. Rel.,* 1948, *1,* 512–532.
[12] Doob, L. W. *Public opinion and propaganda.* New York, Holt, 1948.
[13] Festinger, L. An analysis of compliant behavior. In M. Sherif and M. O. Wilson, eds., *Group relations at the crossroads.* New York, Harper, 1953.
[14] Festinger, L., and Kelley, H. H. *Changing attitudes through social contact.* Ann Arbor, University of Michigan, Institute for Social Research, 1951.
[15] Festinger, L., Schachter, S., and Back, K. *Social pressures in informal groups.* New York, Harper, 1950.
[16] Festinger, L., and Thibaut, J. Interpersonal communication in small groups. *J. Abnorm. Soc. Psychol.,* 1951, *46,* 92–99.
[17] Freud, Anna. *The ego and the mechanisms of defence.* New York, International Universities Press, 1946.
[18] Freud, S. *Group psychology and the analysis of the ego.* New York, Liveright, 1922.
[19] Gorden, R. L. Interaction between attitude and the definition of the situation in the expression of opinion. *Am. Sociol. Rev.,* 1952, *17,* 50–58.
[20] Hartley, E. L., and Hartley, Ruth E. *Fundamentals of social psychology.* New York, Knopf, 1952.
[21] Helson, H. Adaptation-level as a basis for a quantitative theory of frames of
172 reference. *Psychol. Rev.,* 1948, *55,* 297–313.
[22] Hughes, E. C. The knitting of racial groups in industry. *Am. Sociol. Rev.,* 1946, *11,* 512–519.
[23] Hyman, H. H. The psychology of status. *Arch. Psychol.,* New York, 1942, *38,* No. 269.
[24] Kelley, H. H. Two functions of reference groups. In G. E. Swanson, T. M. Newcomb, and E. L. Hartley, eds., *Readings in social psychology* (rev. ed.). New York, Holt, 1952. Pp. 410–414.
[25] Kelley, H. H. Salience of membership and resistance to change of group-anchored attitudes, 1953. (In preparation.)
[26] Kelley, H. H., and Volkart, E. H. The resistance to change of group-anchored attitudes. *Am. Sociol. Rev.,* 1952, *17,* 453–465.
[27] Lewin, K. Psycho-sociological problems of a minority group. *Character & Pers.,* 1935, *3,* 175–187.
[28] Lewin, K. The conceptual representation and the measurement of psychological forces. *Contr. to Psychological Theory,* 1938, *1,* No. 4.
[29] Lewin, K. Formalization and progress in psychology. Studies in topological and vector psychology, I. *Univ. Iowa: Studies in child welfare,* 1940, *16,* No. 3, 9–42.
[30] Lewin, K. Group decision and social change. In T. M. Newcomb and E. L. Hartley, eds., *Readings in social psychology.* New York, Holt, 1947. Pp. 330–344.
[31] Lippitt, R., Polansky, N., and Rosen, S. The dynamics of power. *Hum. Rel.,* 1952, *5,* 37–64.
[32] Merton, R. K. Patterns of influence: A study of interpersonal influence and of communications behavior in a local community. In P. F. Lazarsfeld and F. N. Stanton, eds., *Communications research, 1948–1949.* New York, Harper, 1949. Pp. 180–219.

[33] Merton, R. K., and Kitt, Alice S. Contributions to the theory of reference group behavior. In R. K. Merton and P. F. Lazarsfeld, eds., *Continuities in social research.* Glencoe, Ill., Free Press, 1950. Pp. 40–105.
[34] Mowrer, O. H. *Learning theory and personality dynamics.* New York, Ronald Press, 1950.
[35] Mussen, P. H. Some personality and social factors related to changes in children's attitudes toward Negroes. *J. Abnorm. Soc. Psychol.*, 1950, *45*, 423–441.
[36] Newcomb, T. M. *Personality and social change.* New York, Dryden Press, 1943.
[37] Newcomb, T. M. *Social psychology.* New York, Dryden Press, 1950.
[38] Redl, F. Group emotion and leadership. *Psychiatry,* 1942, *5*, 573–596.
[39] Schachter, S. Deviation, rejection and communication. *J. Abnorm. Soc. Psychol.*, 1951, *46*, 190–207.
[40] Schanck, R. L. A study of a community and its groups and institutions conceived of as behaviors of individuals. *Psychol. Monogr.*, 1932, *43*, No. 195.
[41] Sherif, M. *An outline of social psychology.* New York, Harper, 1948.
[42] Sherif, M. A preliminary study of inter-group relations. In J. H. Rohrer and M. Sherif, eds., *Social psychology at the crossroads.* New York, Harper, 1951. Pp. 388–424.
[43] Sherif, M., and Cantril, H. *The psychology of ego-involvements.* New York, John Wiley, 1947. 173
[44] *Special research supplement to scouting for facts.* New York, Boy Scouts of America, 1944, No. 7.
[45] Stouffer, S. A. An analysis of conflicting social norms. *Amer. Sociol. Rev.*, 1949, *14*, 707–717.
[46] Volkmann, J. Scales of judgment and their implications for social psychology. In J. H. Rohrer and M. Sherif, eds., *Social psychology at the crossroads.* New York, Harper, 1951. Pp. 273–294.
[47] Waelder, R. *Psychological aspects of war and peace.* Geneva, Geneva Research Centre, 1939.

第六章　个性和说服敏感度

前一章我们讨论了和受众群体身份有关的倾向性因素。这一章我们将会继续讨论受众的倾向性，并主要关注和说服敏感度相关的个性因素（能力和动机的持久性）。

传播者的特征、传播内容和结构，这些关于传播刺激命题，为预测特定群体内大部分传播效果奠定了基础。但是，众所周知，不同的人会以不同的方式经受社会压力，所以传播效果部分也取决于受众的个人特征。研究个性倾向和群体立场能够更好地预测某一类受众（或受众群体内某个人）的反应。因此，对个性因素的调查能够让我们更全面地理解一些常规原则，这些原则可以预测说服传播能够在多大程度上成功改变受众的观念和态度。

有两类常见的个性特征会影响个人对说服的反应，因此有必要加以区分：(1) 对于正在讨论的某个话题（topic），个人准备接受或拒绝特定观点；(2) 个人对各类说服和社会影响的一般敏感度。

长期以来，第一类因素被视为主要的决定因素，决定受众的观点是否容易被改变。很多调查致力于研究个性特征，这些个性特征会影响人们对不同类型话题中各种观点和态度的接受。近年来，这种研究关注的

是与对少数群体态度有关的个性因素。举例来说，有些研究结果表明，175
是否反对少数群体和下列特征有关：对传统道德标准的意识僵化，对父母的强制性服从，以及对权威人物强烈的矛盾情绪。[①]假设这些发现可以用来预测，在进行有关少数群体话题的传播时，人们对其反应方式不同，但对于其他大部分话题的传播来说，这些发现却没有什么相关性。因此，尽管这类个性因素对人们准备接受，或拒绝某种态度具有决定作用，然而这些因素是受“话题限制”（topic-bound）的，也就是说它们只适用于多少受限的话题范围内。

第二类个性倾向往往被认为是独立于传播主题的，这也是这一章中主要研究的问题。如果预测一大群人一年内态度、观点和期待的变化，这些人经历了几百次分散的传播，而每一次传播解决的都是不同的话题或问题。一些人可能会被大部分的传播所影响，而其他人则可能表现出很强的抵抗力。在面对各种传播时，如果不考虑话题问题，一些个性倾向能够用来预测态度改变的程度，那么这些因素就是“话题自由”（topic-free）的。相对来说，这一类个性倾向一般独立于原始态度、意识形态和“个性需求”，而这些个性需求容易导致个人接受，或拒绝特定传播中的特定观点或态度。

和话题限制的个性倾向相比，话题自由的个性倾向应该更为常见，因为它们贯穿了不同的主题，包含广泛的观念和态度，这与个人对不同类型传播的反应有关。“话题自由”仅指不受结论内容、传播中建议的态度和观点影响的倾向性特征，并不是指完全独立于传播情境的其他方面。事实上，稍后要讲到的一些倾向性明显“受制于”（bound）传播中的具体特征。比如，一些假设认为话题自由的倾向性，仅能预测人们对某些说服传播的反应，即这些传播说服必须进行某种论证。对话题自由倾向性的研究最终可能表明，一些因素从根本上和传播者的个性有关，其他因素和传播发生的环境有关，或者是话题自由个性倾向的范围如此之广，以至于它相对独立于传播情境中的某些变量。[②]

因此，在任何传播中，我们认为都会存在几种不同的个性倾向，包 176
括话题限制的和话题自由的个性倾向，它们的共同作用决定了个人对传播反应的差异。其中的基本点是，通过考察话题自由的倾向性因素，能够更好地预测受众被说服传播影响的程度，不过，这些因素在受众的倾向分析中往往被忽略了。

这一章我们将关注和话题自由倾向有关的研究证据。我们会发现，后面的数据非常零散和不确定，因此只能做一些初步的尝试来分离、定义和归纳这些倾向因素，这些倾向因素可能会解释受众对说服传播反应的差异性。但有些基本的发现表明，未来进一步对这些因素的研究将会有所成就。在“研究证据”部分，形成了关于个性因素和对说服传播敏感度之间关系的假设，并且还根据目前的证据对其进行了检验。为了发现这些关系，我们按照“可说服度”研究中的普遍做法，假设人是有规律可循的。下面的“研究背景”将讨论这一假设，并将关注与话题自由倾向研究有关的方法论问题。

177

研究背景

个人差异的持久性

在表明存在话题自由的倾向时，我们假设受众对说服的敏感性有持久性的个人差异，所以有些人经常会接受各类传播中提出的结论，然而其他人却不会。但个人对社会影响反应的差异是否具有充足的持久性，使之能构建一个有用的变量，这还是一个实证问题。

尽管目前针对一致性、暗示性的相关发现和有关的研究现象之间还没有完全吻合，但有一些对要素分析的研究表明，人们对社会影响的反应存在一些共同点，这些研究基于专业观察者［如菲斯克（Fiske）[10]、理查兹（Richards）和西蒙斯（Simons）[32]］的行为评定（behavioral rating）和自我评定（self rating）［莱曼（Layman）[23]、布罗格登（Brogden）和托马斯（Thomas）[3]］。③在说服传播之前和之后，对观点变化进行的研究，提供了个人在说服敏感度方面具有持久性差异的证据。最相关的研究证据，来自弗格森（Ferguson）[8]的研究，他使用了针对说服敏感度的客观指标体系，这一体系以测量对一系列信息性陈述引发的态度改变程度为基础。弗格森使用了三种态度量表（宗教主义的、人道主义的和民族主义的），对 200 个大学生进行了测量。后来，在相同的条件下他重新测试了这 200 个被试者，不同的是他还向被试者传递了有关每个主题的主要观点信息（对一组传递的信息是真实的，对另一组则是虚构的）。结果发现三个量表之间的变化有很高的相关性，并且通过图心分析（centroid analysis）揭示他们有统一的因子。一样的意识因子或许可以解释前面发现的相关性，但这种可能又被另一事实所阻碍，即在原始态度和敏感度的得分上没有发现显著差异。弗格森的研究证据表明：受传播中主要观点影响的敏感度是一种普遍存在的特征，而并非特定于以前调查的某些态度。

除非从更全面的研究中获得更多数据，否则我们就不能完全确定统一倾向性特征的存在，而这一特征是准确预测人们在各种传播情境中，如何对各种说服传播做出反应的基础。从理想研究状况来看，对这个问题进一步的研究应该要获得关于传播导致的实际变化数据，不过，就像弗格森的研究一样，运用各种传播方式不仅会带来被试者的变化，还涉及所使用的媒介、诉求种类、论点组织方式和其他刺激因素的变化。不过，已经获得的为数不多的证据表明，至少在一些传播情境中，人们会持续不断地受到更大的影响，或者在一系列不同话题的传播扩散中，人们长期不容易受到影响。 178

或许并不存在一个统一的因素，因为每个人都可以有自己的评价，代表他被任何传播情境改变态度和观点的敏感度。另一方面，关于完全统一特性的假设，似乎也并不可靠。换言之，目前的证据明显和以下假设相矛盾，即每个人对每个观点话题或传播情境的敏感度都不同，而这些敏感度之间毫无关联。所以能够让我们相信的是，最终我们或多或少都能够分离出一些共同的要素，而其中的一些要素适用于非常广泛的传播情境。

这一章我们将用“可说服度”作为一般术语，来指代对说服传播产生反应时，任何有关话题自由的因素，而不预先判断形成统一变量的因素（如果存在这一因素的话）。目前，我们必须承认无论使用怎样的可说服度指标体系，它都不是纯客观的测量，只代表了（在未知的程度上）各种很普遍或更具体的倾向性特征。但这种限制并不一定会阻碍我们发现个性因素，以及对可说服度进行客观测量之间的重要关系，接下来要描述的研究证据就清楚地说明了这一点。

179 **方法论问题**

在这一章中，我们的研究集中于一个关键问题：什么样的个性特征使一个人倾向于接受社会传播，或拒绝试图改变其观念和态度的社会传播？总的说来，我们试图发掘当人们面对不同种类的说服传播时，影响个人观点改变程度的个性因素有哪些。我们要考察的是与两类常见个性因素有关的个人差异。一类是个人智力，智力决定了一个人被不断置于各种传播情境中时，其关注、解释和吸收各类信息的方式。对于那些拥有最低基本智力的人来说，转瞬即逝的个性因素，或者称之为“动机因素”，可能是决定个人可说服度差异的决定因素。动机因素包含了主要的个人需求、情绪困扰、防御机制、挫折承受力、刺激水平等，这些因素会加速或干扰个人对不同种类说服传播的反应。

因此，我们关注的假设指明了两类倾向性特征之间的关系——一般的个性特征和对各类说服的敏感度。在研究它们的关系时，对可说服度的测量应该被当做因变量来看待，其他的个性特征，如基于个人容易表现出来的不同的隐性和显性行为指标，应该被视为自变量。但是，我们不能期望对这些问题的研究能够为前几章讨论的因果关系提供清楚的研究证据。当要研究的自变量不断出现在个人身上，而且不能为实验所操控时，所有的实验方法都会受到阻碍。

但是，通过实验方法还是可以来评估因变量，也就是可说服度。当研究者把研究对象置于一系列传播中时——一系列研究者想要总结的具有代表性的传播类型，个人对各类说服的反应差别，还可以通过测量态度改变判断出来。因此，为了获得准确数据，可以在控制实验的传播中使用研究设计：在进行一系列传播之前和之后，对被试者的观点进行测量，从而比较根据个性特征区分的不同小组观点改变的程度。为了检查各种人为操控（回归作用等）是否导致了某种个性特征和观点改变程度之间的虚假关系，有必要设立相应的控制组，研究者不会对控制组进行传播，但会进行同样的观点和个性测量（参见霍夫兰、拉姆斯登和谢菲尔德[17]329～340页）。

控制性传播设计包含了传播前和传播后的态度测量，并且还有对控 180
制组的比较测量，因此通过实验获得的结果能够表明，人们在接受各类具有代表性的传播时，不同个性特征的人受了多大程度的影响。从这类研究中，我们可以提炼出一般性命题，通过它来说明，不同的个性对这类或那类传播是怎样反应的。

当有人查阅与倾向性因素有关的文献时，他可能会发现控制实验的设计很少被使用。大部分解释现有关系的数据，都来自原本要调查其他问题的研究。关于倾向性因素的研究证据，研究者对其只有很少或很偶然的兴趣，因此太多的证据都是碎片化和片面化的。但是，在目前的研究阶段，对这一问题提出的研究假设都基于可获得的数据，这对指导后续的经验研究非常有用。仔细检查现有的研究证据，我们可以得出一些尝试性的结论，并且不同研究者在不同传播情境中，使用不同方法获得的研究证据，似乎也很好地支持了这些结论。因此，尽管存在各种方法论的限制，但已经获得的经验性研究结果，对个性倾向和受众对说服传播敏感度之间的关系研究，仍然能够带来一些启发。

研究证据 181

智力因素

对能力或技巧因素的研究，主要依赖对智力、教育水平，或类似能够反映智力水平的指数进行测量。无论是在实验室里，还是在教室里对语言学习的研究，都表明智力极有可能和可说服度呈正相关，因为到目前为止，观点改变都有赖于理解和解释语言符号的能力。那些只能理解最简单的信息，对其他信息的理解有困难的人，处在智力水平的最末端，可能就不会被大部分的传播所影响。

当然，如果排除明显的智力缺陷，普通智力和可说服度之间如果存在关系的话，是一种什么关系呢？在回顾所有可获得的证据时，我们发现对这一问题的回答绝不简单。直到 1937 年，墨菲和纽科姆[28]930页在总结社会心理学的文献时，才指出智力和对宣传敏感度两者之间的相关性一直为零，或接近零。但最近的研究却表明：在一些说服传播中，智力和对宣传的敏感度之间呈正相关，而在另一些传播中呈负相关，这取决于论据的类型和所使用的诉求。

维格洛克（Wegrocki）[35]报告了负相关的研究证据：在奥蒂斯高级智力测试（Otis Advanced Intelligence Test）和观点改变程度之间发现了负相关的关系，其中观点改变是由一系列包含“华而不实”论据的陈述所引发的。维格洛克研究了一个天主教教区学校的高中生，他使用了一个基本的态度量表，让每个被试者评估自己喜欢，或不喜欢的社会群体（不同民族、不同宗教派别和不同政党）。三周后研究者向这些学生传递了被评估群体的宣传性信息；比如“……因为我们讨厌犹太人，所以我们讨厌耶稣”。根据最初的态度量表进行再测的结果表明，智力最高的学生受宣传信息影响最小。

182 霍夫兰、拉姆斯登和谢菲尔德[17]147～175页关于美国军队纪录片效果的研究，为两者之间的正相关提供了证据，即智商高的人比智商低的人受到更多的影响。以最终教育水平（指完成的学校教育年限）为基本智力指标，研究者注意到纪录片对观点的影响，似乎会由于受众的高智力而得到增强。进一步的分析表明，尽管正相关是主要或一般趋势，但负相关也会在某类观点中出现。霍夫兰、拉姆斯登和谢菲尔德的所有数据都来自控制接触研究，这些数据表明，普通智力的总体指数由几个互不相同，但又相互作用的部分组成：（1）学习能力，它能使较聪明的人，从某种已知经验中学习或记住更多；（2）批判能力，它使智力更高的人倾向于拒绝不完善和非理性的观点，使之能对宣传意图的表现有所警惕，并能意识到论证中的偏倚性；（3）推理能力，它能使教育水平更高的人解释或发现传播的隐含之意。因为这三个因素都涉及普通智力和传播改变观点两者之间的关系，这一关系的本质就取决于传播中论点的类型，对三个因素分别所赋的权重。霍夫兰、拉姆斯登和谢菲尔德做了如下总结："因为不同的观点种类会造成不同的关系，所以要在智力和观点改变之间确立一个总体的'一般性'关系是没有意义的，因为这样会模糊各种不同的关系。"[17]267页

在这些研究者所获结论的基础上，就智力来预测说服传播方面，我 183
们提出两个假设：

第一，在接受说服传播时，高智力的人比低智力的人受到的影响更多。这主要是因为高智力的人有能力获得有效推论，而低智力的人主要依靠明显的逻辑论证。

第二，在接受说服传播时，高智力的人比低智力的人受到的影响更少。这主要是因为高智力的人具有更强的批判能力，而低智力的人主要依靠无根据的归纳总结，或错误、无逻辑和不相关的论证。

从这两个假设来考虑，上文提到看起来矛盾的发现，也不必然就是对立的。维格洛克[35]的研究和对军队纪录片的研究不同，他故意使用了标语式的论证方式，从而使批判力强的人更易于拒绝他的传播。

和智力相关的各种因素，在很大程度上是相互关联的，而我们社会中大部分的说服传播，似乎都包含了混合性的特征。因此，为了对高、中、低智力的受众做出有效预测，实验研究就需要一个精心设计的计量方案。这一方案反过来会预先设定一系列精巧的命题，它们涉及各种技巧和能力因素之间的相互作用，从而使之成为传播模式中的一种功能。

我们运用一些简单的传播，在这些传播中，只有一个技巧因素在效果方面起决定作用，从而我们能具体研究导致正相关或负相关的各种传播特征。这样的研究似乎能帮我们阐释一些理论知识，这些知识涉及智力功能作用和态度改变方面更高级的心理过程。

在进一步的研究中，更为精巧的测量智力功能的手段，能帮我们分离出那些对说服起主要决定作用的核心成分。上面引用的一些证据清楚表明：当研究使用有关普通智力的单个指标时，正相关和负相关之间可

能会互相抵消，从而使关系变得模糊。此外，基于智力和受教育水平的相关性，可能源于其他因素，而不是智力因素。这些特定的测量方法，大体上和人口学变量有关，如职业、收入和社会经济地位等因素，这些变量反过来又可能和动机倾向有关。更为精巧的测量手段试图分离出各类与关注度、理解力和接受度有关的能力，它们可能会减少人口学变量方面的相关度，并且更加清楚地强调智力因素在观点改变中的作用。

184 **和高说服度相关的动机因素**

似乎存在某些个体，他们的个性使之很容易上当受骗。在许多经验性研究中，可以发现有关动机因素导致个体对说服传播全盘接受的线索，这些经验性研究关注的是，可说服度和各种个人适应性（personal adjustment）指标体系之间的关系。

我们研究项目中的一项研究是由贾尼斯[19]做的，其目的是验证个性和说服敏感度之间的相关性。这是一项独立的研究，所使用的数据来自对主动参与效果（参见本书 177～179 页）进行的实验。该实验对 78 个男大学生的观点改变进行了测量，他们中的每个人都接受了三次相同的说服传播。通过获取被试者个性方面的附加信息，我们可以研究个性因素和观点改变之间的关系。

说服类似于普通的杂志文章、社论或新闻评论，试图通过一系列事实论据使受众接受某个观点或期望。因为其使用的语言相对简单，所以所有的被试者都能拥有获取信息的最低技能。（利用受教育程度好、智力水平相当的被试者的好处在于，个人在可说服度方面的差异性，更可能反映在动机倾向方面，而非能力方面。）

185 研究中使用了标准化的传播过程，即每个被试者不仅仅要读三则传播信息，还需要口头陈述其中一则信息，并听取另外两则信息的口头陈述。大约四周前，该研究通过问卷确认了被试者的最初态度，这些问卷中的三个主要问题关注的是传播随后要处理的问题：(1) 三年后运营电影院的数量；(2) 两年后美国可用的肉类总量；(3) 治愈感冒所需要的时间。没有任何被试者最初评估的数量和传播评估的最低数量是一致的。

传播结束后，立即对问卷中三个相同的问题进行再测量，研究发现，对于每个问题，大约有三分之二的被试者降低了自己的评估，比如，被试者在传播中提倡的评估数量做出改变。某些一致性也由于个人对传播反应的差异而受到关注。基于卡方检验（Chi-square analysis）发现，传播带来的观点改变呈现出一种正相关的关系：那些被 A 传播影响的人，更容易被 B 传播和 C 传播影响（显著性分别为 0.09 和 0.10，使用的是单侧检验）。传播 B 改变和传播 C 改变之间的关系虽然不明显，但也是向同一个方向发生改变。

实验对每个被试者进行了可说服度的评级，代表他在几个问题中降低了自己的观点评估。全组被分为以下三个种类：（1）“高”，有 32 个被试者被三次传播所影响；（2）“中”，有 21 个被试者被两次传播所影响；（3）“低”，有 25 个被试者只有一次或没有被任何传播所影响。然后实验对这三组被试者的个性特征进行了比对。

有关个性特征的数据来源于两个独立的渠道。第一个渠道是，一系列详细的临床诊断报告，其中有 16 个被试者自愿到医院进行了心理咨询。尽管提供这类信息的样本量太少，使之无法得出任何清晰的结论，但临床数据提出了潜在于高、低可说服度中的某些个性倾向的假设。利用第二个渠道——在传播前对 78 个被试者进行的问卷测试——获得的个性数据，能够系统地证明这些假设。 186

除了在主要的实验组中对 78 个学生进行三次传播外，实验研究还使用了一个控制组，它由 28 个学生组成，通过同样的问卷进行了测量（问卷测试的间隔时间一样），但是控制组的被试者没有接受三次传播。控制组的数据用来检验是否可能存在一些人为因素，导致观点改变和回答有关个性问题时出现虚假关系。就最初观点之间的差异而言，其研究结果也受到检验，因为它们能影响那些明显的关系。

首先对研究结果的检查是为了了解可说服度是否和情绪问题的出现或消失有关，或者是什么样的个性倾向，使那些寻求心理咨询的少数人，区别于不这么做的多数人。实验研究把 16 个接受心理咨询学生的观点改变程度，与其他 62 个学生的观点改变程度做了比较，并没有发现两者之间存在相关关系。

但对 16 个案例的分析表明：那些受影响程度高的人和相对没受什么影响的人，在个性方面有着明显的不同。其中低可说服度的人，他们接受心理咨询主要是为了治疗急性精神病，而那些观点改变最多的人，主要是因为社会压抑和出于个人不满足的感觉，来寻求心理帮助。

187 在受影响程度高的七人中，有六个人都不满足自己每天的人际交往。其中有五人被精神病医生诊断为“被动—依赖型人格”（passive-dependent personalities）。总体来说，受影响程度高的人，在学业上是很成功的；他们在社交关系上的困难，很少会影响自己的学习。他们当中没有人像其他抗拒性案例那样，表现出易怒或敌意。这群被动的个体观点有明显改变，这似乎展现出一种更为常见的顺从倾向，或许这反映了他们过于恐惧社会，而导致的不认同，从而引发一种顺从的态度。换言之，容易屈服说服传播中的论点和结论，可以被视为一种社会顺从，是出于无法忍受和其他人观点不同，而造成预期中的不认同。在任何情况下，诊断数据都表明，在日常情境中长期受困于羞涩、个人不满足和有社会压抑感觉的人，在接受说服传播时，比其他人更容易改变自己的观点。对个性因素特定集合的研究，提出了一个普遍假设：自信心低的人往往具有更高的可说服度。

验证这一假设的相关数据来自于个性测试问卷，该问卷测试了 78 位被试者传播前和传播后的观点。问卷包含了标准个性测量目录中的 38 个问题，这些个性测量问题，能够引发人们对情绪问题、人际关系和行为症状的自我评估。图 11 呈现了基于与“自信心”假设有关的三个问题。

第一个问题包含个人不满足和社会压抑方面的 9 个子维度，并代表了目录中提到的基本特征。这一部分的自我评估涉及羞涩感、在对话能力上缺乏自信心、高度关注朋友是否对某人的评价很低，以及对社交聚会感到不安等几个方面。从“自信心”的假设里，可以预测这一部分得分高和高可说服度相关。这一预测可以被图 11 的结果所证明。在“社会不满足”上得分高的被试者（9 个维度中有 4 个或 4 个以上的答案是积极的），与那些得分低的被试者相比，他们受传播影响更大。从数据上看，由于三次传播形成的 25%的差异，在大于 2%的置信区间内是可信的。

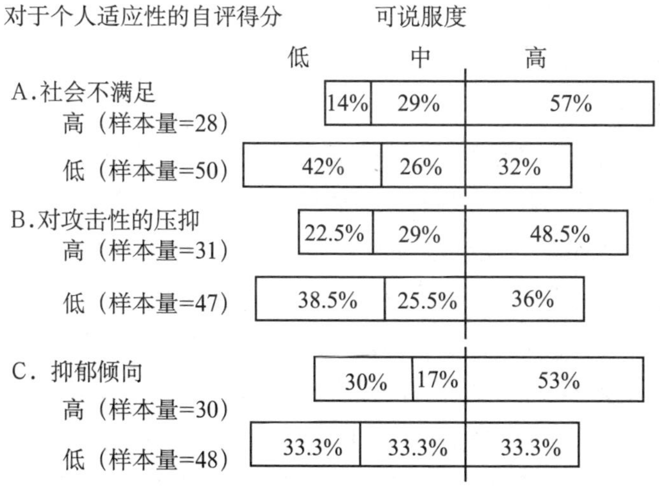

图 11 和高可说服度相关的个人适应性因素

来自贾尼斯[19]

第二个问题由 6 个子维度组成，用以下几个特征来表明“对攻击性 *188*
的压抑”：很少批评他人，很少生其他人的气，很少会拒绝别人的需要，对“专横”的人缺乏对抗感，对他人缺少怀疑，被别人欺骗时没有怨恨。这些问题处理的是案例研究中提到的与过度胆小紧密相关的个性倾向。假设以社会不满足感和低自信心为特点的个性特征，会压抑个人对别人的攻击冲动，我们就可以预测对攻击性的压抑和高可说服度相关。

正如所预测的，在“对攻击性的压抑”上得分高的人（在 6 个维度 *189*
中有 4 个或 4 个以上的答案是正面的），与那些得分低的人比，他们受到的影响更大。图 11 中第三行和第四行的百分比差异，不能看作可信的；但就很少批评他人这一点来说，通过对 6 个独立维度的分析，得出了可信度较高的百分比差异，对剩下维度以相同的方法进行分析，得出的百分比差异相对小一些。这种一致性似乎支持了“自信心”假设。

对于“自信心”假设，两者之间的间接关系用第三个问题进行了测量，第三个问题解决的是抑郁倾向的影响（经常觉得“沮丧、”“不开心、”“气馁”）。有人认为抑郁感的出现至少粗略地展示了个人自信不足。对抑郁患者的临床研究表明：被试者悲伤和忧郁的感情，与自我批评、低自信心相关。[7]392～397页 一些案例研究[7]404～406页,[13]298页 也表明，消极被动的个性使他们的攻击性由针对别人，转而成了针对自己，因此极容易陷入抑郁。

假设精神问题和个性之间的关系，适用于所有正常个体，那么正如一些预测所指出的，那些抱怨有抑郁感的人应该有较低的自信心，因此，他们比那些表明自己没有这种感觉的人，更容易受到说服传播的影响。为了验证这一预测，研究比较了那些表明自己经常感到沮丧、不开心和气馁的人，与很少有这些感觉的人，他们之间的区别。图 11 中最后两行上有 20％的差异，在大于 5％的置信区间上是可信的（单侧检验）。

190 总而言之，实验研究发现，社会不足、对攻击性的压抑和抑郁倾向等感觉都和高可说服度有关，这是通过对三种说服传播的反应测量出来的。基于三个有关个性问题的研究结果，为“自信心”假说提供了初步的支持。④

很多有关倾向因素的研究发现和自信心假说一致。在鲁宾逊（Robinson）[33] 的研究中发现了隐含性证据，他用哈姆·华兹华斯（Humm-Wadsworth）情商量表测试了学生的得分，然后让被试者参与对某一矛盾观点的讨论，并测量其在观点改变方面的得分，最后对两组分数进行了相关性分析。与那些观点改变最少的学生相比，那些观点改变最多的学生，在“抑郁”项上的得分更高。⑤

尽管相关研究中获得的一些数据是用来解释其他问题的，但这些数据也和自信心假说相符。在莱曼[23] 的相关性研究中，考察了 67 份对个性因素的自我评估，尽管该研究的效度有待商榷（参见注释③，本书 167～168 页），但也获得了一些支持性证据。通过查看问卷，发现有两个题目清晰地解决了偏离性问题，这种偏离过于夸大了个人对社会影响的反应：（1）“当别人的观点和你的不一样时，你很容易泄气吗?”（2）

"你是否认为自己很难摆脱一个推销员?"研究发现这两个问题和预测个人不满足、自卑感的问题呈正相关,这些感觉包括容易尴尬、难以交谈、自我意识过于关注社会的不认同、怀疑自己的能力、自信心低等。形心因子分析(centroid factor analysis)表明,这两个问题在"自卑感"因子中有很高的正向加载(positive loadings)作用,而在"社会不满足"因子中也有较大的正向加载作用。这些相关性的发现被视为和自信心的假设具有一致性。[6]

隐含性证据也来自案例研究,即观察年幼学生在行为和个性方面的变化性和持续性。麦金农(McKinnon)[27]观察了一小部分顺从主导行为模式的案例(指对老师建议、学校要求等做出很强的反应)。他发现和其他人相比,这些顺从的人过度胆小和羞涩;他们的一个突出特征就是缺乏自信。

从已经回顾的各种研究来看,似乎现有的证据是支持"自信心"假 *191*
设的。不过,除非用自信心的其他指标体系和更广泛的可说服度测量方法,做进一步的测试,否则这一假设还只是实验性的。比如,来自贾尼斯的研究数据,基于对三次说服传播进行反应的结果,涉及对可说服度的粗略测量。在未来的研究中,最好使用更大规模的传播,使被试者、论点、信源等方面都能有所差异。在这种情况下,有可能搞清楚自信心的假设是否确实能提供一种基础,来预测个人对说服传播产生反应的差异性,如果真的可以,那么对于所使用的说服传播类型,是否存在限制条件?即使当信源较为中性(普通),或有一定威信时,自信心低的人极容易受到影响,但当信源不那么受欢迎,或得不到社区认同时,自信心低的人却极有可能比其他人受到的影响更小。

只要低自信心和可说服度之间存在关系,就必须考虑各种可能存在的解释。比如,过于害怕社会的不认同,可能在说服传播方面导致很强的便利性动机(facilitating motivation)。那些极为缺乏个人满足感的人,非常需要别人的认同。他期待从传播者或其他分享自己观点的人那里,获得即时的回报,这种期望会使他不加辨别地受到各种影响。因此,过度顺从可能成为了一种补偿机制,导致个人在回应那些想要影响他们、具有威信的传播者时，会出现“变色龙般”的改变。所以，自信心低的人表现出来的顺从，或许是个人行为的一种防御机制，这种机制几乎允许他认同每个人，其目的在于保证没有人对自己感到不满意。

192 其他的心理因素也可能会发挥作用。比如任何保持群体一致性的动机可能导致低自信和高可说服度。和第五章一样，有人认为在传播中对初级群体和次级群体的不适应，会使人有一种“不固定的”态度，因此这些人和那些严格遵守各种参照群体规则的人相比，更愿意接受改变。显而易见，能够解释自信心和可说服度之间明显关系的动机特征，还需要进一步研究。

和低可说服度相关的动机因素

现有的研究证据说明，主要存在三种明显的个性特征，而有这些特征的人容易拒绝社会影响，这三个特征是：(1) 长期对他人的攻击性；(2) 不合群；(3) 急性精神病。前两种特征似乎表现出对调整因子 (adjustment factor) 的干扰，这些调整因子使人只有很少的动机去接受他人的需求和建议。第三种可能会被视为是情绪问题的表现，这些情绪问题会抑制人们对外部的符号刺激作出反应。我们简单分析一下与三种特征相关的研究证据。

显性的攻击性

从图 11 的证据中我们发现：那些在自我评估中表明自己的社会攻击性低于“平均”水平的人，其观点改变的程度更深。我们将考察的其他研究，也指向了社会攻击性和可说服度之间的关系。对他人存在很强的敌意，这种偏差会导致低可说服度，正如对他人缺少敌意就会导致高可说服度一样。仅仅就描述性阶段来说，目前的数据支持以下假设：那些在日常的人际交往中，公开对他人表现出敌意和攻击性的人，可能相对来说不容易受到说服传播的影响。

193 最有力的证据来自以前的一项研究，该项研究关注的是被试者对一系列说服传播的反应——这就是巴里 (Barry) 所做的控制接触实验[2]，该实验研究的是被试者对主要观点的敏感度。这项研究是在高中生中做的，并且也在其他群体中进行了复制，其中包括一所惩戒机构中的人员。这些群体中的人收到了一份由 40 个“是—否”问题组成的问卷，这些问题涵盖了各种态度和观点，包含像种族关系、政府对公共设施的所有权、试婚、短发、纸牌等各种丰富的主题。一周后，又进行了相同的问卷测试，并根据群体里大部分人的答案传播了一系列信息。对问题正面或负面回答的变化，以及可信度的评估，都作为参考因素，来评估个人对这一系列说服传播的敏感度。

巴里基于观察被试者在各种社会情境中的公开行为，发现那些对说服传播敏感度低（不易受到说服传播影响）的人，非常易怒和气恼。通过深入观察，他从一个或多个群体中获得了系统证据：(1) 个人易怒的平均水平；(2) 个人在多大程度上把自己的易怒归咎于伙伴；(3) 个人的回忆报告里表现出对他人的责备或敌意；(4) 在称呼上级时，对表示尊敬习惯称谓的省略。研究发现，第一种测量方法和敏感度无关，但另外三种显示出一种明显的相反关系。从这些研究发现中，巴里推断：低可说服度和人们对他人责备、贬损的态度有关。尽管可能存在其他解释，巴里发现的相关性和负相关的假设却是一致的，即人们对社会影响的敏感度，与对他人的攻击性之间呈负相关。

在研究中发现了更多证据，这些研究使用了更多可说服度的间接指标。纽科姆[30]对大学四年中，态度更为自由和相对保守的学生做了比较。他对某个女子学校的自由风气做了详细描述，他的研究也是在这个学校进行的［本宁顿（Bennington)］，总体来说，这个研究似乎表明了，那些长期持有保守态度的学生，与那些向自由态度转变的学生比起来，对传播的敏感度更低。⑦另一个研究利用了 19 个性格顽固的学生，并把他们和 24 个态度改变超过平均水平的学生进行比较。纽科姆发现许多性格顽固学生在课堂行为中表现出明显的消极情绪、冷漠，以及人际交往能力的缺乏。在一些人身上，这种消极习惯在上大学之前就存在，而其他人的消极情绪，显然只是大学生对社会感到沮丧的一种反应，而那些不那么保守的学生，很少被老师或其他学生认为具有攻击性。

194 公开的攻击性和遵循社会影响之间是反关系，这一关系得到了相关数据的支持，而这些数据源于理查兹和西蒙斯对托儿所儿童行为进行的观察[32]。研究发现：对社会需求遵守程度低的人，缺乏情感控制、易激动、好争吵，并表现出残忍性。

对于那些总是对别人表现出攻击性的人来说，不信任可能是阻碍可说服度的关键因素。科泽（Coser）[5]关于“不信任他人”的研究带来了启发性结果。在深入采访23个高中生人际关系情况的基础上，科泽把他们分为“紧张”组和“非紧张”组；前一组选择的基础是他们是否向其他人表现出“不安”和“敌意”。这两个组都被问到以下问题：“在政治方面，有没有谁的观点是你特别相信的?”科泽发现在“紧张”组中，很少有人声称他们信任某人的观点（同龄的伙伴、朋友、家人、老师等）。这一发现表明那些最无力维持和谐人际关系的人，常常因为不信任别人，所以更能抵御社会影响。⑧

195 **不合群**

在解释我们刚刚提到的一些发现中，很难清楚区分“公开的攻击性”和“不合群”这两个类型，因为它们表现出来的一般态度都是对他人冷漠。精神分析观察表明，尤其是观察那些有明显精神分裂和自恋症的人表明：不合群的人对他人都极度冷漠，对社会影响也有较强的抵抗力。因此，弗洛伊德[11]认为必须发展对他人产生强烈感情依赖的能力（“客体力比多”），来补充治疗效果：“只要人能够对客体产生力比多（性欲），整体上说他就能够受到影响，即使在智力方面也是一样；在测量一个人的自恋程度时，即使是使用最好的分析技巧，我们也有理由去认知、畏惧这个阻碍个人被社会影响的因素。”（387页）

尽管还远未到下结论的时候，但社会经济状况和遵守社会规则之间存在一种关系，这种关系为以下假设提供了支持：对于来自社区的说服传播，不合群的人比其他人受到的影响要小。费斯廷格、沙克特和巴克[9]101～113页研究了遵从态度和群体依附之间的关系，被试者是居住在同一个大社区里的居民。他们发现那些有不同观点的人（他们关于社区生活各个方面的意见，与大部分人的意见都不一样），似乎在社交中被孤立了。这些人参与的社交活动较少，在邻居中的朋友更少，和社区中所有其他人的社会联系也更少。在社会经济方面的研究中，这些意见偏离者与那些遵从者相比，在社区中结交朋友的选择也要少。

在一些情况下，对偏离者的孤立是不一致造成的后果，因为不一致极易激发群体的拒绝。但是在其他情况下，孤立可能是导致不一致的原因，因为孤立的人缺少群体依赖，所以群体对他们的影响要小。对一些偏离者来说，社交生活和群体依赖存在于社区之外，但其他人的社会孤立可能是由于个人偏好，或性格缺陷造成的。在任何一种情况下，不一致可能来源于：(1) 缺乏对群体压力的意识，因为存在不一致的社会关系，没有接触日常的传播渠道；(2) 接受群体规则的动机低，受到群体观点的影响而摇摆不定。

社交孤立的原因和结果都还需要进一步的调查。各种防御性的个性 196
需要，可能会被证明是避免社会接触的根本原因。比如，对他人的恐惧反应或过度胆怯可能是一种极端的自我防御，通过这种方式以加强对自己攻击冲动的不确定性控制。就结果来说，搞清楚以下方面是很重要的：一般情况下，有不合群个性特征的人，在面对说服传播时，观点改变的程度是否很低。如果很低，主要是因为接受观点的方式不对，还是对观点、诉求和其他动机性刺激反应迟钝？相对来说，有不合群个性特征的人的态度，不容易受到“他人如何对自己反应”的影响。如果这样的话，他们可能不会对“乐队花车法”和其他形式的说服产生反应，说服就是通过吸引注意力达到群体认同，或对权威观点的认同，并且或明或暗地指出了对支持的期待和对不支持的威胁。

急性精神病

有人希望发现低可说服度和各类抑制动机的个性因素之间的关系，像防御机制、情绪问题和一般的逃避趋势，这种逃避会干预个人的注意、理解和接受。当然，没有准确的手段区分不同类型的干预动机因素。但急性精神病的症状可以大概被视为一种象征，即这是阻碍智力有效使用的一种根本因素。就像精神分析学家指出的，急性的神经冲突有破坏“自我”功能的效果。即使呈现出较轻急性精神焦虑的人，属于个人适应的“正常”范围内，但他们在传播情境中的表现和其他人相比，也多少有些不同。

197 一些和可说服度相关的个性研究，间接地证实了这些假设。目前的观察为以下假设提供了初步支持：患有急性精神病的人和其他人相比，有明显的强迫观念、患有忧郁症、失眠和工作无力，对说服传播的抵抗力更强。相关的研究证据来自贾尼斯[19]，他的研究比较了大学生的个性特征，这些大学生对一系列说服传播的敏感度都不同（参见 184～189 页）。一小部分案例的临床数据和一个大群体的个性测量数据都表明：那些受影响最小的人，患有明显的急性精神病。

像我们前面提到过的，在接受心理咨询的人当中，那些受三次说服传播影响很大的人，寻求心理帮助的原因在于社会抑制和个人不满足的感觉。但那些不受说服传播影响的人，进行心理咨询主要是由于急性精神病，也就是那种常被诊断为强迫神经症、歇斯底里或焦虑神经症的疾病。

确定性证据来自两组问题，这两组问题包含在针对 78 个被试者的个性测试中，实验在三次传播前后都对被试者的个性进行了测量。第一组问题包含 18 个独立的问题，它们来自明尼苏达多向个性测量表（Minnesota Multiphasic Personality Inventory）（[4] ＃60）和美国军队神经精神筛选辅助法（U. S. Army Neuropsychiatric Screening Adjunct）。[34]535～538页这种结合性的问题涉及各种神经焦虑症，主要指忧郁症、病态恐惧、失眠、噩梦、多汗和对人身伤害的习惯性关注。第二类问题由与强迫症相关的两个题目构成：（1）无力摆脱一些不重要的观点，“它们不断地在心中重现”；（2）需要不断设定自我控制的规则，用来确保自己在正确的时候做正确的事情。

198 图 12 中的结果表明，针对这两类问题，得分高的学生比得分低的学生受到的说服传播影响更小。在比较一个有 10 到 18 人报告精神焦虑的小组（“高”）和一个几乎没有报告任何症状的小组（“低”）时，实验在预测结果方面发现了重要差异。关于强迫症的问题，也在预测结果方面产生了可信的差异，实验比较了那些对两个问题都给予正面回答的人和对一个或两个问题给予负面回答的人（用于核实和图 11 结果有关的方法论，在图 12 的结果中同样被使用，见注释④）。因此，在强迫症和精神焦虑症方面的发现表明，患有急性精神病的人比其他人受到的影响更小。[9] 如果这些发现能够被核实，我们需要其他研究指标体系，区分注意、理解和接受，其目的是研究根本性的阻碍因素，这些因素致使那些患有急性精神病的人抵制观点的改变。

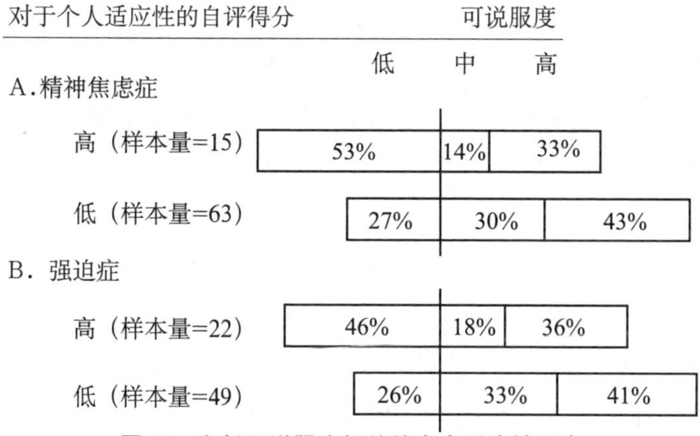

图 12　和低可说服度相关的个人适应性因素

来自贾尼斯[19]

启示 199

前面我们回顾了已有的和可说服度相关的个性因素，并且提炼了几个被部分证明了的假设。未来的研究要怎么做，现在似乎已经可以提出这一问题了。尽管存在许多开放性的选择，但有一个选择应该会极富成效，即将倾向性研究和有关的假设结合起来，这些假设具体阐述了，外部控制的变量如何影响传播的有效性。

个人差异和实验控制变量

这是一个相当好的假设：传播者的怀疑、恐惧程度、传播规则的显著性等，都是外部环境产生的变量，在一群被试者个人倾向的差异性方面，这些变量有相应的作用。换言之，我们可以假设被外部环境操纵的某个因素，在一定程度上正好通过个人的倾向性差异反映出来，而这种倾向性差异是持续不变的个人常量。我们进一步假设，这些个人差异在回应外部控制变量时会产生相同的结果。假如有两组人，长期以来他们自发地对某类传播者持有不同的怀疑程度——最细微的操控性意图可以随时引发他们的怀疑，或者他们一直就处于或高或低的怀疑当中。在研究怀疑度的实验基础上，研究发现那些长期位于最高怀疑度的人，受到的影响最小。通过评估被试者的相关个性，我们可以对其进行分类，其依据是被试者怀疑度的高低，以及在相同环境刺激下，对其进行的各种假设测试的结果。

对其他外部控制变量，也有相似的假设，比如，在恐惧产生时，个人之间会有差异；在自发地认知社区规则时，个人之间也会有差异；在是否随时准备角色扮演等方面，都存在个人差异。关键是个人在倾向性方面的差异，会影响到他们对传播刺激的反应，并且倾向性方面的差异作为刺激中的对应性控制变量，可能表现出和传播效果一样的关系。

200 刚才提出的假设对发展出更有前景的假设，具有启发性意义，能够引导倾向性研究往最有效的方向发展。或许将倾向性特征的研究和外部控制变量的研究结合起来最大的好处在于：这两类研究结果之间是相互印证的，因此能够加强研究证据的效果，而这些研究证据是支持这两类研究中的假设的。

我们研究项目中的一项研究使用了这种整合手段，因而能够很好地说明以上方法。第三章详细描述了贾尼斯和费什巴赫[20]的恐惧诉求实验。实验数据除了研究不同程度恐惧诉求具有的效果，还发现在焦虑倾向性方面表现不同的人，对恐惧诉求有不同的反应（参见本书 68～69 页和 77 页注释⑥）。因此，这一研究证明了结合整合研究的效果，即把实验控制变量（恐惧诉求）和统计控制变量（个人恐惧或焦虑的程度）整合起来的研究效果。

在口腔卫生的常规传播中，通过比较不同程度恐惧诉求的效果，表 201
明在研究实验所代表的这种传播条件下，恐惧诉求引发了很强的情绪紧张，削减了说服传播的整体效果。通过这一发现，我们可以预测：强恐惧诉求最不适合那些在抵抗恐惧方面极度脆弱的人，并且利用个性数据也能证明这一点。强恐惧诉求的不利结果，主要发生在那些长期极度焦虑的人身上，这种焦虑可以从情绪亢奋指标和各种精神焦虑症中看出来[21]。此外，对二级差异的分析表明，这一结果无法完全由这一章讨论的精神状况和可说服度之间的一般关系决定（本书 160～161 页）。不同焦虑度的被试者，在观点改变上的差异，还取决于他们所经受的恐惧诉求程度：接受弱恐惧诉求的小组与接受强恐惧诉求的小组相比，其观点改变的差异性要小。因此，这些研究发现为以下假设提供了一些经验性支持：当使用强恐惧诉求时，那些长期患有较高焦虑度的人，会变得更具有防御性，因此不容易受到他人影响。

在这一研究中，调查的倾向性假设来源于经验性观察，观察的是恐惧产生和传播效果之间的关系。通过调查焦虑程度不同的人，并以实验手段控制焦虑的产生，获得的两组数据能够互相支持。这表明把倾向性研究和控制变量的理论假设结合起来，我们可以得到这类的结果。总体来说，就是可以得到双重的收获。一方面，通过研究已经知道的有效传播刺激，在倾向性因素方面能够得出更完整的观点。另一方面，对倾向假设的确认，使我们了解到倾向假设来自一种灵活关系。

倾向性因素的研究经常忽略第二个方面。在观点改变的研究中，正 202
是倾向性研究中的这一方面被证明最具长远意义。观点改变中的心理过程有很多理论假设，却并不能轻易通过控制外部刺激进行研究。但一些理论结果可以通过比较进行检验，即比较可以评估其倾向性差异的主体。通过解释经受一系列传播后，哪类个性最容易受到影响，哪类个性最不容易受到影响，我们可以推论出中介因素。偏向这类推论的研究，对于评价接受度中的强化机制极具价值，因为这种理论假设，通过任何直接的方式测试都非常艰难。下一部分通过讨论几种理论假设在倾向性研究方面的结果，我们试图阐述这一研究的本质。

关于中介机制的假设

说服传播导致态度改变的主要刺激因素是受众对社会奖励和惩罚的预期。如果传播者是一个受人尊敬的权威人物，或者是受众所属群体的代表人物，那么他可以提供一种重要的直接奖励，即如果受众接受了他提倡的观点、价值和倾向，那么受众随之会得到传播者对其隐性的支持和尊重。此外，传播者无论何时暗示“遵守他的建议会促发其他人的支持，或不遵守会引发其他人的不支持”，都会导致受众产生对社会奖励和惩罚的预期。

如果上述假设成立，那么对于那些无论出于什么理由，都缺少和他人发展亲密关系，尤其是缺少和权威人物、群体领导发展亲密关系的人来说，由遵守产生的预期支持，对其只有很少的驱动力，因此和其他人相比，他们受说服的影响小。前面讨论的“不合群”假设似乎和这一假设一致。孤僻和社会分离可能预示着与他人发展积极情感关系的能力不强——这种关系会刺激个人为获取预期支持和避免不支持而努力。这种相同动机的缺乏，可能也解释了“显性攻击”的假设，比如，一般出现的敌意和易怒，都预示着个人获取他人支持的动机很少。

203 从相同的假设中，我们可以预测，那些最有动机获取他人支持，或避免不支持的人，最有可能接受说服传播中的需求和建议，尤其是当他们意识到不遵守暗含着社会责备或抛弃的威胁时。前面讨论的自信心假设和这一预测可以视为是一致的。

强化“预期未来奖惩效果”的另一方面是，精神状况和对说服的敏感度之间的反关系。假设传播者在讨论以某种方式产生的积极或消极结果，受众在心里会设想传播者描述的情景。大概来说，就是受众会想象自己在做，或思考传播者所说的内容，同时，他也会想象这种行为的结果，即接受奖励或避免惩罚。个人通过间接感受传播者暗示的预期奖励，便更容易接受传播者的建议，并在实际生活情境中进行实践。

假设预期奖励是以上面的方式发生作用，那么传播对某一群人的说服度就比较低，因为这些人有一些情绪上的问题和阻碍，难以准确预测说服传播中描述的奖惩情境。患有急性精神病的人在想象和理解过程中更容易产生明显缺陷。我们已经发现这类人对社会压力反应迟钝，因为他们有顽固的情感防御，并且许多临床调查，包括深入的精神分析访谈都表明：在没有知晓由神经冲突造成的无意识扭曲信息时，精神病患者一般难以想象未来任何重要的社会奖励或惩罚情境［参见费尼切尔(Fenichel)[7]43～53页］。他们的理解和幻想充满了不现实的预期，使自己在别人觉得一切安全时，反而预期危险，在别人预期惩罚时，自己预期某种暗藏的奖励（受虐或赎罪的满足感）。因此，别人能够准确预期传播者的暗示，但对于患有急性神经冲突的人来说，他们则会扭曲这种想象性活动。

当然，就精神病和低可说服度之间的关系来讲，认为其经验性结 204
果只能这么解释的观点是毫无根据的。但是，神经冲突和符号机制之间的关系是一个充满希望的研究方向，其中符号机制能够简化接受过程。

对于那些最不容易受到影响的人来说，还要进一步深入调查他们特殊的心理障碍，这或许能使我们获得更准确的信息，了解到底是什么因素导致人们对说服传播产生反应。同样，通过研究有相反倾向的个人特征，我们可以解释造成接受或拒绝说服传播差别的中介过程。

注释 205

①在反对犹太人、黑人和其他少数群体的个性特征方面，尽管已经发现很多研究证据（参见对 E. L. 哈特利和 R. E. 哈特利的文献综述[15]710～740页），但大部分主要来自对大学生的比较，比较他们在各种观点量表中“偏见”这一项的得分。在这些特征中，已经发现的和反少数群体有关的“偏见”与以下因素有关：(1) 非常关注偏离传统的道德标准，并愿意把这种偏离扩散到外部群体；(2) 有限的想象力和

解决问题方式的僵化；(3)“消极—被动”倾向；(4) 在每天的人际关系中表现出焦虑、性压抑和攻击性；(5) 对遥远的外部目标存在明显攻击性的倾向。

在接受宣传或接受其他导致支持或反对少数群体的社会影响时，只有少量研究测试了以下假设：有某种或多或少以上特征的人，更可能朝着预定的方向改变态度。这类早期的研究是由马森做的[29]。在多种族的夏令营中，马森的非隔离政策旨在消除反对黑人的偏见。他评估了直接种族间的交流对儿童态度的影响。他用霍洛维茨图片测试（Horowitz picture test）来研究和个性数据相关的态度改变，这些个性数据来自修改后的主题统觉测验（Thematic Apperception Test）。马森的研究结果表明，和那些减少偏见的孩子相比，那些增加偏见的孩子更可能挑战权威、表达敌意，同时他们还高度注意攻击性行为的结果（对惩罚和报复的预期）。因此他的发现为静态相关性研究中得出的结论提供了一些支持：有些人通过对黑人（或对其他少数群体）的敌意获得满足感，有这种强烈个性需求的人，不如他人对环境状况的反应积极，这种环境经常会引发支持少数群体的态度。

总的来说，目前的证据似乎和以下假设一致：那些最容易反对少数群体，抗拒态度改变，无法采取更为宽容态度的人，具有很强的攻击性动机，这些态度正好满足了其攻击性动机。或许，这类个性因素使他们产生了对社会弱势群体的敌意，并把自己所受的压抑强加于后者。

对有权力的群体、政治领导人和各种机构采取支持还是反对的态度涉及各类不同的个性因素。除了民族优越感和反对少数群体的偏见外，很少有研究关注态度方面的问题。形成其他满足需求的观念和态度时，除了位移和投射外，还应该要探寻更多机制。比如，有些社会科学家认为，要想形成强大的抵抗攻击性动机的反应模式，个人就先要形成一种和平主义的意识形态；要想形成抵抗性欲的反应模式，个人就先要接受反享乐主义的态度和价值观；要想通过身份来巩固自信，个人就先要支持军国主义的国家政策（参见拉斯韦尔[22]52页）。许多这类倾向性趋势还有待进一步的研究。毫无疑问，对其他内容领域的深入研究，会提高我们对意识和个性因素的认识，这些因素构成了个人受各类观点和态度影响的基础。出于这一目的，从临床研究中可以获得许多启发性思路，临床研究调查的都是非常容易受到传播影响的人，他们不信任并轻视权威人物，反对社会创新，对未来持悲观态度等等。最终，我们或许能对个性倾向因素做一个相当全面的归纳，这些倾向因素使人产生支持或反对各类事件或对象的态度。

206 ②要想进一步了解“主题自由”的具体含义，其他的一些例子能够帮助理解，这些例子强调了倾向性因素“受限”的方式。文化素养的例子虽然很细微，但却十分明显。缺乏阅读能力，使一个人无法受到任何印刷或书写媒介的影响，而无论其传播结论是什么。尽管无法预测个人如何对广播、电视或其他媒体的传播做出反应，但文盲符合主题自由倾向的定义。类似地，对数学和工程概念的不熟悉，也会阻止个人受到控制论方面的高技能书籍的影响，这些书籍像那些畅销书一样，试图影响读者去接受各种社会态度和观念。这是倾向性因素方面很极端的一个例子，它可以视为主题自由的因素，但在应用时却受到很大的限制，因为它只能预测个人对极少部分传播的反应，这些传播包含了一些使用某种数学或工程观念的关键句子。

除了下定义外，上面解释的具体因素并不太重要。很显然，在尝试构建可说服度的一般假设时，那些具体的因素可以被忽略，我们应该主要关注那些最具普遍性的因素。

③尽管可能存在一些错误，但基于行为评估的研究为“存在基本一致的倾 207
向”提供了经验性支持。理查兹和西蒙斯[32]的研究对儿童实施了行为观察，指出在评估“一致性”、“顺从性”、“社交暗示性”和“缺乏抵抗力”时，它们之间有很高的相关性，并且每个独立的因素都有很高的权重。麦金农[27]对一小部分儿童进行的纵向案例研究表明：一致性方面持续存在的个人差异在孩子的早期阶段就出现了，并且在以后的年龄中也保持得相当稳定。

基于自我测评的问卷结果，也显示出和可说服度相关的一种普遍因素。莱曼[23]报告了“自我依赖”因素存在的证据（以个性测量表中问题的相关性为基础），而布罗格登和托马斯[3]的研究也相当肯定地证明了这点：“倾向于计划、思考和独自做决定，不需要他人意见”的题目获得了很高的权重。但由于这些结果来自自我测评，所以这些因素的有效性还有待验证。霍夫兰和曼德尔[18]研究了个人在回应个性量表中的问题时（包括莱曼在“自我依赖”因素分析中权重很高的相关问题），说服传播造成的观点改变。但他们却没有发现有效关系。无论是传播者清楚地陈述自己的结论，还是让受众自己得出结论，那些在自我测评中表明非常希望自己独立做决定的人，与听从他人建议的人相比，表现出来的观点改变要少。这些研究证据呼吁大家关注可说服度的客观指标体系，而不是从自我测评的问卷中获得的被试者自己的报告。

尽管上面提到了各类不同的研究发现，文章（177 页）也表明在回应社会影响时，个人之间可能存在持续的差异性，但其他的研究却表明不存在某个单一的“一般暗示性”因素[2,6,12]。比如巴里[2]发现在清醒状态下，无论是被直接建议催眠或者影响的能力（感性幻觉等）都和观点改变有重大关系，这种观点改变是对主要观点中的信息作出的反应。其他的调查[6,12]表明用来测量“暗示性”的各种各样的测试［比如比奈（Binet）的渐进加重（progressive weight）、气味暗示（odor suggestion）、冲动幻觉（heat illusion）和身体晃动暗示（body sway suggestion）等］都至少包含两种或更多的显著因素。但是我们关注的一致性倾向不包括在回应错误或误导信息时，观念运动的暗示性和打算经历的感性幻觉。相反，我们关注的是在回应说服传播时，个人将经历的相对持续的观点改变和态度改变。但是，即使在这样受限的社会一致性领域内，也可能不存在某个普遍因素。比如林顿[25]发现测量实验条件下一致性的两种手段之间关联很小，并且微不足道：(1) 在回应三个不同主题的说服传播时，观点改变的程度和 (2) 在听到另一个人的评价后，个人在自我判断时作出的改变。然而，值得注意的是，这两种一致性的测量手段和知觉测验中的得分密切相关，这些知觉测验是用来预测个性倾向的。

208 ④次级群体根据每个个性因素的自我测评分为高次级群体和低次级群体，图 11 中的数据以对不同次级群体的比较作为基础，但这些数据还需要仔细地核查，以保证观察到的关系不是来自第三者因素（spurious factor）。研究主要进行了两类核查，核查结果排除了回归效果的可能或其他会导致异常结果的人为因素：

第一，比较不同次级群体的最初态度（传播前的态度）。没有发现显著或一致的差异，能够用来解释观点改变中观察到的差异。

第二，在对控制组（未接受传播的组）进行分类时（根据每类个性问题自我测评所得分的高低），观点改变中只发现了很少的、不显著的差异。所谓的次级群体中的显著差异在重新进行的显著性检测中被证实，这种检测是根据实验组和控制组之间的二阶差分进行的。因此，控制数据排除了以下可能，即依据传播中的因素就可以解释研究结果，而非依据受众对传播的不同反应。

⑤在鲁宾逊[33]的研究中，被试者由 336 名参与辩论课的大二学生组成。他们分为 43 个独立小组，在小组里讨论有争议的“死刑或战争”问题。在进行小组讨论之前，每个被试者都需要阅读和问题有关的讨论，并准备一个总结自己阅读和思考的讨论提纲。在讨论进行前和结束两个小时后，用瑟斯顿量表（Thurstone Scales）测量了受众的态度改变。在量表中，有两种或两种以上态度改变的人和那些态度改变较少的人相比较。发现那些态度改变最多的人在“正常”一项得分较低，在“狂躁”这项得分较高，在“抑郁”这项得分也较高。鲁宾逊将他的发现解释为：那些态度改变大的人具有一些个性特征，即他们“缺乏自我控制和平衡”，因此会表现出“情绪化思考”和“行为的不稳

定”。

如果仔细检查“正常”、“抑郁”和“狂躁”得分项中的具体问题，我们很难接受鲁宾逊的解释。哈姆·华兹华斯（Humm Wadsworth）抑郁量表处理的是和自信心假设相关的问题——个人不满足，缺乏自信，以及抑郁影响。所以，鲁宾逊认为“抑郁”项得分高和态度改变有关，这一发现进一步支持了自信心假设。但是，如果我们检查“正常”和“狂躁”项中的问题，就会发现这些问题在内容方面差异很大，完全不能用来测量这一章我们关注的任何假设，也无法直接表明鲁宾逊在解释中提到的任何个性因素。比如，“狂躁”项中包含的问题有关于情绪变化、忧虑、对他人情绪的反应、兴奋度、急躁和其他各种问题等。

但鲁宾逊获得了更多与自信心假设有关的数据。他发现，尽管态度改变和个人参与讨论的次数之间没有相关性，但那些在讨论中“最好辩”和“最武断”的参与者观点改变的程度要略微高于“合作型”和“友好型”的参与者。对于这一发现没有系统记录或进行显著性测试，但它表明那些显著的自信可能和可说服度正相关。如果这一点能够被证明，就意味着低自信的主观因素——包括对自信进行自我测评所得的低分——可能和个人在切实的社会情境中的显性行为无关。为了确定低自信心、显性的自信和可说服度之间的关系，还需要进一步的系统研究。

⑥拉扎斯菲尔德、贝雷尔森和高德特[24]70页也进行了相关研究。在总统竞选中， 209
有些人的政治观点发生了巨大改变，有些人的观点则相对稳定，他们比较了这两类人。但是，前者表现出来的改变到底是由于政治宣传还是其他社会影响，仍有待研究。如果社会压力造成了这些改变，他们的研究发现就为高可说服度提供了更多的证据。在四次面访后，访谈者已经对受访者相当熟悉了，访谈者对每个成员的个性特征都进行了评估。与未改变意向的人相比，那些在竞选中改变投票意向的人被认为自信心较少，社会兴趣较狭窄且不够开心。

尽管研究者将这些结果解释为“反映了情绪失调”，但具体特征却更多地指向低自信心和低自尊心，而不是这一章下个部分要讨论的急性精神病。从方法论的角度看，主要存在两类问题妨碍人们接受拉扎斯菲尔德、贝雷尔森和高德特提出的相关性，并妨碍人们将其视为个性因素和可说服度之间存在关系的明显证据：（1）没有证据表明“改变者”表现出来的观点变动是由于接受了说服的影响，而不是因为其他的原因（如习惯性的不确定）；（2）访谈者进行的个性评估可能受到自己知识的影响，从而影响访谈者对被试者是否出现观点改变的判断。

210 ⑦在连续四年中，每年都让250名学生（代表全体学生）填关于公共问题的问卷。专家研究表明实际上大部分的学生都变得不那么保守了。纽科姆[30]提出了社会影响的许多来源，有来自整个社区的，也有来自课堂的，这些影响都会改变大学生入学时持有的那些保守态度。而小部分坚持自己保守态度的人很可能会抗拒态度改变。

⑧个性和可说服度之间的相关性证据来自关于少量系统的研究，这些研究是关于精神治疗、精神病案例研究和相关心理治疗的。其中尤其相关的是防疫治疗或补救治疗的影响，这种治疗对一些被试者运用指导性或劝服性技巧。类似的研究和目前的问题相关，因为治疗有赖于口头传播，使其带来对他人和自己的持续性态度改变。毫无疑问，在试着用这些数据来检验我们所思考的假设时，还需要考虑大量的限制条件。比如，治疗技巧，以及将这些技巧进行运用的技巧，都会因为病人的不同而发生变化。正如众所周知的，我们不能认为口头传播治疗的失败应归因于病人，而不是治疗师。并且，心理疗法想要改变的态度基本上都根植在个性疾病中，并且由于神经性抗拒，理性的洞察力能发挥的作用也微乎其微，然而我们最关注的态度又具有相对的“非冲突性”，因为他们不会直接受到对焦虑进行神经质防卫的影响，这种防卫会通过更高级的精神过程来干扰态度改变。尽管存在这种差异，但是有证据——比如恐惧诉求那一章所提到的（本书69～74页）——表明从根本上讲，心理疗法中一些态度改变的过程和日常生活中更为常见的传播情境是一样的。因此，我们可以认为一些主要的倾向性因素决定个人对心理疗法的反应，也决定个人是否容易受到其他类型态度改变的影响。我们将简要回顾一下四项心理治疗研究的结果，这些心理治疗和“攻击性”假设有关。

威洛比（Willoughby）[36]比较了疗效不好和疗效好的两个小组。五个经验丰富的研究者指导了治疗，并用相似的标准进行了相关评估。两组成员在病史、家庭背景和家庭所遭受的外部压力或者经济水平方面并没有发现显著差异。研究发现与治疗成功的小组相比，治疗失败的小组成员更频繁地表现出攻击性反应和显性的敌意。当然，也有可能这一结果被“晕轮”效应所影响，因为研究人员是在已经知道治疗结果的情况下，自己做的临床量表。然而，这一研究证据为显性的攻击性假设提供了更多的支持。

211 罗季恩（Lodgen）[26]的研究也有相似发现。她研究了30位母亲的个性特征，这些母亲都被一所儿童辅导诊所判定为她们的态度会干扰孩子的适应性。通过治疗，15位母亲改变了态度，15位没有改变，研究将两组人做了比较。大部分未改变态度的女性都被评估为专横的、好斗的，并且极为易怒，而那些改变态度的女性则被认为是明显缺乏安全感、小心谨慎的，并受到自卑感的困扰。

奥尔布赖特（Albright）和盖姆布瑞（Gambrell）[1]对一组年龄各异的小组进行研究，发现了验证性的结果。研究让79个青少年接受相同的精神治疗，并且评估了他们的个性特征和对治疗的反应。那些在任何情况下都很好斗，并怀有敌意的人最抗拒治疗。这些人被描述为“公开挑衅的，为达到自己目的冷漠地忽视他人，并且喜欢指控、责备、批判和辱骂他人”。研究发现，那些把自己的攻击性限定在一定范围内，或是那些胆小、孤僻的人不再表现出不合群的特征时，就说明他们更容易受到治疗的影响。因此，正如显性的攻击性假设所表明的，攻击性和可说服度之间的反关系似乎从这些发现中得到了支持。

奥尔布赖特和盖姆布瑞在以上（青少年抗拒）研究中发现的态度，在一个对成人进行标准个性测试的研究中也发现了。哈里斯（Harris）和克里斯蒂安森（Christiansen）[14]用明尼苏达多项个性测量表（Minnesota Multiphasic Personality Inventory）对53名内科病人进行了测量，这些病人由于心理疾病或伤害造成恢复期延迟，因此接受了简单的精神治疗。这些测量结果被用来比较两类病人的个性特征，即对精神治疗反应好的人和反应差的人进行比较。根据研究者的观点，后者的个性特征如下：(1) 不道德或松懈的道德标准，拒绝长辈的权威；(2) 自恋或自我膨胀；(3) 有施加外部影响和迫害的想法。研究者指出，尽管这些态度可能被诊断为偏执多疑或是其他病理，但没有一个病人在自己的实际行为中表现出可察觉的关于这类疾病的征兆。因此，测量分数可能代表了某些个性特征，而这些特征并不一定和严重的精神疾病有关。在以后个性和可说服度相关性的研究中，值得探索的一种可能性是：前面所说的态度可能是一般的敌意和习惯性易怒的基础，而这种敌意和易怒又被观察到和抗拒社会影响相关。

⑨霍克（Hoch）[16]认为神经病患者在面对内、外部的情境时缺乏弹性，因为情绪冲突的影响占据了支配地位，又具有强迫性，就像体验“顽固性疼痛”一样，他无法摆脱这种感觉。霍克（Hoch）提到的类似的情感僵硬也解释了大学生研究中发现的关系，这些大学生或多或少都属于“正常”类（参见图12）。 212

纽科姆[31]249页呼吁大家关注以下事实：尽管理论和技巧存在很大的分歧，但实际上所有的精神治疗学派都同意“除非病人的防御降低，否则态度不可能发生改变”的观点。所以，直接的临床经验表明，顽固的防御会造成精神过度抗拒态度改变。在这类案例中，过度焦虑或内疚妨碍了精神功能的运转，这种妨碍又可能会继续干扰人们每天对普通社会影响力来源的反应。

参考文献

213 [1] Albright, Sue, and Gambrell, Helen. Personality traits as criteria for the psychiatric treatment of adolescents. *Smith College studies in social work*, 1938, *9*, 1–26.

[2] Barry, H., Jr. A test for negativism and compliance. *J. Abnorm. Soc. Psychol.*, 1931, *25*, 373–381.

[3] Brogden, H. E., and Thomas, W. F. The primary traits in personality items purporting to measure sociability. *J. Psychol.*, 1943, *16*, 85–97.

[4] Buros, O. K., ed. *The third mental measurements yearbook*. New Brunswick, Rutgers Univ. Press, 1949.

[5] Coser, Rose L. Political involvement and interpersonal relations. *Psychiatry*, 1951, *14*, 213–222.

[6] Eysenck, H. J. *Dimensions of personality*. London, Routledge & Kegan Paul Ltd., 1947.

[7] Fenichel, O. *The psychoanalytic theory of neurosis*. New York, Norton, 1945.

[8] Ferguson, L. W. An analysis of the generality of suggestibility to group opinion. *Character & Pers.*, 1944, *12*, 237–244.

[9] Festinger, L., Schachter, S. and Back, K. *Social pressures in informal groups*. New York, Harper, 1950.

[10] Fiske, D. W. Consistency of the factorial structures of personality ratings from different sources. *J. Abnorm. Soc. Psychol.*, 1949, *44*, 329–344.

[11] Freud, S. *A general introduction to psychoanalysis*. New York, Garden City Publishing Co., 1943. Trans. by Joan Riviere.

[12] Furneaux, W. D. The prediction of susceptibility to hypnosis. *J. Personal.*, 1946, *14*, 281–294.

[13] Grinker, R. R., and Spiegel, J. P. *Men under stress*. Philadelphia, Blakiston, 1945.

[14] Harris, R. E., and Christiansen, Carole. Prediction of response to brief psychotherapy. *J. Psychol.*, 1946, *21*, 269–284.

[15] Hartley, E. L., and Hartley, Ruth E. *Fundamentals of social psychology*. New York, Knopf, 1952.

[16] Hoch, P. H. Biosocial aspects of anxiety. In P. H. Hoch and J. Zubin, eds., *Anxiety*. New York, Grune & Stratton, 1950, 105–116.

[17] Hovland, C. I., Lumsdaine, A. A., and Sheffield, F. D. *Experiments on mass communication*. Princeton Univ. Press, 1949.

[18] Hovland, C. I., and Mandell, W. An experimental comparison of conclusion-drawing by the communicator and by the audience. *J. Abnorm. Soc. Psychol.*, 1952, *47*, 581–588.

[19] Janis, I. L. Personality correlates of susceptibility to persuasion. *J. Personal.*, 1954. (In press.)

[20] Janis, I. L. and Feshbach, S. Effects of fear-arousing communications. *J. Abnorm. Soc. Psychol.*, 1953, *48*, 78–92.

[21] Janis, I. L., and Feshbach, S. Personality differences associated with responsive-
214 ness to fear-arousing communications. 1953. (In preparation.)

[22] Lasswell, H. D. *World politics and personal insecurity*. New York, McGraw-Hill, 1935.

[23] Layman, Emma M. An item analysis of the adjustment questionnaire. *J. Psychol.*, 1940, *10*, 87–106.

[24] Lazarsfeld, P. F., Berelson, B., and Gaudet, Hazel. *The people's choice.* New York, Duell, Sloan & Pearce, 1944.
[25] Linton, Harriet B. Relations between mode of perception and the tendency to conform. Ph.D. dissertation, Yale Univ., 1952.
[26] Lodgen, Pearl. Some criteria for the treatability of mothers and children by a child guidance clinic. *Smith College studies in social work,* 1937, *7,* 302–324.
[27] McKinnon, Kathern Mae. *Consistency and change in behavior manifestations.* New York, Bureau of Publications. Teachers College, Columbia Univ., 1942.
[28] Murphy, G., Murphy, Lois B., and Newcomb, T. M. *Experimental social psychology* (rev. ed.). New York, Harper, 1937.
[29] Mussen, P. H. Some personality and social factors related to changes in children's attitudes toward Negroes. *J. Abnorm. Soc. Psychol.,* 1950, *45,* 423–441.
[30] Newcomb, T. M. *Personality and social change.* New York, Dryden Press, 1943.
[31] Newcomb, T. M. *Social psychology.* New York, Dryden Press, 1950.
[32] Richards, T. W., and Simons, Marjorie P. The Fels Child Behavior Scales. *Genet. Psychol. Monogr.,* 1941, *24,* 259–309.
[33] Robinson, K. F. An experimental study of the effects of group discussion upon the social attitudes of college students. *Speech Monogr.,* 1941, *8,* 34–57.
[34] Stouffer, S. A., Guttman, L., Suchman, E. A., Lazarsfeld, P. F., Star, Shirley A., and Clausen, J. A. *Measurement and prediction.* Princeton Univ. Press, 1950.
[35] Wegrocki, H. J. The effect of prestige suggestibility on emotional attitude. *J. Soc. Psychol.,* 1934, *5,* 384–394.
[36] Willoughby, R. R. A note on personality factors affecting the rehabilitation of problem families. In McNemar, Q., and Merrill, Maud A., eds. *Studies in Personality,* New York, McGraw-Hill, 1942. Pp. 281–283.

第七章　通过积极参与获得信念

215 在日常生活中许多时候，来自于社会角色的强大压力常常要求我们违心表达与我们私下信念不一致的看法。比如，一个人一旦开始从事企业管理之类的职业，就更容易意识到他必须表达符合其角色定位“被接受的”（accepted）观点。他公开表达的观点，往往来自于有着各种各样规范设定的传播过程，而他则应当遵守这些规范。个体虽然也许对这些意见实际上持保留态度，但为迎合对他的社会角色期待，依然会将这些信息作为自己的观点重复给其他人。这种将已有传播过程中的意见表达为代表自己意见的现象，我们称之为“主动参与”。

大量基于印象的观察都表明，这种角色认定（assuming a role）带来的主动参与，有时会引起个人信念的改变。例如，迈尔斯（Myers）[17]指出，一战时某个军营中有相当多爱发牢骚的人，但在参加了一个公共演讲课程后，士气得到了显著改善。该课程要求他们在竞争压力下，创作出赞美军队生活的演讲。“他们连续几个课时进行这种吹捧训练，最后他们真的开始相信这些话，并且行为上也开始一致”[17]。

作为引起态度改变的方式，角色扮演（role playing）最近被引入到成人教育、领导力训练项目、员工辅导，以及团队心理治疗[1,14,15,16,21]。

一般的步骤包括运用心理剧（psychodramatic）方法，让人在模拟生活情景中扮演某个具体角色。其支持者认为，这一方法的一个主要价值体现在其对造成长期人际关系问题的信念和态度有修正作用。

本章中我们将检验关于此类效果的一些假设和实验证据，即要求个 216
体扮演某种社会角色的效果，也就是要求个体积极参与向他人传播各种貌似自己也认可的观点。我们的研究将关注这样一个问题：在什么情况下，显性口头认同（overt verbal conformity）会有利于或干扰对传播中倡导的某种观点的接受？这个问题或许有助于为态度改变过程提供合理的理论解释。

尽管对积极参与的效果研究都是关于提高说服传播效果的实际方法，但我们的兴趣主要在于发现其中的心理机制。此类发现有助于启发大众传播领域之外更广阔的其他社会学科。积极参与完全有可能在儿童社会化过程中起到重要作用，同时，由于强大社会压力，需要在显性认同某种社会角色期待的成人同化（acculturation）过程中起重要作用。因此，本文中所讨论的对口头认同的研究，将最终有助于我们更好地理解，在何种情况下，日常生活中的角色扮演会引起信念、偏好、价值观和态度上的重大变化。

背景

我们认为，并不是在各种传播情景下，所有积极参与的例子都可以作为同类变量。一种特定诱发显性口头认同的方法，可能会涉及几种不同的要素，其中任何一种都可能对传播内容的认知、解释、同化和强化产生影响。只有系统地研究每一个变量影响说服传播效果的方法，才能对任意特定机制进行预测。

实验证据表明，显性口头表述（overt verbalization）的效果之一就 217
是提高学习口头材料（verbal material）的速度。霍夫兰、拉姆斯登和谢菲尔德[6]228页的一项关于受众参与研究显示，引入显性口头应答会显著提升学习效率：实验人员将军用音标（Army's phonetic alphabet）放在一张幻灯片上展示给两组被试者，并要求其中一组大声重复，另一组仅仅是看和听，结果大声重复组学得快得多。此类研究表明受众参与能提高纯指令传播（purely instructional communications）的效果。

对于本章我们论述的相同问题，即积极参与是否会对从说服传播获取信念或意见（beliefs or opinions）有任何效果，此前鲜有研究。一些实验表明，与学习一样，引入显性口头表达有可能会影响信念或意见的接受。

被研究得最多的一种机制，就是通过小组讨论的教学方法来引入显性口头参与（overt verbal participation）。几项研究的结果都表明，与更加被动的接触类型相比，讨论会带来更大的信念、偏好和态度的改变。[4,20,22]例如，哈德利（Hadley）[4]发现，与默读诗歌鉴赏相比，班级讨论诗歌鉴赏会带来更多的积极改变。对小组讨论的研究，也可以看出相似的促进作用。[2,12,13,18]然而，遗憾的是，由于缺乏对传播接触的控制，这些研究均不能得出关于积极参与影响的明确结论。如勒温所指出的[13]337页，小组讨论的积极效果可能是由于小组中其他人所持观点被不断强化，而控制组则没有得到这样的强化。

在以下的章节中，作为本项目的组成部分，我们将审视一系列专门针对积极参与对态度改变的效果研究。最后一个小节，通过探讨可能解释实验结果的替代中介机制（alternative mediating mechanisms），来强调这些研究的理论意义。

218

研究证据

角色扮演对接受的影响

本研究项目对口头认同（verbal conformity）效果的兴趣，始于对一种在许多社会情境中存在有的现象进行的一系列探索：即当一个人向他人口头表述一个观点时，他会更倾向于自己接受这个观点。正像通常人们所说，推销员会信服于自己的销售说辞，而政治演说家则会被自己的即兴辩论说服。

作为探索这一现象的第一步，贾尼斯对一个大学生辩论队的辩手们进行访谈，反复要求他们公开表达与自己私下信念并不一致的观点。大多数辩手表示，他们往往最终接受了起先被随意分给他们的一方观点。这种现象，正如早前迈尔斯[17]注意到的，表明“口说为信”（saying is believing），即公开表达符合社会要求的观点，会影响个体的私下信念。

前面所说的角色扮演效果，尚未有系统的研究来验证。即便得到证实，仍然有其他解释的空间。例如，引导个体扮演某个角色，该角色必须公开支持一种态度，必将会使他更多地接触一种论点，而排斥其他论点。因此，积极参与带来的显著的效果，也许仅仅是因为集中接触其支持问题中一方观点的劝说性材料。若果真如此，我们讨论的现象最终将不过是对显而易见的问题，做一系列有些不寻常的注解；这个明显的命题就是越多接触支持某一观点的论据，通常来说，就越容易带来态度改变。同时，即便接触同样的说服性传播内容，与那些仅仅被动接触信息的人相比，被要求口头传播给其他人的人，有可能受更大影响。因此，有必要试图在控制实验的环境下研究角色扮演的效果。在控制实验环境下，如果来自于角色扮演的所谓增益（gain）的确出现了，那么就能够分离出关键性的因素，从而可以系统地探究其中的中介机制。

贾尼斯和金[7]设计了一个实验，对受试者进行持续性传播，并比较两个实验组的态度变化。这两个实验组分别为：（1）要求扮演他们向其他人进行说服性传播角色的“主动参与者”；（2）仅仅用读和听的方式接触同样传播内容的“被动控制组”。 *219*

这项实验以大学男生为实验对象，以一系列小组会议的形式进行。学生们要做一项涉及三种不同传播内容的“口语测试”。他们被告知测试的目的是，评估他们在小组会议中有效发言的能力。测试完成后，他们又被告知，为了研究不同考官之间的一致度，需要他们对每位参试者的表现打分，并要回答一些关于他们对测试中所涉及各种话题的兴趣和意见的问题。研究人员通过比较每个学生对事后调查中问题的回答情况，以及大约四周前在一般性意见调查中得到的答案，来测量传播过程中产生的意见变化。

在实验过程中，实验对象需要在准备好的提纲基础上，作一个非正式的演讲。每个主动参与者都要扮演一个给定观点的真诚拥护者的角色，而其他人听主动参与者的演讲，读准备好的提纲。这样的给定话题测试共进行三次分别由不同的实验对象，发表三次不同主题的演讲，因此每个实验对象在一个话题测试中是主动表达，而在另外两个话题测试中则是被动接触信息。为了避免选择性注意的影响，所有实验对象都是在轮到他演讲时，才知道自己的演讲题目。

每个演讲题目都选取了关于未来事件有争议性话题的一个极端态度。论证过程逻辑上是相关的，但带有高度偏见，夸大并解释仅支持某一边观点的“证据”。话题 A 预测随着电视和其他新科技的发展，“观影人数将受到严重影响，三分之二的电影院都将在未来三年内倒闭。”话题 B 认为，“在两年内，美国的肉类供应将下滑到目前可用肉类供应的 50%。”话题 C 认为，“很快就会发现有效治疗普通感冒的方法——可能就是明年内。”

220 从表 13 中可以看出，以上三个话题中的两个（话题 A 和话题 B）在测试中，主动参与者均比被动控制组所受影响更大。而在第三个话题（话题 C）测试中，两组实验对象的意见改变程度几乎相同。但其他发现表明，在话题 C 中发表演讲的主动参与者和另外两个话题测试中的主动参与者一样，在事后意见调查中表现出比被动控制组更大的信心。这些结果表明，话题 C 测试中的主动参与者，虽然在意见改变方面没有量的增加，但是在那些态度预计受传播影响最大的学生当中，表现出显著的信心净增长（net gain）。如果信心评级可以作为对所持新观点信服程度的指标，那么话题 C 测试的结果就能部分证实话题 A 和话题 B 测试得出的积极结果。这些发现和对可能产生假误差的来源，以及各种方法论的检验，共同支持着以下结论：角色扮演带来的积极参与，能够增强说服性传播的效果。

这两位作者还进行了其他研究，来探究可能形成积极参与增益效果的心理机制。他们更深入地调查解释了，在特定的激励情况下（如话题A和话题B测试），积极参与的明显增益体现在更多的意见改变，而在其他情况下（如话题C测试），这种增益仅以更高的信心评级体现出来。他们检查了实验人员对每个被试者在实验过程中的行为记录，以及事后通过标准化面谈获得的反馈，从中发现两个提示：

第一，话题C测试中的主动参与者，似乎比另外两个话题测试中的 221
主动参与者更少自由发挥。话题C测试组显得更忠于所提供的提纲，很少试图重新表述其中的要点，插入解释性例子，或创造其他的论据。

第二，话题C测试中的实验对象在进行演讲时，似乎比其他组面对困难更大。在演讲过程中，他们显得更迟疑，也更紧张。事后他们对任务也有更多抱怨，认为他们的题目（开发治疗感冒新药的前景）比其他两个都难。总体上，与另外两个话题测试小组相比较，这组实验对象似乎对他们的表现甚不满意。

以目前所知数据，尚不能进一步研究自由发挥因素（improvisa- 222
tion factor）的作用但与满足因素相关的其他证据是可用的。研究人员注意到，话题C测试中满意度低可能存在客观基础（由于该话题中含有更多不熟悉的技术性材料），于是他们用事后所有学生完成的自我评估问卷，来了解这些实验对象对自己表现的评价。研究结果显示，话题C测试中的主动传播者对自己的评分比另外两个话题测试中的低。之后研究人员根据实验对象的自我评估，进一步细分每组主动传播者，又有更进一步的发现：一方面，对自己的演讲评估为满意或更高的主动传播者，表现出最大的意见改变；另一方面，认为自己表现不佳的主动传播者，则与被动控制组的意见改变量相当，甚至在话题C测试中，表现出比被动控制组更少的意见改变。从这些补充性研究可以看出，对自我表现的满意度，可能是影响积极参与程度和方向的重要因素。

221 **表 13 积极参与组和被动控制组的比较：接触说服性传播后的意见预期变化**

实验组	意见预期变化*		
	净变（少量或大量）	净变（大量）	
话题 A（电影院）			
积极参与组（*N*=31）	71%	45%	$p=0.01$
被动控制组（*N*=57）	58%	21%	
话题 B（肉类短缺）			
积极参与组（*N*=29）	62%	41.5%	$p=0.01$
被动控制组（*N*=57）	52%	17%	
话题 C（感冒治疗）			
积极参与组（*N*=30）	53%	40%	$p>0.30$
被动控制组（*N*=53）	51%	45%	

＊“净变（少量或大量）”指说服传播引起的正方向改变量与反方向改变量之差

“净变（大量）”在话题 A 测试中指对自己的预期提高或降低 5000 以上的数量之差；在话题 B 中指变化在 25 以上；话题 C 中指变化在 5 以上。

来自贾尼斯和金[7]

即兴发挥和满意度

金和贾尼斯[9]在另一个关于角色扮演效果的实验中，对即兴发挥和满意度这两个因素都做了实验性研究，目的是想要判断：（1）角色扮演增益的主要研究结果是否能在一个更熟悉、更自我的话题中得到验证；（2）即兴发挥或满意度是否在产生参与效果方面起关键作用。

223 第二个实验中所使用的说服传播是有关大学生服兵役的可能性。实验内容包括对以下两个结论的支持论证：（1）90%以上的大学生在毕业后一年内会被征兵；（2）大多数大学生的服兵役时间至少三年，换句话说，就是比现行官方要求长一年以上。

实验对象均为符合征兵年龄且身体健康的大学生。相应地，研究人员认为，传播内容对实验对象来说个人关切度更大，由于实验对象对这一话题已经获得了较多的信息，思考得也较为频繁，并充分了解了其中的相关因素，因此，他们会较好地形成自己的初始意见。

这个实验中同样使用了第一个实验中的角色扮演方法，要求主动参与者做一个令人信服的口头演讲。与第一个实验一样，实验对象也被告知这个实验目的是测试他们的口头演讲能力。但是在这个实验中，主动参与者不是向小组直接演讲，而是在仅有实验人员在场的情况下被录音，并被告知稍后会给考官们看这个录像。被动控制组只是默读同样的内容，而不做口头报告。为了控制注意力和口头报告情景中的其他相关因素，实验人员特意导入了一个特殊程序，即在传播内容上除了关键性主题外，又加入了一个不相干的干扰主题，并要求包括被动控制组在内的所有实验对象就两个主题中的某一个做一个口头演讲。默读完两个主题的信息之后，实验组的被试者被告知需要就关键性主题做演讲，而控制组则需要在干扰主题上做演讲。

为研究即兴发挥因素和满意度因素，研究人员使用了两个实验组：224
主要实验组 A，任务难度相对较大，需要进行更高度的即兴发挥——默读，然后马上在没有稿子的情况下演讲；辅助实验组 B，任务难度小很多，不需要即兴发挥，只要根据一份完整的稿子读出演讲内容即可。根据对他们表现评价的高低，主要实验组又被进一步细分为“好评组”、“差评组”以及“无评价组”。

从 A 组和 B 组的对比之中可发现，即兴发挥与满意度是相对立的。被试者对自己表现的自我评估，呈现出与任务难度极大的相关度，A 组比 B 组的满意度评分低得多。对 A 组进行细分是为了进一步观察在即兴发挥成为常态时，社会奖励诱发的不同程度的满意度效果。正如所预期的，研究结果表明，自我评估很大程度上受传播者评分的影响。

通过比较事后问卷调查结果和几个月前的意见调查结果，研究人员进一步考察了意见变化问题。表 14 中的主要研究结果支持即兴发挥的假设，即做即兴演讲的被试者（A 组）比口头读稿（B 组）或默读（被动控制组）的被试者受说服传播影响更大。A 组始终表现出比 B 组更大的意见改变。这一趋势在所有五个项目和综合指数中都很明显。在五项中有四项 A 组显示出比被动控制组更大的意见改变，并且在综合指数中也有明显差异。这些结果表明，在个体被要求参与到即兴角色扮演中的情况下，积极参与有显著的增益效果。

从 B 组与被动控制组的对比可以看出，口头阅读不会带来稳定的增益。简言之，实验结果未能支持满意度假设。与 A 组相比，B 组的自我评估表现出更高的满意度；相应的，按照满意度假设预测，B组比A组也应当发生更多的意见改变。但是，表14的数据显然不支持这个假设。同时，对A组细分小组之间的对比得出的补充性数据，也看不出符合满意度假设的任何大量或持续的区别：即兴演讲得到实验人员好评的被试者，在自我评估中表现出相对较高的满意度，但在意见改变的程度上，与得到负面评定或者没有被评定的被试者几乎相当。

225 **表14 角色扮演对意见改变的效果（关于大学生服兵役前景问题的传播测试）**

意见类项	发生正向变化的人数净百分比		
	即兴发挥 A组 （N=32）	口头读稿 B组 （N=23）	默读 控制组 （N=20）
1. 对入伍服务年限要求的预测	41	27	5
2. 对延期的大学生比例的预测	44	26	25
3. 对会成为军官大学生比例的预测	70	47	45
4. 对个人服兵役期限的期待	59	46	50
5. 对个人应征入伍的期待	50	26	55
6. 综合指数：以上五个类项中在三个或以上类项上受影响的百分比	87.5（A组与B组：P=0.01；A组与控制组：P=0.03）	54.5	65

来自金和贾尼斯[9]

因此，第二个实验[9]支持第一个实验[7]中对即兴反应导致差异的观察结果，但未能证实基于自我评估的相关发现。第二个研究中的实验条件成功地引入了满意度等级上的变化（表现在自我评估中具体的差别），所以其研究发现或许更为值得重视。如果第二个实验的发现在进一步的重复实验中得到证实，满意度假设就不能充分解释对角色扮演效果的实验结果。但是，有可能第二个实验中一些未知因素遮盖或抵消了被试者对自己表现满意度的正效果。例如，任务难度较低的一方可能有厌倦情绪，或者任务难度较高的可能会（秘而不宣地）比较自满，某种程度上，这些因素都在第二个实验中有影响，但在第一个实验中则不会。

目前，可以说有足够的实验数据表明，在影响积极参与效果的中介 226
变量中，即兴发挥是更重要的因素。显而易见，为了解在本章最后一节中探讨的其他此类中介机制，需要进一步研究即兴反应因素。

本项目中另一项研究来自科尔曼[8]，其实验结果进一步表明，能够激发对说服性内容进行思考的显性口头表达，容易提升意见变化。这项研究要求七年级学生聆听一个坚称丛林漫画书籍比奇幻英雄书籍更适合阅读的演讲，并要求学生们在演讲之后马上写一篇支持某种漫画读物的文章。研究人员通过向支持演讲观点的文章提供不同的激励，来导入三种实验变量：（1）高激励组被告知，符合演讲观点的每个学生都会得到一大一小两个奖品；（2）低激励组被告知，如果文章写作符合演讲观点，他们就有获得一个大奖的资格（但是只有一小部分人可以得到奖品），不过，如果他们选择从相反观点去写，则一定会得到一个小奖品；（3）控制组没有任何特殊激励。研究人员通过比较实验后的意见反馈，与实验前的意见调查结果，来衡量三个小组的意见变化。

正如研究人员所料，文章认同演讲观点的被试者比例最少，高激 227
励组最大。然而，意见改变量并不与认同度直接相关：低激励组的意见改变量远超这两个实验组。因此，这些结果表明，至少通过这种以文章写作的形式进行言语反馈的情况来看，意见改变并不是在言语上认同传播者态度的一个简单作用，而是随着激发认同的激励条件的改变而改变。

通过这一研究发现，科尔曼试图研究高激励（high incentive）和低激励（low incentive）如何产生不同的反应。其中一个重要发现就是高激励和低激励诱发的言语表达质量并不一致。与高激励组相比，低激励组写的文章篇幅更长，具有更多的即兴发挥，整体水准更高（基于考官评价）（参见表 15）。此外，当写认同文章的被试者面对一系列关于他们主观想法和态度的问题时，与低激励组相比，高激励组的被试者表示出稍多不满和负面情绪（例如，有一些关于演讲者如何错谬、写这篇文章如何令人不快等想法）。

表 15　对三种不同激励下认同者文章质量三项衡量标准的平均得分

实验组	无激励：控制组（N=32）	低激励（N=49）	高激励（N=61）	低激励组与高激励组对比 p 值
1. 文章字数	102.34	118.63	95.43	<0.001
2. 整体质量评分	2.61	3.34	2.66	<0.001
3. 对创新论据的评分	2.33	3.12	2.72	0.06

来自科尔曼[8]

科尔曼的研究结果支持这样的假设：态度改变的增益，取决于文章写作时的隐性言语表达，在本质上是支持性的还是干扰性的。他还指出，低激励组文章中出现支持性材料的频率更高，这可能是由以下原因造成的：(1) 低激励组更需要做出选择（由于面对令人矛盾的激励物），因此更容易激发被试者较充分地思考他们的态度立场；(2) 低激励组更需要表现得有说服力（因为存在竞争，即只有一部分人才能拿到大奖）；(3) 低激励组不易认识到认同的压力，相对来自反方意见的干预小一些。无论是哪种原因，同角色扮演实验[7,9]的发现一样，科尔曼的发现表明，如果通过激发显性口头表达，来激励个体对有说服力的论据积极复述演练，则更易于增加意见变化。

228

启示

从以上实验结果中我们发现，在特定情况下，角色扮演（或其他机制）激发的主动参与，能够提升说服传播的有效性。本节将讨论哪些心理因素，有可能决定口头认同影响意见改变的方法。我们试图具体提出若干替代中介机制，并得出为本领域后续研究提出重要问题的理论启示。为此，对前面几节中提到的各种研究实验中一些尝试性的研究结果，在本节中将会着重分析。尽管有些研究结果与其他主题相比更有价值，但由于相关研究太少，不足以对决定角色扮演态度效果的关键因素下任何定论。探究这些对口头认同初步实验结果的启示意义的价值之一，就是关注意见改变的心理机制，而这一点往往被忽略了。

外部奖励

如果某个说服传播有效，我们会认为是因为传播内容以某种方式提供内在奖励（intrinsic rewards），例如，由于达成目标或规避危险而产生的满足心理期待。但在研究口头认同对内在奖励的复杂作用过程以及可能产生的效果之前，我们应当思考基于纯粹外部（*extraneous*）奖励的、一种更为简单的机制（与传播内容无关）。这个简单机制，或许用来强化任何在奖励发生时恰巧被口头化的（verbalized）信念。

雷兹兰（Razran）[19]的实验结果表明，外部情境因素（extraneous situational factors）（例如，一顿美餐或令人反感的气味）会影响人们对某个传播的接受。在他人面前公开表达某个传播内容时产生的社会互动，可能也会有相似的效果。例如，当一个人对他人表达自己的意见时，对该意见的社会认同会有助于接受该意见，不认同则会促使其摒弃该意见。但也可以假设，纯外部性有另一种社会效果：不管是什么想法，不管他原先是否相信自己所说的内容——对一个传播者角色表现的认可，将会强化他偶尔表达的那个想法。一个随之而来的假设是，当一个人通过扮演某种要求他支持某种观点的角色，来公开认同某种社会要求时，如果环境或周围人的反应让他觉得自己讲得很好，他就会开始相信自己讲的内容。根据这一假设，外部社会强化对从外在认同到内在认同的转变过程，起到重要的作用。

本项目中一项研究的支持此类作用机制存在的可能性。在贾尼斯和金[7]所做的第一个实验中，对态度改变的自我评估分析表明，当被试者需要角色扮演来对某个说服性传播内容做公开口头表达时，传播效果会随着被试者对自己表现满意度的变化而改变，满意度高则传播效果好，反之亦然。不过，在实验过程中，没有明显的外部社会奖励来源。（由于在场的其他人一直保持沉默，主动参与者便没有机会获知其他人对自己演讲内容的反应，除非在少数情况下，可能通过他们细微的面部表情或肢体动作获知一些反馈。）然而，即便没有任何明显社会认可的外在讯号，如果个体自己对自己的表现满意，仍可能产生对认可的预期。因此，自我传递的讯号，为外部奖励提供了基础。

不过，根据金和贾尼斯的第二个实验[9]，对假设存在外部强化机制的实验结果进行的任何解释都值得商榷。第二个实验（关于即兴发挥和满意度）显示，当满意度依据实现情况而改变时，意见改变量并没有明显差别。尽管这是一个反面例证，但若没有进一步研究外部奖励机制的其他结果，仍不宜草率摒弃由第一个实验得出的假设。

230 **注意力效果**

如前文所言，对机械式口头学习（rote verbal learning）的实验数据表明，显性口头表达（overt verbalization）有利于学习传播信息内容。学习效率的提高可能部分是由于听者对传播内容的注意力而得到提升。若如此，这或许能够作为一个解释因素来理解主动参与提升说服性传播效果。这种自我涉入的某传播内容言传给其他人的行为或许能提高对传播内容的注意力，因为个体更可能思考这些内容，从而会被这些传播内容影响。

不过，在角色扮演实验中，注意力效果看起来并不至关重要。如果主动参与带来的注意力提升，能解释态度改变的变化，那么应当可以从其他任何一种能提升注意力的方式中发现相似的效果。其中一种方式就是，要求被试者对传播内容中主要论点做准确的笔记。这种方式被贾尼斯和金[7]在他们的第一个实验中，用于一个辅助被动控制组。辅助组没有做任何口头报告，但需要对三个演讲都认真聆听，并认真记笔记。尽管他们的笔记都相当完整，也显现出对三个传播内容较高的注意力，但该组的态度改变量几乎和原始控制组一样，而在此前，原始控制组的注意力水平假定要低一些。因此，这些发现表明，注意力水平的差别，或许不是解释主动参与，带来态度改变提升的一个重要因素。①

231 在贾尼斯和金[9]的第二个实验中，做即兴演讲的积极参与者、大声读稿子的辅助实验组，以及被动控制组，都需要完成一个即时回忆测试。该测试有七个问题，共覆盖三个主题演讲中的一些重点内容。结果，即兴演讲组并不比口头读稿组和被动控制组分数高。由此看来，学习因素不能够解释即兴演讲组更大的态度改变量。

尽管以上结论与之前的结论相反，我们仍有理由期待，在某种条件下，显性口头认同产生的注意力提升可能是一个重要因素。比如，在某些环境下，有些干扰因素影响说服传播的注意力，或者传播对象非常不愿意接触传播内容，这种情况下公开口头表达会对注意力有相当大的影响，因此该说服传播也会更有影响力。

选择性记忆效果 232

主动参与有助于口头学习，因而能够增加后传播阶段记忆的信息量。库尔茨和霍夫兰[11]的一项研究表明，在看到刺激物时的公开口头表达，会显著提高被试者的后续记忆。这项实验要求 72 名小学生观察 16 个熟悉的物品，其中一半学生有一张表单记录每个物品名称，另一半学生有一张印有每个物品图片的表单。实验人员指到某一种物品，被试者就要在自己的表单上找到该物品的名称或图片，并对应地圈出来，拿着名称表的实验组还需要大声说出该物品的名称。一周后，在没有提前通知的情况下，所有被试者都要参加记忆测试。口头表达在认知测试和记忆测试中都显示出明显的优势。从表 16 记忆测试结果可以看出，比起控制组，在实验中经历了口头表达的被试者能准确回忆出更多项，回答错误率更低。

表 16　　口头表达组和控制组的正误记忆回答之平均值

实验组	A. 正确回答	B. 错误回答
显性口头表达组	7.33	0.25
控制组（无显性口头表达）	5.00	1.17
p	<0.01	<0.01

来自库尔茨和霍夫兰[11]

如果显性口头表达能提高记忆，那么有可能在事后某种情况下，相同的话题再次出现时，说服传播中的论点和结论会再次“呈现于脑海”

(come to mind)。对之前口头表达内容的选择性记忆，会通过影响个体在后续情境中的所思所言，为后续强化（subsequent reinforcements）奠定基础。例如，如果被试者事后对他人重复一些他记忆中某次说服传播的论点和结论，他就会得到社会的认同或不认同，这就会或促进或干扰他接受该论点或结论。或者，如果经过进一步思考，个体有选择地回忆之前接触信息时被主动重复的主要论点或者激励吸引，那么后续强化就会发生。因此，通过提高个体之后再次回忆起（或表达）传播内容的可能性，任何能提升对传播内容记忆的主动参与机制终将影响个体对传播内容的接受。在意见取决于对传播内容高度记忆的说服传播中，这种滞后效应尤其显著。例如，在对已完成计划或政策评估时，只有能回忆起该计划或政策的细节，才能对其进行思考或讨论。

233 目前为止，关于口头认同的实验中，对态度改变的测量都是在说服传播后很短的时间内进行的。为将选择性记忆效果造成的接受度的可能增量也考虑在内，需要对主动参与引发的态度改变持续程度进行进一步研究。

即兴创作因素

目前，所有实验证据都指向一点：即兴创作（improvisation）是决定主动参与效果的重要因素。与对传播内容即兴创作式的复述方法相比，仅仅对传播内容简单重复的方法几乎没有任何效果。这一点在前文所述的金和贾尼斯的实验[9]中得到清晰印证，在这个实验中，研究人员比较了口头读一份现成稿子的效果和无准备即兴口头演讲的效果（参见表 14)。同样，科尔曼的实验结果[8]也支持这一结论；该实验关注被试者所写的认同文章（conforming essays）的质量。

即兴创作的显著特点之一就是，个体用自己的话将传播内容重新表述出来（reformulates the communication in his own words)。这种重述本身可能会极大地加强对内容的理解（comprehension)，并因此会提高说服传播的影响力。将传播内容用自己更熟悉的词汇翻译出来，使之更有意义，论据的含义更清晰，结论更容易同化到本人现有的对信仰、期待、价值观等的认知体系中来，这些都有助于态度的改变。

鉴于现有研究数据，即兴创作的这一特点未必能解释所有主动参与的实验结果。科尔曼的研究中，不同实验组之间口头表达质量的区别，可能就与重新表述无关，因为所有被试者都是基于自己的记忆，用自己的语言写出文章。与有更多自由、可以选择不同立场的控制组相比，高激励条件或许会诱使更多被试者用自己语言重述传播内容而写出文章。科尔曼没有发现这两种不同条件下态度改变量有显著不同，因此这种重述看起来没有效果（或者说，被试者因为要扭曲他们自己原有的立场，而产生的轻微厌恶感掩盖了这种本身就极小的效果）。 234

重述因素（reformulation factors）被认为仅仅是通过帮助个体更好地理解传播内容而发挥作用，就这一点来看，这一因素不足以解释贾尼斯和金对角色扮演的实验结果。主动参与者即兴演讲所依赖的传播内容，都包含有作为被试者的大学生易于理解，而且相对明显的论据。只有一个主题（普通感冒的治疗前景）涉及一些比较有难度的技术内容，因此可以预期，激励学生用自己的语言进行内容重述，会产生正面效果。但是，正是在这个主题中，主动参与的效果最小。②

因此，重述因素看来不能解释目前实验中发现的主动参与带来的传播效果增量。但是，可能还有一些其他类型的传播情境，重述在其中起着重要作用。例如，对意在引发一系列复杂指令认同的说服传播来说，特别是当受众难以领会每个重要步骤的目的时，重述带来的认知增量可能会大大提升其效果。不过，要搞清楚在何种情况下重述会影响说服传播的接受，显然需要更进一步的系统研究。

如果我们暂时假设，重述并不是解释引发即兴复述效果的主要因素，那么我们就要寻找其他或许更多重要的即兴创作特点。因此，我们需要研究即兴创作另一个特点的可能意义：即对原传播内容中论据的自发补充和阐述。这一特点始终与角色扮演实验[7,9]和写作文章实验中[8]主动参与引发的态度改变量联系在一起。我们应当简单思考一下，这一因素会通过哪些途径，提高说服传播效果。 235

霍林沃思（Hollingworth）[5]指出，建议的力量，部分在于其自发性的程度：厌恶和其他负面情绪会干扰对直接建议的接受，而如果被试者觉得是自己的主动行为，则会增强间接建议的效果。非指导式心理治疗原则的一些讨论也指出，当个体认为自己的想法和决定是出于自发行为时，最有可能产生持续性态度改变。

在角色扮演引发的显性口头表达例子中，个体的表现可能还会伴有一些诸如“这正是我所想的”，“我是自己得出这个结论的”，“我现在只是在表达别人的想法”等等这样无声的想法。我们用“隐性的标签式回应”（implicit labeling responses）来指代这一类想法。这类未传播出来（隐性的）回应的基本特点就是，它们会对复述中的论据和结论来源——无论是他人的，还是自己的显性表达——贴标签。

236 我们有理由假设，与被动地接触他人传播内容比较，个体要即兴创作新论据时，更可能会对自己认定为意见来源的隐性标签式做出回应。在一些情况下，特别是当个体觉得没能力自己做出判断时，这些隐性标签式回应，可能对态度改变效果甚微（参见对得出显性结论和隐性结论的探讨部分，100 页）。不过，在其他一些情况下，意识到某个结论来自于他人，则会干扰其接受度。例如，当个人觉得自己对某个问题相对比较了解，他会更容易接受新观点——或者说更不会有消极的表现——只要他将这个观点归因于自身，而不是外来的观点。因此，即兴创作带来的隐性标签式回应，有时能够解释为什么有些显性口头表达有助于意见改变，而有些则不会。在金和贾尼斯的实验中[9]，那些在口头演讲中需要即兴创作新论据的被试者，大概比那些要大声读稿子的被试者，有更多这样的正面隐性标签式回应情况。在科尔曼的实验中[8]，我们也可以预测，从隐性标签式回应这个角度来看，低激励条件下的文章写作比高激励条件下的写作，有更好的说服效果。

除了隐性标签式回应，还有其他一些隐性回应，在个人需要就一个说服传播做即兴演讲时会受到影响。科尔曼观察到，在高激励组文章写作时出现的相对高频率的干扰式回应，会带来相对较低程度的意见改变。一般而言，可以预料，对传播者的某个结论的接受度与各种隐性干扰式回应的发生率成反比。这里所说的隐性干扰式回应包括反方论点、对传播者真实性的怀疑，以及对接受该意见结果的各种矛盾预期。任何一种能减少这种干扰式回应的方法，也可以显著提高对某个说服传播的接受度［参见克鲁格曼（Krugman）[10]］。或许正是由于这一点，即兴创作因素能有利于意见接受。

我们可以设想，一个被动接受传播信息的个体没能被说服，是因为他虽然理解这些论点的意思，但缺乏促使其意见改变的预期。在主动参与实验中，我们就以服兵役的那个传播为例，当被传播者复述军队严重缺乏有技能人才的论证时，也许只是对其有一个抽象概念，会质疑这一论点的真实性，从而不能被说服。但当要求同样的个体，把这个意思在非正式的谈话中表述清楚时，他就会想出各种生动的例子来说明、解释，从而使整个论证更加令人信服。 237

最后一个假设认为，当个体要即兴创作出自己的观点来支持传播者的结论时，他更有可能产生有助于接受该结论的那类期待。即兴角色扮演可以被看作一种技能，通过它，被传播者被激励出他认为最有说服力的论据、例证和激励性呼吁等，以促使传播效果尽可能达到最佳。实际上，被传播者是要“定制”（hand-tailor）内容，以此来解释一个特殊个体的独特动机和倾向，也就是他自己的动机和倾向。

注释 238

①当然，可以想象，对传播内容做笔记的行为在某种程度上可能会干扰对其中说服性内容的回应。虽然不能排除这种可能，但由于被试者是在课堂上有丰富的笔记经验的大学生，因此这种干扰的可能性也很难站得住脚。关于记笔记效果的教育研究［例如，克劳福德（Crawford）[3]］表明，这种行为一般对学生吸收某个口头传播的内容的能力是有利的，而不是有害的。

②前文提到过，相比另外两组传播内容，这个传播中的主动参与者中对提纲材料进行清晰的重述的比例要小。但这和讨论中的对比并无关联。相当一部分这一传播中的主动参与者重述了提纲中的论点，而被动控制组则没有。两组的意见变化并无显著差别，主动参与带来的增量仅仅体现在信心上有所提升。

239 ## 参考文献

[1] Bavelas, A. Role-playing and management training. *Sociatry*, 1947, *1*, 183–191.

[2] Coch, L., and French, J. R. P., Jr. Overcoming resistance to change. *Hum. Rel.*, 1948, *1*, 512–532.

[3] Crawford, C. E. Some experimental studies of the results of college note taking. *J. Educ. Res.*, 1925, *12*, 379–386.

[4] Hadley, J. E. Teaching poetry appreciation. *Studies in higher education, Bulletin of Purdue University*, 1936, *37*, 52–54.

[5] Hollingworth, H. L. *The psychology of the audience*. New York, American Book Co., 1935.

[6] Hovland, C. I., Lumsdaine, A. A., and Sheffield, F. D. *Experiments on mass communication*. Princeton Univ. Press, 1949.

[7] Janis, I. L., and King, B. T. The influence of role-playing on opinion-change. *J. Abnorm. Soc. Psychol.* (In press.)

[8] Kelman, H. C. Attitude change as a function of response restriction. *Hum. Rel.* 1953, *6*, 185–214.

[9] King, B. T., and Janis, I. L. Comparison of the effectiveness of improvised versus non-improvised role playing in producing opinion changes. Paper presented before the Eastern Psychological Association, April 1953.

[10] Krugman, H. E. The role of resistance in propaganda. *Int. J. Opin. and Attitude Res.*, 1949, *3*, 235–250.

[11] Kurtz, K. H., and Hovland, C. I. The effect of verbalization during observation of stimulus objects upon accuracy of recognition and recall. *J. Exp. Psychol.*, 1953, *45*, 157–164.

[12] Lewin, K. Forces behind food habits and methods of change. In Report of the Committee on Food Habits, 1941–1943, *The Problem of Changing Food Habits*, Bull. of the National Research Council, No. 108, 1943, pp. 35–65.

[13] Lewin, K. Group decision and social change. In T. M. Newcomb and E. L. Hartley, eds., *Readings in social psychology*. New York, Holt, 1947. Pp. 330–344.

[14] Lippitt, R. The psychodrama in leadership training. *Sociometry*, 1943, *6*, 286–292.

[15] Maier, N. R. F. *Principles of human relations*. New York, John Wiley, 1952.

[16] Moreno, J. L. *Psychodrama*. Vol. 1. New York, Beacon House, 1946.

[17] Myers, G. C. Control of conduct by suggestion: an experiment in Americanization. *J. Appl. Psychol.*, 1921, *5*, 26–31.

[18] Radke, Marian, and Klisurich, Dayna. Experiments in changing food habits. *J. Am. Dietetic Assoc.*, 1947, *23*, 403–409.

[19] Razran, G. H. S. Conditioned response changes in rating and appraising sociopolitical slogans. *Psychol. Bull.*, 1940, *37*, 481.

240 [20] Timmons, W. M. Can the product superiority of discussors be attributed to averaging or majority influences? *J. Soc. Psychol.*, 1942, *15*, 23–32.

[21] Zander, A., and Lippitt, R. Reality-practice as educational method. *Sociometry*, 1944, *7*, 129–151.

[22] Zeleny, L. D. Experimental appraisal of a group learning plan. *J. Educ. Res.*, 1940, *34*, 37–42.

第八章　意见改变的记忆

一旦态度和意见被传播行为改变，紧接着会有哪些变化？哪种传播行为会产生一旦改变就会持久稳定的意见？在哪种情况下意见是暂时的、易变的，但很快又会复原？意见改变的持续或记忆的主要决定因素是什么？目前为止，我们的研究还不能完全回答这些问题，但是这些研究提出了一些需要加以思考的因素。整体而言，前期的研究表明，传播行为在经过相当长的一段时期后，会产生相当大的滞后效应（carry-over effect）。但这些研究同样也表明，效果的记忆有较大的可变性。有些研究中的个体很快就复原到接触传播内容之前的态度，而另一些研究中，一段时间后的传播效果，甚至比即时传播效果还要大。

意见改变的记忆程度在各个研究中显示出差异较大的结果，说明有必要认真分析影响记忆量的因素。因此，本章首先对与意见改变持久性有关的记忆研究进行综述，然后讨论两组主要因素：（1）与学习记忆传播内容有关的因素；（2）与接受传播者主张结论持久度相关的因素。作为研究背景，本章首先简要回顾以往对传播后态度改变记忆的主要研究。

背景

关于传播对态度和意见效果的一项早期研究，来自于皮特森（Peterson）和瑟斯通（Thurstone）[28]。该实验以对七年级到十二年级
242 的学生播放默片来作为传播手段，通过在电影播放前、电影刚播放完以及在事后两个半月到一年、一年半不等的几个时间段后的态度测量，来研究即时效果和记忆效果，用瑟斯通态度测量法或对偶比较法来测量态度。研究类目包括对民族和种族的态度，对犯罪、惩罚和罪犯的态度，对死刑的态度，以及对禁酒的态度。其中一些结果是通过播放表 17 中所列的不同电影来获得的。

表 17　电影引起不同时间间隔遗留初步态度改变的百分比

电影	实验组人数	时间间隔	测量值			遗留效果百分比
			电影播放前	电影刚播放完	间隔时间段后	
《犯罪密码》	257	2 个半月	5.33	4.78	4.85	87
《犯罪密码》	195	9 个月	5.42	4.84	4.97	78
《上帝之子耶稣基督》	117	5 个月	6.57	5.26	5.76	62
《上帝之子耶稣基督》	76	19 个月	6.61	5.19	5.76	60
《一个国家的诞生》	350	5 个月	7.46	5.93	6.51	62
《一门四子》	87	6 个月	5.74	5.27	5.16	123
《西线无战事》	138	8 个月	4.34	3.74	4.64	−50*

* 此处，对于反战主义这一话题的态度比观看电影前更消极。

来自皮特森和瑟斯通的研究[28]

基于这些数据，研究者得出结论：电影对孩子态度的效果“持续一段相当长的时间”（62 页）。从传播前态度测量值和传播后的第二次测量值之间的差异可以看出巨大的变化。传播后第二次测量的效果，明显地要少于第一次获得的效果，但方向一致。然而，也有一些例外。在表

17 所列的七个实验中，其中一个电影的传播效果，随时间的推移加强了（产生超过百分之百的记忆）。另一个例子中，随时间的推移，态度反而朝着电影带来的初期态度相反方向改变（表中显示为负值）。据霍本（Hoban）和范奥莫（Van Ormer）[16]指出，其他关于电影的研究也明显地显示出，意见随着时间推移逐渐损耗。

关于意见损耗，陈（Chen）在其研究报告中[7]提到，传播带来的 *243*
态度改变经过五个月后就完全损耗掉了。他在实验中测试了大学生对满洲危机中，中日两国立场的看法，并分别测量了口头传播前、传播刚结束后和五个月后的意见。演讲在传播刚结束后，产生显著的正向效果，但第二次测量发现，被试者的意见几乎完全发生了逆转。陈的发现与本领域大多数研究相悖，后者表明，传播后一年内，甚至在更久的时间之后，还有相当大的态度改变。①

虽然缺乏系统的比较，但通常认为直接的个人经历，比大众传媒能产生更持久的意见改变。齐利格斯（Zeligs）的一项研究[39]表明，实验中 12 岁的被试者与一名来访的中国女性接触后，产生了明显的变化，这一效果甚至在三个月后仍然显著。但由于缺乏控制组，很难从这项研究中看出这种结果是个人接触的效果，还是同时发生其他方面的影响。对于个人经历带来意见改变记忆的一个更加有意义的研究，来自于史密斯[34]，他让被试者两个周末内在纽约哈林区参加有导游带领的观光游览，从而研究被试者在游览过程中获取的个人经历会如何影响他们对黑人的态度。在实验中，他组织被试者同受过精英教育、社会地位高的黑人探讨黑人历史、文化和成就。40 个实验组被试者和 40 个控制组被试者，都是来自于教育专业的研究生，并根据他们的初始态度、性别和地缘背景来进行匹配。结果表明，与黑人机构的私人接触产生相当大的即时正向效果，而十个月后还有 83％的记忆效果。

霍夫兰、拉姆斯登和谢菲尔德所做的研究[20]182～200页，报告了一个不同于典型逐步遗忘现象的重要特例。这项研究选择了军队拍摄的一部反映英国成就的电影《不列颠之战》作为传播手段。之所以选择这部电影，是因为之前有发现认为，这部电影能引发巨大的意见变化。该实验

244 设计：共分四组士兵（两个实验组，两个控制组），所有被试者一开始都要完成一个意见调查问卷。在观看电影五天之后，对其中一个实验组和一个控制组进行第二次问卷调查，另外两个实验组和控制组，则是在观看电影九周之后，完成后续问卷调查。每组实际接受一次后续问卷调查。

被试者对电影中信息的记忆程度，明显地表现出随时间递减趋势。然而，调查问卷整体的意见变化，则显示出随时间推移平均递增的趋势。递增效果并没有体现在问卷中每一个意见类目，但相当数量的意见类目显示出，随着时间变化，有递增效果出现的可能性。研究人员将这种效果称为“休眠者效应”（sleeper effect），并对可能导致出现这种现象的原因，提出了一系列假设。下文我们会谈到这些假设。

总之，之前的研究都表明随着时间推移，意见变化有较高的记忆度，即使是非常简短的传播内容。然而，虽然在一些实验中，随时间推移，变化程度有明显的递增趋势，但在另一些研究中，也存在着几乎没有效果记忆的现象。本章将探讨可能造成这些结果差异的因素。

研究证据和分析

在对之前研究结果的多样化进行分析时，我们发现，在前面几章中用到的对传播内容的学习和接受结论的动机的厘清可以用在这里。如果个体对传播内容中的论点一个都没记住，那么他对该话题的态度就会逆转到最初水平。或者，如果个体不再有动机去接受传播内容，意见改变效果也不会持久。因此，接触传播内容带来的意见改变，取决于对内容信息和对接受激励这两者的记忆。

245 **对传播内容的遗忘**

关于哪些因素会影响对传播内容遗忘的研究结果有很多，这些结果大部分来自于对学习和遗忘过程的实验研究。在许多情况下，需要在自然传播环境中，对这些研究进行重复验证。

多数研究表明，起初存在一个对口头材料快速遗忘的阶段，之后是更为平缓的逐渐递减，最后发展为一条几乎不再有损耗的渐近线。一个经典的实验结果来自于迪策（Dietze）和琼斯（Jones）。[10]这两位研究人员给学生们观看了一系列关于镭、德国人，以及英国发明家阿克莱特的文章。在阅读文章后，他们马上对被试者进行记忆测试，同样在阅读后的1天、14天、30天和100天后，也相应进行了记忆测试。从图13可以看出这项实验的记忆曲线。

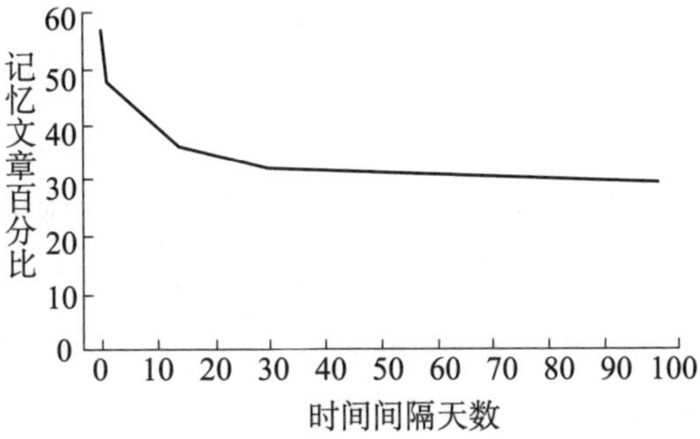

图13　有意义文字材料单独呈现的遗忘曲线

来自迪策和琼斯[10]

这个记忆曲线与艾宾豪斯（Ebbinghaus）以及其他使用更浅显材料研究者获得的结果高度一致。当迪策和琼斯把数据用对数坐标表示时，就会出现一条直线关系，这表明记忆量与时间推移的对数成反比。

然而，在一些研究中，一段时间后，记忆的内容存在自相矛盾的 246
增量。巴拉德（Ballard）的一个早期研究结果[3]显示，三天后记住的材料数量呈现出逐渐递增的趋势，之后就是常见的递减趋势。记忆中的初期增量被称为“回忆”。关于影响回忆的因素，我们所知有限，但看起来大多数情况是由于排除了学习初期的干扰，而正是这些干扰因素压制学习后效果的即现，它们常常随时间的推移而消失，使得后期的表现优于初期。霍夫兰在他的一篇研究论文中对这些因素进行了讨论。[18]651～657页

至于遗忘曲线的形状是随时间推移出现向下趋势，还是有一段初期

向上的增量，这取决于材料的性质、学习量、引发记忆的方式，以及被传播者的人格倾向。下面对这些因素逐一进行讨论。

1. 材料性质

大众传播的参与者很清楚某些信息比其他信息更容易理解，记忆时间也更久。影响不同内容记忆程度的因素包括：传播内容对听众有怎样的意义，传播内容是否生动，以及传播内容的情感基调。

更有意义的材料要比不容易理解的材料更容易记忆，这几乎是个常识，在口头学习的实验研究中可以得到印证[18]645～646页，这种情况，在教室学习的情景中也很常见[10]。

另一个相关度很高的因素是材料的生动性。实验研究清晰地表明，“突出”的材料更容易被记忆（范布斯柯克[35]；冯莱斯托弗[31]）。杰西尔德[23]和埃伦斯伯格[13]的研究表明，用各种方式去强调一段文字材料（如，传播者说：“现在注意这里。”）能有效提高对材料的记忆。但是，滥用这种强调方法，也可能会事与愿违。如果很多方面都被强调，那它们就会失去可辨别度。同样，如果强调不当，反而会突出不该突出的部分，这就是众所周知的“记住了笑话，但没记住讲笑话的目的”。

学习实验表明，材料的意义、生动性，以及强调因素，都会影响对材料的记忆，但对这些变量在复杂材料情境下的研究却相对很少。因此，将在简单学习中获得的数据概括到意见改变这一领域仍是空白。

247 2. 学习的程度

初期对材料学习得越完整，记忆得也就会越久，这点对重复要点来加强记忆有重要的意义。实验研究所得数据表明，较高的重复量会提高记忆程度［克鲁格（Krueger）[25]］。杰西尔德对重复个别句子效果的研究与传播内容有更直接的关系。他的研究结果表明，将重复度提高三到四倍，会提高记忆度，此外即使有再多的提高，其效果都微乎其微了。

重复不是简单地影响对信息内容的记忆。通常的效果是在某些情景下会提高记忆，而没有任何奖励的过度重复会降低注意力，产生对传播内容的厌烦情绪和漠视。后者与条件反应学习中的“消退”极为类似（更多讨论参见[19]）。霍林沃思[17]143～144页指出，解决这一问题的一个非常有效的方法是：在重复要点时，辅以形式、风格和表达上的变化。

3. 记忆的类型

比起逐字逐句地背诵，达到似曾相识感的记忆再现要简单得多。因此，很自然的，遗忘率的高低取决于评估记忆程度的标准。在一些传播话题来说，需要记住大量细节；而在其他传播中，只要熟悉中心意思就足够了。前者一个典型的例子就是，个体被说服要选取一种反对者众多的立场。因此传播的目的就是让被传播者学习整套论点论据，以便应对反对的声音。另一类情况则仅仅需要指出，某个令人尊重的群体对某事件的立场，因此只需要有记忆再现：当随后再讨论同样的问题时，个体只需要识别出群体支持的那个立场即可。

实验研究比较了评估记忆内容的三种不同方法：(1) 再现法，被试者仅需要表明他能否对材料进行识别；(2) 回忆法，被试者需要准确重述习得的内容；(3) “二次学习法”，被试者需要对材料再次进行学习，考查在二次学习中获得的“存量”(这种情况常用于涉及一系列传播内容时)。图 14 是对这几种方法测量出的记忆量比较［来源于路 (Luh) 的研究[27]］。再现法中，两天后的记忆率为 72%，而使用回忆法，对包括无意义音节在内的所有细节的准确重述进行测试，则仅为 11%。这表明当个体只需要对材料进行识别时有很大的优势。 248

英格利希 (English)、韦尔伯恩 (Welborn) 和基利安 (Killian) 等人记录了在更接近典型传播情景下，获得的研究结果[14]。他们发现，当使用被记住的细节数量来衡量记忆量时，学校课程很容易被遗忘。但当衡量标准变为是否能抓住中心意思时，记忆表现就好很多。

这种结果表明，在说服传播中，有可能结论比支撑结论的细节论据，更容易被记忆。个体会趋向于只记忆总结性结论或概括性信息，而不是具体原因或论据。然而，贝尔的一项关于说服性演讲记忆情况的研究[5]表明，当其他因素受到控制，并且使用同样的记忆测试时，论据和结论的记忆情况相同。

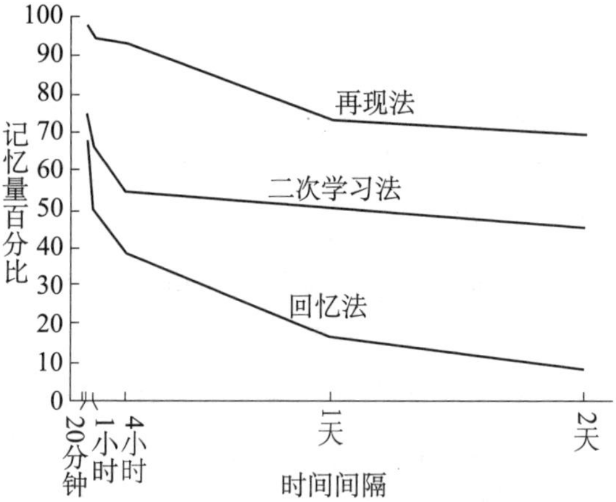

图 14　三种测量记忆法获得的记忆曲线

来自路[27]

249 在规划传播活动中，有时有必要考虑被传播者要进行何种类型的记忆。如果只需要对内容大致熟悉，那么对论据的一个单一演讲就足够了。另一方面，如果需要细节内容（如，当个体需要应对其他人提出的争议），则需要全面、反复呈现传播内容，以确保在后续诱发时个体能完整回忆起来。

4. 受众的倾向

在很大程度上，传播内容记忆的程度会受到受众动机和兴趣的影响。这些因素不仅会影响记忆的材料数量，还必然会影响记忆内容的质量。

250 在口头学习中，最常见的一个现象就是，对材料的兴趣程度影响个体对传播内容的学习程度。学习的程度又会影响记忆的程度。我们都对这种现象再熟悉不过：我们都愿意学习自己感兴趣的内容。即使在激励极小的情况下（并没有主动试图进行学习），有时也会有“偶然性习得”的情况。这种情况与说服传播的关系，引起研究人员极大的关注，因为一般来说，个体不是被“设置”来试图记忆传播的内容（参见伯莱恩[6]）。受众接触广告、冗长的政治演说、教育项目等诸如此类的传播内容时，起初会只有一种相当被动的兴趣，因此能否引发受众学习信息的动机，成为决定成败的重要一环。之后，个体在试图回忆材料内容时，其所受激励的程度也会影响记忆。激励程度常常会影响个体重温习得材料的程度。

有关激励之于回忆效果的一个开创性研究，来自于巴特利特(Bartlett)[4]。他给被试者展示了一个来自于完全陌生文化中的复杂故事，对这个故事的遗忘表现为，被试者在其动机和偏见的基础上对材料有所改变：陌生的细节剔除掉，剩下的内容组成结构合理易懂的材料。在谣言传播中，我们可以看到许多相似的现象，同样的内容在人际间传播［奥尔波特（Allport）与波斯特曼（Postman）[1]］也可以发现。

拉帕珀特（Rapaport）[29]41～110页考察了一系列实验，这些实验均表明一种趋势：即与体验愉快的材料相比，被试者对体验不愉快的材料忘记得更快。关于这一问题的实验，主要用来研究“压抑”概念的心理分析，通过对这一概念的研究发现，有时遗忘是因为希望规避不愉快的主观体验。这一研究带来的假设之一就是，与互不冲突的材料相比，当材料内容与个体愿望、价值观和动机等发生矛盾时，遗忘的速度就会加快。夏普（Sharp）[32]发现，“可接受的”一些措辞（如，“确保公正”，“感觉好多了”）要比“不可接受的”措辞的记忆效果要好（如，“害怕毒药”，“厌恶人们”），即使“可接受的”这类措辞，学习起来更难一些。

关于对与个体价值和参考框架或一致或冲突的文字材料的学习和记忆的一系列研究认为，受众对某特定话题持有初始态度，传播内容则呈现出与这个初始态度或一致或相反。对学习者初始态度和回忆度之间关系的系统性研究，来自于克拉克（Clark）[9]。他给271名高中男生和女生展示了一个关于性别间冲突的传播内容，在传播后的一周、两周、三周、四周，分别做了对材料的记忆测试。总体而言，研究结果显示，男性与女性对传播内容的改变或扭曲，因各自的性别特点而不同。例如，男生“倾向于个人化——认同传播情景中的男性角色，回忆情景中关于‘情感’动因的内容，特别是与对男性声誉有潜在或实际损害的内容”（61页）。类似的个人化回忆趋势同样出现在另一个关于对美国工程管 251

理局工人的记忆情况研究中。该研究比较了大学生对有关美国工程管理局工人传播内容的回忆，与工程管理局工人对他们自己传播内容的回忆，发现有同样的个人化回忆趋势。克拉克最后总结指出，对有意义的文字材料，个体的情感、焦虑、态度等都是影响回忆的重要因素。华生（Watson）和哈特曼[36]在关于有神论学生和无神论学生对与宗教相关材料的记忆研究中，也得出了类似的结论：“……支持被试者态度框架的材料，要比互相冲突材料的记忆效果好”（330 页）。

爱德华兹对这个问题进行了全面的研究[12]。他假设，与个体参照体系不一致的经验相比，个体更易学习记忆与其参照体系相一致的经验。他给被试者一段关于罗斯福新政的文章，文章中既有支持新政的也有反对新政的观点。测量记忆情况的测试项，也包括两种支持和反对的观点。被试者阅读文章后马上接受测试，并且在三周后，再次接受同样测试。初始态度不同的被试者，对同样的内容得出截然不同的判断：支持新政的被试者认为，这段文章是支持新政的，而反对新政的被试者则认为，这段文章是反对新政的。被试者倾向于记住那些与他们政治立场相一致的论点，而不是那些相反的。爱德华兹由此得出结论，初始态度不仅仅是初始理解和学习的决定性因素，更对记忆过程有持久效果。

252 在一项新的研究中，莱文（Levine）和墨菲[26]要求被试者阅读一篇反苏联的文章和一篇亲苏联的文章，并要求被试者在学习这两篇文章后，进行重述。被试者根据他们各自的亲苏或反苏立场被分为两组。两组被试者均对符合自己信仰和价值观的材料学习记忆得更好。记忆情况的测试分别在五天后和四周后进行。每组被试者对每种材料的记忆曲线表明，两组间有显著差异。

从前面提到的这些研究中，很难得出快速遗忘是不是初始学习不完整的结果。这一点在韦斯的一个实验中得到了系统研究[37]。他通过要求被试者（以统一的正确标准）学习一些带有正误标记的陈述，来试图控制初始学习过程。不论这些被试者之前对吸烟的态度如何，他们都按要求对这些含有关于吸烟如何不受欢迎的理由陈述，进行同等程度的学习。然而，实验结果表明，对这种陈述—标记组合的记忆，会因被试者实验前和实验后态度的不同组合，而受不同的影响。韦斯发现，最支持这些理由的被试者，最容易记住已经习得的陈述—标记组合。

杜布对一系列不同话题表达的记忆实验结果[11]表明，被试者态度不一定与高记忆度相关，而更多是与所持态度的强度相关。对传播的立场表现出强烈认同或强烈反对的被试者，更易记住传播内容。这可能是由于强烈认同或反对的个体，更容易对传播内容高度关注，而后进行不断的回忆。

后续经历 253

在有关记忆的实验研究中，我们可以使用诸如无意义音节或迷宫模式等激励性材料，这些材料与被试者后续将接触的激励无关。然而，在自然状态的传播中，人们常常是在各种不同的会抵消初始学习体验的情境下，接触到习得的材料。因此，后续经历对传播材料的记忆度，有相当程度的影响。

后续学习对已习得材料的记忆影响，被称为学习易化作用（reproductive facilitation）或干扰。这一概念假设，在第四章传播结构部分具有很重要的意义，因为各种论点论据排列的顺序，会影响传播早期习得的态度对后期的干扰程度（参见本书 208～212 页）。

接受的“持久度”

除了对传播内容的遗忘，对传播者信息的接受度，也会随着时间推移而发生变化。对普通生活情景的观察结果，同本章开头引用的实验结果一样，展现出两个相矛盾的现象。一方面，个体接触传播内容后，会接受传播者的观点，但过一段时间后，就会回复到他之前的观点。另一方面，个体首先会排斥传播者的观点，但过一段时间后，又会“转回”到传播者的立场上来。本节主要讨论造成这两种结果的条件和因素。

1. 传播者 254

影响传播讯息接受程度的一个最重要的因素是受众对传播者的态度。由传播者造成的强化因素，被称为“声誉效应”（prestige effect），这一点在第二章已经讨论过。本节主要分析这一因素对记忆的意义。

本章一开始就指出，霍夫兰、拉姆斯登和谢菲尔德[20]关于“休眠者效应”研究，提出的假设之一就是对传播内容认同度的提升，可能是由于随着时间的推移，最初对传播内容的怀疑消失了。这个假设假定，对支持传播者结论的论据和其他内容的遗忘是常态。因此，在接触传播内容之后，对所推销观点的即刻认同会相当高，但随着时间的推移会逐渐减弱。然而，如果对消息源持有怀疑或反感，对传播者的立场将几乎不会有初始认同。如果对印象大打折扣的消息源的遗忘速度比传播内容还快（或者是从内容中“分离”出来），那么对所推销观点的认同就会随着时间而提高。

研究这些假设的第一个实验，来自于霍夫兰和韦斯[21]。他们就四个不同主题（“电影院的未来”，“原子能潜水艇”，“钢能源短缺”以及“抗组胺药物”）分别进行两次内容完全相同的传播。研究人员告知其中一半被试者，这段材料来自值得信赖的消息源，而另一半被试者，则被告知来源于不值得信赖的消息源。在传播进行前后，以及在传播后四周，分别对被试者做意见问卷调查。问卷上的项目，包括对事实材料的测量，以及对意见的测量，同时也对被试者关于消息源的记忆进行测量。由大学生组成的被试者阅读这些材料，但并不知道会对他们进行记忆测试。起初，受众对来自信赖度低的消息源的内容“大打折扣”，这要比来自信赖度高的消息源的内容，对意见产生的效果小。然而，随着时间的推移，由消息源引起的初始差别消失了，因此，在四周后对被试者再度测试时，两种消息源带来的意见改变量就大致趋于一致了。这个交点在不信任消息源初始效果之上，在信任消息源初始效果之下。因此，对信赖度高的消息源的传播内容，存在一种遗忘效应，而对信赖度低的消息源的传播内容，存在一种“休眠效应”。

255 图 15 中的结果可被理解为，对高信度消息源和低信度消息源传播内容的习得和遗忘率是一样的，但高信度消息源一开始产生了正面声誉效应，低信度消息源一开始产生了负面声誉效应，二者都会随着时间而消失。

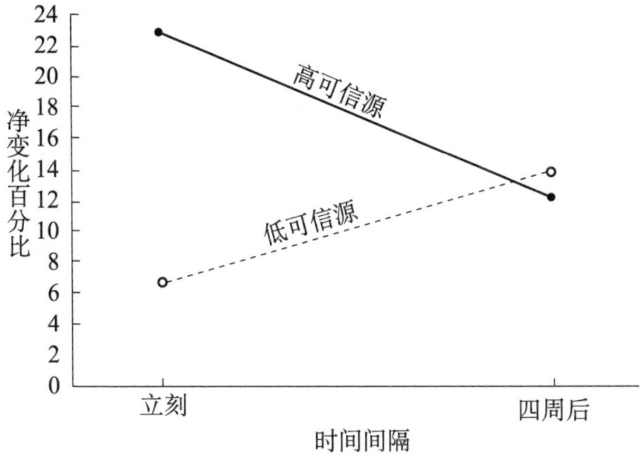

图 15　意见改变的记忆

对高信度消息源和低信度消息源所推销观点认同程度的变化，分别是传播后即刻发生的变化和四周后发生的变化。

来自霍夫兰和韦斯[21]

这个研究最开始的假设是，休眠者效应的产生是由于随着时间的推移而遗忘信息源造成的。但实验数据并不支持这一假设。结果发现低信度组（休眠者效应）的被试者会有信念提升，并且对消息源的记忆程度跟信念降低的被试者一样。然而，霍夫兰和韦斯的实验结果清晰表明，对来自低信度消息源信息的排斥，会随时间的推移而减弱。两名研究者指出，“信息源可能会被遗忘，也可能不会，但随着时间推移，个体不大可能会自觉将内容与信息源联系在一起。因此，时间因素能够消除对导致反感信息源的回忆”（参见 648 页）。换言之，当直接被问及消息源时，被试者能回忆起来，但当仅仅被问及对该话题的意见时，可能不会想到消息源。 256

这个表述在科尔曼和霍夫兰[24]的实验中进一步得到验证。该试验在延迟态度测试中，对消息源进行“复原”来考察消息源对信息记忆的影响。研究人员选取 330 名暑期高中生为研究对象，由三个不同的传播者，来呼吁对青少年犯罪从宽处理。传播内容是完全相同的，只是在开头对三名传播者作了不同介绍："正面"传播者的形象是能力十足且公允，"中性"传播者的形象是公允但无知，而"负面"的传播者则是带有偏见且无知。实验过程向被试者播放一段带有文稿、经处理过的"广播采访"。"广播员"对三个实验组用不同的方式介绍演说者，使演说者的声誉值符合实验要求。在延迟实验中，研究人员对每组半数的实验对象"复原"消息源，对另一半则不再提及。"复原"的具体做法是，在发放延迟态度调查问卷前，回放对演说者的介绍。起初，意见变化最大的是"正面"传播者的实验组，而意见变化最小的是"负面"传播者的实验组，"中性"传播者的实验组意见变化量居中。三周之后，在未"复原"消息源的情况下，进行延迟态度测试时，"正面"和"负面"传播者带来的意见变化大致相当，这一结果与前文所述霍夫兰和韦斯的研究结果一致，即低信源在三周后带来的意见改变，比测试后即刻的意见改变要大（亦即休眠者效应）。而正面的高信源，对被试者产生的意见改变程度，则随时间减弱。以上研究结果见图 16。

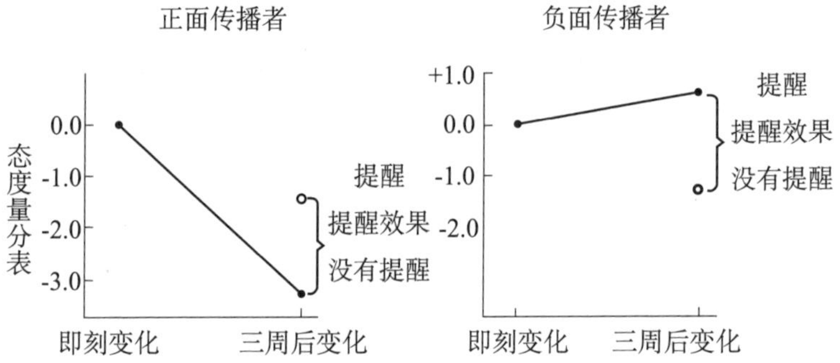

图 16　信源恢复的观点记忆与信源没有恢复的观点记忆

数据来源科尔曼与霍夫兰[24]

257 传播者的影响也是一个重要因素，这一点可以通过再度提及传播者体现出来。与没有再度提及的传播者相比，经过再度提及的正面传播者，获得更多的意见改变，而负面的传播者则较低。

上述实验结果表明，传播者信誉度的效果，可以从整体效果中分离出来。如图 17 所示，C 代表传播内容的初始效果。记忆的内容随时间推移减少，因此效果 C 带来的意见改变也随之减少，在图 17 中用 C′表示。传播者则起着提升或减弱 C 原始值的效果。正面的传播者会带来正面的信誉度效果，用＋P 表示；负面传播着带来的负面信誉度效果用－P表示。因此，正面传播者的初始总效果即为 C＋P，而负面传播者的初始总效果为 C－P。正面传播者的延迟传播效果记为＋P′，负面传播者记为－P′。在延迟实验中，信誉度效果在未重塑组比重塑组明显小。在未重塑条件下，P′值趋近 0，因此 C′＋P′与 C′－P′的值趋同。但当重提消息源时，会重塑传播者效果，提升正面传播者效果，降低负面传播者效果。表中以 $C'+P_{reinstatement}$ 和 $C'-P_{reinstatement}$ 表示。

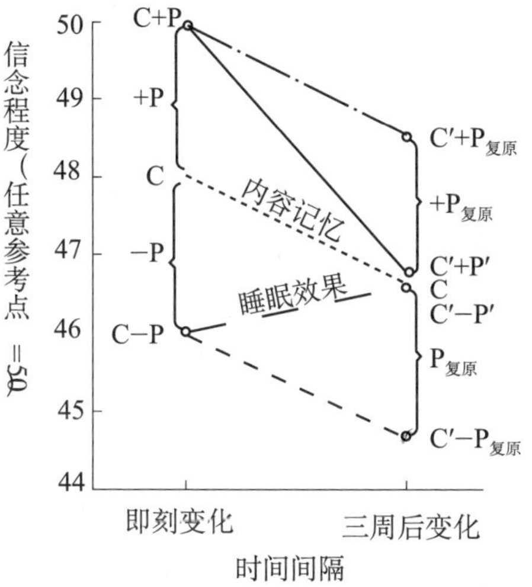

图 17　在传播结束后，以及在三周之后，在提及传播者和没有提及传播者的情况下，传播内容和信誉因素对即刻信念程度的影响

所有数据都是相对于被赋值为 50 的 C＋P。圆周点之间的距离基于科尔曼和霍夫兰的经验数据[24]。其他价值是假设的。对符号的解释参见文本。

到目前为止的所有实验表明，信誉度效果在三到四周内已基本流 258
失。同时也可以看到，向受众提醒传播者，会将信誉度效果带回到初始值。如何解释这种随时间流逝产生的信誉度效果流失，是一个重要的研究问题。我们提出的一种可能是，这种流失是由传播内容和消息源的分离产生的。因此，信誉度效果消失了。现有实验结果不能支持另一种假设，即出现休眠者效应的个体，可能就是在表达自己意见时回忆不起消息源。

总之，现有证据表明，正面信誉度效果和负面信誉度效果，均随时间流逝而流失；受众接受一个来自高信誉度信源的说服传播程度，会在初始阶段较高，而随后逐渐降低；而对来自低信誉度信源的接受程度，则会在初始阶段较低，随后逐渐增高。这些效果是由于随着时间的流逝，内容不再自动与信源相关；也就是说，人们往往记住了传播内容，而记不起传播内容是谁说的（参见第二章中对假设的相关讨论，本书33页）。

259 2. 倾向性因素

前文已经探讨过，激励对事实性材料记忆的影响。激励因素也可能对接受的持久度有显著影响，但到目前为止，没有人对这一因素进行过明确研究。个体普遍在激烈争论中固持自己的观点，而在后续情景下才参考对方的观点。然而，在有些情况下，个体在受影响后坚持自己的新立场（参见本书106～107页之探讨部分）。

与之紧密相关的是，一些其他的倾向性因素使个体在接触某种立场后，即便没有即时效果，也会倾向于接受该观点。由霍夫兰、拉姆斯登和谢菲尔德所做的关于意见改变延迟的研究，可以提供这一问题的有关数据[20]。他们的假设认为，对于习得的与自身所属社会经济群体和教育群体不相符的观点，个体会很快将其遗忘，但对与自己的倾向（社会阶层或教育水平等因素）一致的观点，则会没有损耗地记忆，甚至还会有所强化。他们认为，就某个特定的次级群体（如教育程度较低群体）极不常见的观点，往往是被该次级群体带有倾向性地排斥的观点，而其中多数人所持的观点则是那些有预先倾向性的观点。他们发现，有清晰的证据表明，接受传播后七周内的意见变化，按照与个体所属教育阶层的主流观点相符或相悖而发生增减。因此，他们的分析结果基本证实了倾向性因素假设，尽管这些数据可从下文提到的后续内部传播（subsequent intercommunication）角度来解释。

260 3. 后续体验

前面说过，真实生活场景和实验学习情况截然不同，因为在实验学习过程中，可以将全部体验过程限定在某一种场景。在真实生活中，人们对习得的材料可能会经常重提，并与他人进行讨论，而原始的接受度会根据其他人对该材料的不同反应，或加强或减弱。皮特森和瑟斯通[28]在解释一部电影对态度改变的一项异常高的记忆程度时，间接提及了后续事件的重要性："我们认为，（伊利诺伊州）热那亚市没有剧院定期播放影片，而且由于对这些孩子来说电影相对罕见，因此电影《一门四子》很可能就是孩子们讨论的话题，这大概能够作为（对高记忆度的）一种解释。"（52 页）

对陈[7]的研究中出现的高度遗忘度和齐利格斯[39]研究中出现的高度记忆度，后续体验可能都起到了一定的诱发作用。这两项研究都是有关社会热点话题的。流行的社会趋势可能引发群体讨论，并为附加传播提供融入的环境。当传播内容和流行的社会趋势一致时，传播内容就会得到强化，随即会产生大量记忆度。当该传播伴随有一连串反向传播时，测量到的记忆度则会小很多。要评估这些影响必须用到控制组。

前文提到霍夫兰、拉姆斯登和谢菲尔德[20]的实验结果，也可以理解成是由后续体验的不同而造成的。个体的态度进一步向传播内容方向转变，这是因为他们所属社会教育群体所持的主流观点倾向于该传播内容；而个体产生反向意见改变，是因为他们所属的群体对传播话题也持负面观点。这也许是由于个体在观看电影之前，从未想过这个话题，而这个传播行为为他们搭建了一个对这一话题进行思考和讨论的平台，个体所属群体则来决定对重复电影传达的信息，是进行奖励还是惩罚。

第五章对群体从属因素效果的一个方面有相关讨论。讨论认为与群体规范不符的意见，可以通过缩小与规范的差异而产生有效改变，延迟的规范与个体的新信念之间的冲突效果，会削弱对与规范不符意见的记忆程度。

后续体验会影响对传播内容的记忆，但常常也被看作是前期传播的一个结果。有时可以按照它改变一个新的传播行为或事件的方式，前期传播的记忆效果会变得富于戏剧性。贾尼斯、拉姆斯登和格拉德斯通的调查[22]就是此类实验研究的一个代表。该项目在 1949 年 6 月，进行了一项关于苏联制造原子弹能力的意见研究。1949 年 9 月，杜鲁门总统宣布苏联已发射第一颗原子弹，意外地为该项目提供了一个极佳的研究契机，来考察接触重大事件后的传播效果记忆程度。

实验组是来自康涅狄格州一所高中的 55 名学生，他们接受了传播内容，而另 55 名学生作为控制组。两组被试在年龄、年级以及智力方面相匹配。研究人员要求实验组听一个广播讲话，广播内容认为，至少五年之内，苏联不具备大规模制造核武器的能力。讲话者强调苏联工业和技术都很薄弱，同时缺乏自然资源，并且强调大规模建造原子弹的难度。在这次传播实施几周前，研究人员进行过一次问卷调查，问卷看起来无特定目的，但问题设计中包含测试被试者对苏联核武器开发的态度。传播实施一周后，对被试者再次进行关于苏联核武器能力的问卷调查。但是，对控制组只进行了事前问卷和事后问卷测试，没有实施传播行为。大约三个月后，即苏联首次发射原子弹的消息公布几天之后，研究人员对两个组都进行了第三次问卷测试。

262 传播记忆的效果通过在苏联宣布原子弹爆炸之后仍然认为“苏联需要五年或更多时间才能大量拥有原子弹”的被试者百分比来表示实验组和控制组之间的差别，可以作为对一段时间后传播效果的度量。

表 18　在一个反向新闻事件出现之后，对观点变化的记忆
“苏联需要五年或更多时间才能大量拥有原子弹”的被试者百分比来表示

	传播前	即刻传播之后	延缓（后续事件）
控制组	60	67	18.5
实验组	56	94	34.5
差异	−4	+27	+16
P		<0.01	<0.05
（N=每组 55 人）			

来自贾尼斯、拉姆斯登和格拉德斯通[22]

表 18 列出了贾尼斯、拉姆斯登和格拉德斯通三人研究的部分结果。实验数据表明，在实施传播之前，实验组和控制组意见的差异比例微乎其微，但在实施传播后，实验组有 27%的被试者，开始持传播内容所宣传的观点。三个月后，即便出现了与该观点相反的重大事件，这种差异依然显著。

263 研究人员因而得出结论：“三个月前实施的”传播行为“有遗留效

果，会对影响某态度接受的（后续）事件产生显著的抵抗力”（499页）。研究结果支持这一假设，即一旦一种看法被传播内容有效地修正，新观点就会干扰对后续任何与之相悖观点的接受。按照过度补偿假设，也可能会出现相反的结果。如果个体觉得自己被错误的传播包围，可能会视所有信息不可信，或者转向相反立场来释放自己的反感。结果表明，即便有过度补偿因素，也会被干扰因素压制。

几位研究者同时指出，对后续事件意见的抵制，也可能主要是由前期传播的“复杂性”效果造成的，与该观点或内容无关。不管是哪一方的观点，仅仅是提出一系列论据，就可以传达给受众一些关于事件本质的信息，并且将他们的注意力吸引到一些之前可能被忽略的因素上。对事件熟悉度的提升，可以创造出一种更复杂的参考框架，该框架使受众考虑其他相关因素，进而对事件的意义做出更重要（或许也更理性）的测评。

相关数据可以检验这个比较复杂的假设。1949 年春的实验，除了有控制组和主要实验组外，还附加了一个有 55 名学生的等量组。在 6 月，对这个附加组播放了和实验组一样的广播节目，但一周后，又给他们看了一份完全不同的广播稿，这份广播稿也是有关苏联开发核武器能力的问题，但用作反传播，其内容是苏联已经制造出了原子弹，并在两年内可以大批量制造。附加组（两次传播组）和主要实验组的区别，仅仅是在前者接受了两次相对立观点的传播，而后者只有一次。对附加组进行的第二次传播内容，反驳了之前传播的具体论据，但不会降低复杂性效果。相反，还会再次提出该话题，并提及一些要做出合理判断所必需的相关因素。因此，比起常规实验组的学生，两次传播组中的学生们，更易于形成一个复杂的参考框架。

这个实验结果并没有证实复杂性假设。在该研究的主要问题，即苏联制造原子弹能力方面，两次传播组并没有出现和控制组明显的差别。 264

虽然还需要用其他不同的群体、话题以及事件来复制实验，但这次实验的结果已经表明，一旦传播行为成功修正了一种观点，新观点在个体接触到反方的有力传播或事件时，也会持久留存。该实验发现，一次简短的传播就可以产生足够的遗留效果，能持续长达数月。传播造成的干扰效果明显占据优势，足以减弱一个后续重大新闻事件带来的影响。

265

启示

本章关于传播引发的意见变化持久性的讨论是大有裨益的，这些讨论分别考虑了不同因素对传播者传播内容的记忆程度，以及对结论接受的持久性影响。这一差别在其他章节也有探讨，我们得出的结论并不是绝对的，但确实能引起对其他需要进一步研究现象的关注。几乎所有关于内容记忆的研究都是在实验室环境下进行的，激励因素是人为的，使用的也大多是无意义的材料。另外，对意见改变持久度的研究，涉及活生生的有意义话题，但很少涉及影响传播引发意见变化记忆度好坏的因素。对现有的研究目的而言，两种研究都有各自的局限性。在自然条件下，我们还需通过进行典型性传播，来对内容记忆度进行一些基础性研究，以补充实验室研究。同时，在对大众媒体引发意见变化持久度的研究中，需要广泛引入控制程序和分析程序。结合这两种结果，我们就能更好地理解那些影响意见变化持久度的因素。

注释

266 ①在 20 世纪 30 年代中期，雷莫斯（Remmers）及其助手在普渡大学进行了一系列关于文字性传播带来意见改变持久度的研究［雷莫斯[30]；霍尔（Hall）[15]；威廉森（Williamson）和雷莫斯[38]］。即使是关于不同话题的简短传播，比如政府与农业的关系问题，也会有持续长达一年多的效果。

西姆斯（Sims）[33]使用了文字宣传，来研究大学生对 TVA（田纳西州山谷管理局）的态度变化。在实施传播三个月后，仍显现出显著的变化。在传播后即时意见发生显著变化的学生中，有很大一部分在三个月后依然有传播效果。

彻林顿（Cherrington）和米勒[8]研究了反战主义的态度，他们分别在传播实施三天前、24 小时后，以及六个月后，用同样的态度量表来测量态度变化。研究共涉及两组被试者（共计为 85 名大学新生）。其中一组听讲座，而另一组则发放文字材料。在六个月后，两个组意见变化的记忆程度均约为 50%。

安尼斯（Annis）和梅尔（Meier）[2]则关心自然环境下的意见变化。他们让 195 名被试者，阅读某大学校报上的社论。这些被试者被告知，邀请他们做这个实验是因为新闻系和心理学系对他们的阅读习惯感兴趣。被试者被分为两组，一组阅读关于一位不知名澳大利亚政客的正面社论，另一组则阅读反面评论文章。每组又分为两个小组，一个小组要读 7 篇评论文章，另一个小组要读 15 篇，每周要读两篇文章。阅读全部完成后，立即对被试者进行态度改变测试，四个月后又进行同样测试。结果表明，两组被试者对这名澳大利亚政客态度差异较大。四个月后的测试结果，与之前的结果大体一致，除了一个小组之外，其他没有表现出明显的即时态度变化和四个月后态度变化的区别。

参考文献

[1] Allport, G. W., and Postman, L. *The psychology of rumor.* New York, Holt, 1947. 267

[2] Annis, A. D., and Meier, N. C. The induction of opinion through suggestion by means of "planted content." *J. Soc. Psychol.*, 1934, *5*, 65–81.

[3] Ballard, P. B. Obliviscence and reminiscence. *Brit. J. Psychol. Monogr. Suppl.* 1913, *1*, No. 2., Cambridge Univ. Press.

[4] Bartlett, F. C. *Remembering.* New York, Macmillan, 1932.

[5] Bell, Elaine. An exploratory study of the recall of "arguments" and "conclusions." Unpublished study.

[6] Berlyne, D. E. *An experimental study of human curiosity.* Ph.D. dissertation, Yale Univ., 1953.

[7] Chen, W. K. C. Retention of the effect of oral propaganda. *J. Soc. Psychol.*, 1936, *7*, 479–483.

[8] Cherrington, B. M., and Miller, L. W. Changes in attitude as a result of a lecture and of reading similar materials. *J. Soc. Psychol.*, 1933, *4*, 479–484.

[9] Clark, K. B. Some factors influencing the remembering of prose materials. *Arch. Psychol.*, New York, 1940, *36*, No. 253.

[10] Dietze, A. G., and Jones, G. E. Factual memory of secondary school pupils for a short article which they read a single time. *J. Educ. Psychol.* 1931, *22*, 586–598, 667–676.

[11] Doob, L. W. Effects of initial serial position and attitude upon recall under conditions of low motivation. *J. Abnorm. Soc. Psychol.*, 1953, *48*, 199–205.
[12] Edwards, A. L. Political frames of reference as a factor influencing recognition. *J. Abnorm. Soc. Psychol.*, 1941, *36*, 34–50.
[13] Ehrensberger, R. An experimental study of the relative effectiveness of certain forms of emphasis in public speaking. *Speech Monogr.*, 1945, *12*, 94–111.
[14] English, H. B., Welborn, E. L., and Killian, C. D. Studies in substance memorization. *J. Gen. Psychol.*, 1934, *11*, 233–260.
[15] Hall, W. The effect of defined social stimulus material upon the stability of attitudes toward labor unions, capital punishment, social insurance, and Negroes. *Studies in higher education*. Purdue Univ., 1938, No. 34, 7–19.
[16] Hoban, C. F., and van Ormer, E. B. Instructional film research (Rapid mass learning) 1918–1950, Technical report No. SDC 269-7-19, Washington, D.C.: Dept. of Commerce, Office of Technical Services, 1951.
[17] Hollingworth, H. L. *The psycholcgy of the audience*. New York, American Book Co., 1935.
[18] Hovland, C. I. Human learning and retention. In S. S. Stevens, ed., *Handbook of experimental psychology*. New York, John Wiley, 1951. Pp. 613–689.
[19] Hovland, C. I. Psychology of the communication process. In W. Schramm ed., *Communications in modern society*. Urbana, Univ. of Illinois Press, 1948. Pp. 59–65.
268 [20] Hovland, C. I., Lumsdaine, A. A., and Sheffield, F. D. *Experiments on mass communication*. Princeton Univ. Press, 1949.
[21] Hovland, C. I., and Weiss, W. The influence of source credibility on communication effectiveness. *Publ. Opin. Quart.*, 1951, *15*, 635–650.
[22] Janis, I. L., Lumsdaine, A. A., and Gladstone, A. I. Effects of preparatory communications on reactions to a subsequent news event. *Publ. Opin. Quart.*, 1951, *15*, 487–518.
[23] Jersild, A. Primacy, recency, frequency, and vividness. *J. Exp. Psychol.*, 1929, *12*, 58–70.
[24] Kelman, H. C., and Hovland, C. I. "Reinstatement" of the communicator in delayed measurement of opinion change. *J. Abnorm. Soc. Psychol.*, 1953, *48*, 327–335.
[25] Krueger, W. C. F. The effect of overlearning on retention. *J. Exp. Psychol.*, 1929, *12*, 71–78.
[26] Levine, J. M., and Murphy, G. The learning and forgetting of controversial material. *J. Abnorm. Soc. Psychol.*, 1943, *38*, 507–517.
[27] Luh, C. W. The conditions of retention. *Psychol. Monogr.*, 1922, *31*, No. 3.
[28] Peterson, Ruth C., and Thurstone, L. L. *Motion pictures and the social attitudes of children*. New York, Macmillan, 1933.
[29] Rapaport, D. *Emotions and memory*. Baltimore, Williams & Wilkins, 1942.
[30] Remmers, H. H. An experiment on the retention of attitudes as changed by instructional material. *Studies in higher education*. Purdue Univ., 1938, No. 34, 20–22.
[31] Restorff, H. von. I. Über die Wirkung von Bereichsbildungen im Spurenfeld. In W. Köhler and H. von Restorff, Analyse von Vorgängen im Spurenfeld. *Psychol. Forsch.*, 1933, *18*, 299–342.
[32] Sharp, Agnes Arminda. An experimental test of Freud's doctrine of the relation of hedonic tone to memory revival. *J. Exp. Psychol.*, 1938, 22, 395–418.

[33] Sims, V. M. Factors influencing attitude toward the TVA. *J. Abnorm. Soc. Psychol.*, 1938, *33*, 34–56.
[34] Smith, F. T. An experiment in modifying attitudes toward the Negro. *Teachers College, Columbia University, contributions to education*, No. 887. New York, Bureau of Publications, Teachers College, Columbia Univ., 1943.
[35] Van Buskirk, W. L. An experimental study of vividness in learning and retention. *J. Exp. Psychol.*, 1932, *15*, 563–573.
[36] Watson, W. S., and Hartmann, G. W. The rigidity of a basic attitudinal frame. *J. Abnorm. Soc. Psychol.*, 1939, *34*, 314–335.
[37] Weiss, W. A "sleeper" effect in opinion change. *J. Abnorm. Soc. Psychol.*, 1953, *48*, 173–180.
[38] Williamson, A. C., and Remmers, H. H. Persistence of attitudes concerning conservation issues. *J. Exp. Educ.*, 1940, *8*, 354–361.
[39] Zeligs, Rose. Influencing children's attitudes toward the Chinese. *Sociol. & Soc. Res.*, 1941, *26*, 126–138.

第九章　总结与新问题

269　这一章主要论述还在进行中的这一项目的研究结果，该项目旨在研究观点和观念是如何被说服传播改变的。在这一章中，我们首先简单回顾那些主要的发现，然后分析新出现的各种问题。最后我们试图指出一些研究对说服理论分析具有的意义。

对结论的总结

大部分的结论可以视作是对传播效果的具体说明，这主要是基于以下三部分特征：(1) 传播者（谁说什么）；(2) 传播内容（说了什么）；(3) 受众（对谁说）。在这三个部分中，每部分都有选择地调查了一些主题，主要的研究方法是对学生受众进行控制实验研究。我们会分析已经出现的一些结论，但还是要再次提醒读者，无论在我们自己的文化，还是其他文化中，在一个总结性的综合论点被提出来之前，必须考虑大量重复和系统性的变量。

传播者

我们的几项研究分析了传播者不同的专业性和可信赖性对传播观点的影响。在霍夫兰和韦斯[7]的实验中，两组人接收的是同样的报纸和杂志文章，但在一组实验中，这些内容被说明来自各种高可信度的信源（像奥本海默），在另一组实验中，这些内容则被指出来自一些低可信度信源（像《真理报》）。这一研究的结论和补充研究[4,21,28]表明：

第一，在传播过程中，与来自高可信度信源的传播相比，来自低可信度信源的传播被视为更加不公正和不公平。

第二，与低可信度信源相比，高可信度信源在实质上对受众的观点有更直接的影响。 270

第三，对观点影响的效果并不是由关注度和理解度的差异造成的，因为常识测验表明，在忽视传播者可信度的情况下，受试者对传播内容的习得是一样的；信源可信度的变化似乎主要影响了受众接受传播结论的动机。

第四，高可信度信源的积极效果和低可信度信源的消极效果，在几周后似乎消失。

传播内容

当传播者试图劝服人们接受自己的结论时，他通常会运用一些观点和诉求来刺激受众。这些主要的刺激种类是：(1) 充实的论点，使受众能够判断结论是“真实的”或“正确的”；(2)“积极”诉求，使人们关注接受传播观点能够获得的奖励；(3)“消极”诉求，包括恐惧诉求的内容，主要表明不接受传播观点会导致令人不愉快的结果。

我们的一些实验研究强调，符号是如何作为有效刺激产生作用的，而其他的研究则强调，有效组织观点时会涉及的一些因素。

1. 恐惧诉求

传播加强人们接受新观点的一种方法就是引发情绪紧张，然后再减轻它。如果情感诉求是成功的，也就意味着传播不仅会造成强烈的情感反应，还要确保在传播过程中，推荐的观点出现时，同时能够减轻这种情绪紧张。当某个传播依赖恐惧诉求时，它促发情绪紧张的有效性取决于以下因素，比如，清晰度、信源和以前的传播经历等。此时，传播内容描述的是事件的状态，而这种状态会使受众的目标、安全感或价值观受到威胁。

贾尼斯和费什巴赫[10]的一项调查研究了恐惧诉求传播是否有效的决定性因素。这一研究通过向被试者描绘他们可能要经历的潜在威胁，从而诉诸恐惧。口腔卫生的说明性演讲，采取了三种不同的形式，代表三种不同程度的恐惧诉求，其被试者是高中生。研究发现高恐惧诉求比中等程度的恐惧诉求，造成了更多的情绪紧张，同样的，中等程度的恐惧诉求比低恐惧诉求，造成了更多的情绪紧张。但是，在和传播者的观点保持一致方面，反而是低恐惧诉求造成了最大的改变。在口腔卫生中，高恐惧诉求无法导致人们在实践行为中发生任何显著的变化，高恐惧诉求也不如低恐惧诉求在抵抗反宣传方面所发挥的作用。

271 这些发现表明，如果恐惧诉求只能引发强烈的情绪紧张，而无法提供合适的安慰，那么强恐惧诉求的运用就会干扰说服传播的整体效果。这一研究证据和以下的两个假设一致：

第一，与程度较低的恐惧诉求相比，强恐惧诉求的使用增加了这样一种可能性，即使受众处于一种情绪紧张的状态，而当传播中的安慰性建议被运用时，却仍然无法完全缓解受众的情绪紧张。

第二，当受众的恐惧程度很高，但说服传播中的安慰性内容又不能完全缓解这种恐惧时，受众就会被恐惧促使去忽略威胁，或减少对威胁重要性的认识。

2. 群体规则的显著性

与群体规则有关的各类传播都能作为一种有力刺激，促使人们接受或拒绝新观点。相关内容的推论来自对倾向性因素的研究，这些因素是保持群体规则一致性的基础（参见本书 129 页等）。比如，聚焦于群体成员身份的传播会促使个人在形成对某事的观点时，考虑到群体规则。这一效果被视为群体的“显著性”。

凯利[16]的研究试图弄清以下这个问题：群体身份的显著性是否对抵御某些态度改变有任何直接影响，而这些态度会受到群体支持。主要的被试者是天主教公立高中的学生，以及不受教派控制的大学生。同时也还包括其他宗教信仰的学生，他们的作用主要是作为参照组，来进行对比。在常规的课堂中，当归属于特定宗教的群体身份显著性较低时，一部分学生会收到一些阅读材料，旨在强化天主教成员的身份，其他学生收到的则是与此无关的“中立性”材料。随后，向这些学生传递一些信息，旨在改变他们对于天主教教规的观点。就高中学生来说，与教会身份显著性较低的人相比，这些身份显著性高的天主教徒对观点改变有更大的抵抗力。因此这一研究表明，利用那些能使受众意识到参照群体的传播内容，会明显影响受众接受，或拒绝传播中推荐的观点。然而，这一影响并没有在大学生身上出现，这就引发了以下问题：这一现象是普遍的，还是只针对那些与某个群体紧密联系，但对其规则又了解较少的人？

在高显著性和低显著性情况下，关于观点改变持久性的研究也提供 272
了一些初步证据。在特定的研究条件下，低显著性的案例在延时测验中，仍表现出更大的影响力。正如各种理论研究所展示的，这一问题还需要进一步研究，尤其是在高显著性情况下，观点改变的持久性似乎更加明显（参见本书 133～136 页）。

3. 得出结论

在准备传播时要不断考虑的问题是，是直接陈述结论，还是让受众自己来得出结论。这两种方法都存在理论方面的思考。针对主要的社会问题，霍夫兰和曼德尔[4]的研究发现了影响得出结论有效性的决定因素。两组大学生听取了一段关于“货币贬值”的录音。在一组中，由演讲者下了合适的结论，而在另一组中，却是将最后的结论留给受众来得出。在这一实验条件下，由传播者得出的结论导致了更多的态度改变。这表明了以下假设：在有关复杂问题的传播中，清楚地陈述结论比受众自己下结论要更加有效。但是，针对不那么复杂的问题，很多受众是可以独立做出恰当结论的。与此相似，与不那么聪明的人相比，由传播者下结论的方法对更聪明的人来说，其优势并不明显——尽管这一实验在大学生所代表的狭窄智力范围内，并没有发现这种关联关系。

273 从一定程度上来讲，传播主题带来的“自我涉入”（ego involvement）可能也是决定直接下决定的一个因素。对于个人不那么依赖专家，并拒绝他人影响的话题，隐性的结论可以更有效。这是在心理疗法中，要经常使用“非指示性”技巧问题的特征。在何种条件下的大众传播，隐性地得出结论更有效，还需要进一步研究。

4. 对未来传播的准备

要针对某个人或某群体为未来的事件或为未来的传播做准备，在计划传播内容时，会出现一些特殊的问题。到目前为止，在哪些条件下预备性传播会降低，或提高事件发生之后的心理影响，还不够清楚。当人们事先接受了可靠的或积极的传播，在面对接下来的“坏消息”时，他们是否很难产生消极态度？哪类预备性传播会降低随后的不成功，或令人失望的传播的影响？这类问题不仅在实践上非常重要，并且还涉及许多理论问题，这些理论问题关注说服传播是如何使受众对以后的经历进行解释，并采取反应。

我们的研究项目进行了三个关于预备性传播效果的实验。一个是由拉姆斯登和贾尼斯[24]所做的研究，他们研究的是为了使个人抵御随后出现的反宣传，哪些类型的传播内容是有效的。该项研究使用了广播节目录制的两个版本，两个版本中评论员都提出了一个观点：苏联要想大量生产原子弹，至少还需要五年的时间。一组高中生接收到的信息都是单方面的，其中所表述的观点都是支持评论员的结论。另一组被试者接收的信息是两方面的，既包括和评论员相同的观点和结论，也包括包含反对观点的主要意见。接下来，每组被试者中，都有一半的人再次接受传播，而在第二次的传播中，一个新的发言者提出了和第一次传播中相反的观点。

274 在没有接受反面宣传的条件下，研究发现，两个版本的广播节目在改变观点方面起到了相同的作用。但是，对于那些随后接受反面宣传的被试者来说，两面观点的广播节目，在维持观点改变时更有效。当运用两面观点时，听众似乎在一种情景下被引向传播者的观点，而这种情景考虑到了相反的观点。在这种情况下，听众提前就形成了一种忽略反面观点，或减少对反面观点关注的基础，因此听众对随后出现的各种矛盾观点也具有了免疫力。

第二个实验是由贾尼斯、拉姆斯登和格拉德斯通[15]进行的，他们使用的部分被试者和第一个实验一样。当杜鲁门总统宣布苏联引爆了原子弹时，研究预备性传播的机会不期而至。在预备向受众传播不好的新闻事件时，我们或许能够观察到之前“乐观”传播的效果，而被试者正是在三个月之前收听了广播节目（正如前面所描述的），这一节目支持“苏联在未来多年内，没有能力大量生产原子弹”的观点。当总统发布信息后，该项实验对那些接受乐观传播的被试者，和与之对应的没有接受乐观传播的控制组，进行了比较。研究发现控制组更可能接受“苏联很快就能生产原子弹”，以及“战争即将到来”的观点。因此，预备性传播能够产生一种抵抗力，抵抗未来新闻事件的影响。这一发现与以下假设一致：一旦观点被一次有效传播所改变，就可能出现一种情况，即新接受的观点会干扰受众接收未来任何与之相矛盾的观点。

第三个实验关注的是运用传播来帮助个人应对未来的失败经历。当 275
传播过程中使用一些刺激，而这些刺激又包含对未来的预测时（比如“接受推荐观点会使受众成功达到某些目标”等信息的影响），未来的事件变得尤为重要。如果这些预测和未来发生的事件相矛盾，又或者当个人实践这些预测，但在经历失败时，受众对传播内容的接受度就会明显降低。无论何时，当最初的失败经历可能随着新观点接踵而至时，传播者有必要告知受众可能遭遇的失败，使受众对此有所准备，这样一来，受众就会减少对失败的关注，并将沮丧感降到最低。在这一章中，贾尼斯和赫茨[12]初步研究的结果表明，预备性传播在帮助个人“免疫”失败经历中起作用。他们的研究发现还表明：预备性传播可能会教导个人学会如何预测，即如果受众自己坚持传播者的观点，最终会获得回报，并使受众形成一种忽视失败的基础，以至被试者不会觉得沮丧，或把未来的失败经历解释为自己表现不当。①

276 **受众**

众所周知，人们会对相同的社会压力产生不同的反应：只有当个人有必要的动机性倾向时，刺激因素才会发挥恰当的作用。考虑了这些因素，我们才可能得出更加全面的一般性原则，来预测观点改变。

1. 群体一致性动机

一些最重要的倾向性都和个人所属的群体有关。过去十年内，越来越多的研究关注群体规则的发展，以及不同成员表现出来的对规则的遵守程度（比如[25]）。这些研究中的一些证据表明：那些最有动机保持其群体身份的人往往更容易受到群体内其他成员的影响。

目前这一章中对群体身份的讨论主要涉及的是群体身份带来的一种对传播的抵抗力，其中传播的观点和群体规则相悖。凯利和沃卡特[17]研究了抗拒改变群体所支持观点的这种抵抗力，该研究反映了群体成员对群体的价值判断。一个外来的成人批判了一群叫“童子军”（Scout）的男孩对野营和木工活动的重视，并推荐了城市中的其他各种游戏，在这之前和之后，实验研究了斯科特们对野营和木工的态度。实验还研究了这一反规则的传播引发的态度改变和一种指数之间的关系，这种指数关注的是每个斯科特对自己群体身份的价值判断。在观点私下表达的条件下，那些最重视自己群体身份的人最不容易被传播影响。因此，这一发现支持了一般性假设，即那些最想要维持自己群体身份的人，最能抵御违反群体标准的传播。

277 2. 可说服度的个人差异

除了由群体身份带来的不同动机外，对传播反应不同的个人差异还有其他来源。比如，前面的研究表明智力的差异会影响个人受说服影响的程度。但这里面还涉及一种复杂的关系：智力更高的人应该能够更容易地习得传播内容，并且能够更有效地作出合适的推论；与智力较低的人相比，他们也可能会用更为批判的态度来接受论点和结论。

同样，我们也可以预测与个性动机因素有关的可说服度差异。贾尼斯的一项研究提供了相关数据[9]。在三次传播后态度改变的基础上，被试者（本科生）被分为高、中、低三类不同的可说服度。个性数据来自详细的临床报告，其被试者是一小部分接受心理咨询的人，也来自对许多人做的个性测量表。

两组数据都为以下假设提供了证据，即自信心低的人会更多地受到说服传播的影响。那些表现出社会不满足、压抑攻击性和有抑郁倾向的人有最大的观点改变。

研究结果表明的第二个假设是那些有急性精神病的人会更加抗拒说服传播。那些最抗拒改变的学生之所以参加心理咨询，主要是因为患急性精神病的人和那些被诊断为强迫神经症、歇斯底里和焦虑神经症的病人相似。个性量表的结果也支持这一假设：在精神焦虑和强迫症的测量项目中，那些相对不容易受影响的人的得分比其他人更高。

反应因素 278

我们所有的研究关注的都是传播效果，其实也就是关注受众的反应。在几项研究中，我们还分析了这些反应的特殊方面。其中要解决的一个问题是积极参与的效果，另一个是说服传播导致的观点改变的持久性。

1. 积极参与

通常出现的一种情况是，在个人接受某个准则或观点之前，他就被诱使要公开地和某一观点保持一致。在儿童社会化过程中，以及在进入一个新的社区或社会群体时，往往需要从口头上表达出信念的一致。在大部分案例中，这些观点最终都内化了；在许多其他案例中却没有。因此，要找出是哪些因素导致这些最终不同的结果，也是非常重要的。

第七章描述了针对这一问题[13,20,22,23]的研究。贾尼斯和金[13]设计了一个实验来测试以下假设：当不断接受相同的说服传播时，那些需要向他人大声表述传播内容的人，比那些被动接受传播的人受到的影响更大。这个实验比较了两个大学生实验组中观点改变的程度：（1）“积极参与者”，即那些被诱导在群体中扮演一个角色的人，他们要积极参与群体讨论；(2)“被动受控者”，即仅仅阅读和听取相同的传播内容。

以对未来期望的三种不同传播为基础，研究发现了支持以下结论的证据，即因为角色扮演产生的言语上的支持，提高了说服传播的有效性。然后研究者开始研究积极参与之所以能导致这种效果的心理机制。接着，提出了两条暗示性的线索：第一，由积极参与带来的观点改变，可能依赖个人即兴发挥的程度，比如，主要观点被重构的程度、插入说明性例子的程度，以及添加新观点的程度；第二，观点改变的程度，也表明个人在多大程度上对自己发言感到满意。

279 金[22]和贾尼斯的第二个实验使用了一个更加自我涉入的主题，旨在研究第一个实验中凸显的两个因素中的某一个，是否在形成参与效果时，起到关键性的作用。为了测试即兴发挥的效果，在默读过脚本后，一些被试者需要在没有脚本的情况下发言，而其他人则可以直接阅读脚本。实验变量的引入，是为了创造出针对个人发言产生的各种不同程度的满意度和不满意度。实验结果依然表明：通过积极参与改变观点的程度，依赖即兴发挥的程度，但和满意度无关。即兴的角色扮演可以被视为一种技巧，它可以刺激个人尽可能有效地进行传播，仔细考虑论点和说明，并刺激个人想象出最可能说服自己的诉求。

更多有关口头一致性的数据，来自科尔曼[20]的研究，他比较了各类不同的刺激因素。在听完发言后，学校学生被要求立即写一篇关于有争议问题的文章。实验通过提供不同的刺激引入了三种实验变量，其目的是使被试者写出和传播者立场一致的文章：对控制组没有提供任何特别的刺激；第二组（高刺激）被告知，每个和传播者立场一致的人都会获得奖励；第三组（低刺激）被告知，每个学生都有资格获得奖励，但是只有一部分人最后能得到奖励。然而，观点改变的程度并不直接随一致性程度变化：低刺激小组的观点改变，明显高于其他任何小组。在低刺激条件下写的文章质量更好，包含了更多的新观点。这一发现为即兴发挥的假设，提供了更多的证据，这表明积极参与效果取决于公开表达的一致性能否和内心的支持或反对一致。

在某些条件下，角色扮演和创造语言一致的手段，会妨碍受众接受传播内容。实验研究中一些偶然的发现表明了这一点。比如，科尔曼发现，那些被给予很强刺激，使之和传播者保持一致的人，研究者可以从他们身上观察到明显的厌恶特征。贾尼斯和金的实验发现，与那些比较被动的、不参与角色扮演的被试者相比，那些对自己角色扮演表现不满意的被试者，其观点改变程度更低。要想了解在哪些情况下，积极参与有正面或负面的影响，还需要进行更多的系统研究。

2. 效果的持久性 280

之前的研究表明：随着时间的推移，传播造成的不同程度的观点改变会保持下来。我们的几项研究关注的是观点改变的冲突变化，它常常发生在传播结束一段时间后（“休眠效应”）。霍夫兰和韦斯[7]的研究提供了相关解释。他们发现，当低可信度的传播者进行传播时，最初很少会发现观点的改变。但是四周后，传播者的“负面名声”似乎消失了，受众只记得结论而已。这可以解释为什么观点会朝着传播中建议的方向发生改变。他们的分析表明，人们最初可能会拒绝接受低可信度信源传播的信息，但一段时间之后，他们不再把结论和信源联系在一起。当传播包含的观点和证据符合自身利益，并且在不需要记起信源就可以想起传播内容时，这种分离最容易出现。但是，如果信源和内容紧密联系，将它们分离的可能性就变小了。

这种推理逻辑表明，“休眠效应”只发生在无法记忆信源的情况下。在随后进行的测试中，当实验中提醒被试者低可信度信源时，这一效果就消失了。科尔曼和霍夫兰检验了这一观点[21]。独立的实验小组接受了关于青少年犯罪的传播，在这之前，介绍了传播者的“正面的”或“负面的”特征。三周后，在随后的测试中，通过提醒一半被试者，信息的传播者是谁，并且实验中再次重提信源。结果表明，开始时，正面传播者对被试者的观点有最大的影响。接下来，在没有重提信源的条件下，被试者对正面传播者的认同有所降低，对负面传播者的认同有所提高，这和霍夫兰、韦斯研究中的发现一致。然而，重提信源提高了被试者认同正面传播者的程度，降低了他们对负面传播的认同。重提信源产生的效果大致等同于传播开始时产生的效果。

281 这些实验表明：作为受众是否会接受或拒绝传播的线索，延迟性效果由受众是否能记起传播者来决定。然而，研究证据无法支持以下假设，即观点改变仅仅是因为遗忘了信源。其中最关键的差异在于信源和内容是否能同时被想起来。如果受众想起了信源，观点改变的程度就相对较小。但通常来讲，内容和信源一般都会分离，结果导致的是，正面（或负面）信源的影响就会随着时间降低。

新的研究领域

任何研究项目中，最有趣的就是发现新问题，而要想取得新的进展，就必须解决这些新问题。有一些主题是研究者认为一开始就应该关注的。接下来的这一部分，我们要讨论三个与普通传播研究类型不同的主题。在这些领域中，我们还没有发布研究结果，因为我们的研究才刚刚开始。

内化过程

把外部的一致转化成内心的一致——在积极参与实验中发现的一种现象——带来了许多重要的理论问题。当人们身处外部限制，还被要求服从权威的境遇中时，只有当他们知道自己的偏离行为会被发现，并受到处罚时，他们才会去保持一致。然而，经常出现的一种情况是，最初由外部权威或群体规定的态度和行为，最后“内化”成为他们的行为，比如个人真诚地接受一切，并且在没有监视的情况下，还坚持这些态度和行为。根据内化过程来检查观点改变是为了研究在哪些条件下，观点只是最初在表面上保持一致，在哪些条件下，这种表面的一致变成了内心的观念。

282 有各种心理机制可以用来解释内化。在已有的各种解释当中，最常见的或许是个人觉得接受传播观点会获得一种满足感，即使是在缺乏支持者的情况下也是如此。比如，如果一个人非常喜欢另一个人，他会模仿这个人的行为，通过在符号上和他保持亲近，来维持一种安全感。当所爱之人不在身边时，诉诸这种行为的需求，比他在身边时更强。当一个人极为依赖某个群体来获得情感上的满足时，类似的心理机制就会产生作用。在此，内化可能是以一种一致的行为出现的，这种行为并不是发生在群体监督时，而是发生在私下的场合。我们研究项目中的一些证据似乎支持以下假设，即规范的内化能够将个人和群体积极地联系起来（参见 116 页）。

有时外部的社会压力会直接违背个人的基本冲动。当这种敌对压力无法忍受时，个人会放弃自己的冲动，并用外部标准来要求自己。当个人被要求进行表达时，他们代表的似乎是自己，这样内化过程就会出现，从而调节个人对新观点的接受度。假设这样的表达和内心深处的态度是相反的，个人就会意识到一种强烈的不协调。结果，那些自我一致（self-consistency）动机很强的人，或者有着高度自我想象的人，会受到“伪善”（hypocritical）行为的威胁，从而产生很强的动机把强加给他们的表达，作为自己的表达。

尽管在临床研究中，已经针对内化过程做了广泛的调查，但因为它既在大众传播中发生，也在人际传播中发生，所以还需要对它做更为系统的分析，以研究内化过程的意义。

冲突和观点改变 283

另一个重要的研究任务就是，把冲突理论扩展到观点改变的研究问题上。说服传播经常会造成冲突，一方面说服传播带来了新的刺激，这些刺激创造了新的动机。另一方面，为了保持自己原有的观点，个人原本又会产生一些动机，这两种动机之间会发生冲突。比如，一些男孩会通过吸烟来展现自己的男子气概，这可能和有害生理健康的心理预期发生直接冲突，事实上，禁烟传播来源于对烟草的不断使用。有时，同一个传播会在个人内部形成两种相互竞争的动机。那些包含两面矛盾观点的传播，故意把受众置于观点和证据的冲突之中。在其他情况下，对信源和传播内容的最初反应可能不一致；受众可能对传播者高度地尊敬，但却相当排斥他的观点。从以上的例子可以看出，我们必须充分地探索各种冲突情境，才能了解在观点改变方面，各种尝试的结果。

在大量的行为数据和心理理论中，存在着一些主要类型的冲突［比如，趋避冲突（approach-avoidance）、双避冲突（avoidance-avoidance）］，以及这些冲突带来的不同结果。另外，在“交叉压力”（cross-pressure）的研究中，已经考察了冲突性社会影响的一般效果。现有的证据支持冲突行为理论中的一些预测：在充满冲突的问题中，研究者观察到踌躇、冷漠和兴趣丧失等现象出现，同时也观察到，被试者试图避免冲突性传播，并试图将冲突归咎于假信源及歪曲信息。比如，最近凯利和伍德拉夫[18]的一项研究表明：当传播者的传播内容（比如他的观点和群体规则相悖）与他获得其他群体成员的支持明显不一致时，听众往往会不太准确地记忆传播者的观点。这些效果本身就应该因其对观点改变的影响而进一步得到研究，而非仅仅作为传播情境偶然的副产品被研究。我们还需要更细致的研究，来了解在哪种条件下，这类或那类冲突的解决方法会出现。

284 当我们考虑观点改变的稳定性，以及传播情境造成的冲突类型、冲突程度的关系时，就会出现一些特别有趣的问题。当传播带来的观点改变不断和其他动机或压力发生冲突时，这种改变不会持久。有关这类情境的一些研究表明，在传播过程中，把个人置于一种类似的冲突中，可以加强受众对这些反压力的抵抗。对受众进行一面传播或两面传播，在反对规则显著时进行传播，或者提醒人们即使坚持传播观点也可能在未来遭遇一些失败——这些都会强化传播时的冲突程度。在这些方法中，有一些能够明显加强观点改变的持久性，这种持久性表明，传播时强化的冲突可以带来决心，这种决心可以加强观点改变的长期效果。一般研究问题关注的是：当传播影响冲突结果时，冲突就应该随之出现，从而带来益处；当传播者不在场时，就应该允许冲突稍后发生。我们还需要对传播技巧的持久性效果进行系统研究，因为这些技巧迫使个人面对压力，并处理这些冲突带来的压力。

285 **认知、判断和观念形成**

在说服研究领域中，我们的经验突出强调的是这一领域的发展，从整体上依赖心理学基本理论的发展程度，而与其发展尤为相关的是，高级思维过程研究领域的发展程度。尽管认知和态度之间的紧密关系不断受到关注，但很少有研究会重视这两个领域的融合。在语言研究中，我们发现了一条连接两者的桥梁。语言学家和人类学家已经发表了一些有趣的研究结果，并提出了很多有价值的假设，但他们却几乎没有系统地研究过这些问题。因此，运用实验的方法来考察语言在塑造人们认知和吸收信息方面的作用，是十分重要的（参见霍夫兰[2]431页）。

“参照框架”和“参照群体”的问题使我们有必要更广泛地研究判断性现象（judgmental phenomena）。态度测量领域的发现隐性地表明，这些研究和一些来自经验性判断的现有归纳总结存在矛盾。经验性判断认为，分类明显受到个人自我“参照”（anchorage）点的影响，而态度测量方面的讨论认为，对问题的评估并不会受到做判断的人的地位影响。我们最近的研究试图去解决这一矛盾。我们研究结果表明，如果个人对某一问题有很强硬的立场，他的判断就会受到很大的影响（霍夫兰和谢里夫[6]）。当他认为有必要表达各种观点差异的形式，而自己又被允许进行选择时，这一点表现得尤为明显。对个人态度的评估，可以从他使用的类型和对问题划分的种类中获得（谢里夫和霍夫兰[26]）。分类的差异似乎更应该归结于看待问题的不同方式，而不能区分各种问题。当使用配对比较法时，持有不同观点的个人之间的差异就大大减少了［凯利、霍夫兰、施瓦茨（Schwartz）和埃布尔森（Abelson）[19]］。

我们可以通过对以下相关现象来探究判断和态度改变之间的另一 286
种关系：和个人地位联系紧密的传播有时会对个人产生积极影响，然而和个人地位毫无关系的传播则会对个人产生消极影响（逆反心理）。一些简单的心理判断实验表明，相同的现象也出现在心理学研究领域，以至于和刺激相近的锚（anchor）产生一种“同化效应”，而和刺激较远的锚产生一种“对比效应”［谢里夫、陶布（Taub）和霍夫兰[27]］。我们还需要对复杂的语言材料进行深入研究，来了解传播是如何作为“锚”来影响个人地位的。我们正在进行中的相关研究是关于禁令的传播，这些被试者最初的观点和传播者的观点有不同程度的差别。

观念形成和传播、观点改变相关，我们还需要更多的基础来了解观念形成的本质。很显然，个人一直在接受各种各样的、常常是矛盾的观点的轰炸，然而个人必须将这些观点结合起来，形成自己的观点。这代表了一种重要的观念形成类型，但我们对其却知之甚少。问题的一部分涉及的是“正面例证”和“反面例证”在形成观念时的相对作用。这一问题已经在理论上进行了分析（霍夫兰[3]），并且通过经验进行了研究（霍夫兰和韦斯[8]）。但许多问题还有待解决。什么时候个人会对收到的信息进行“划分”（compartmentalize），从而使矛盾的信息在没有被整合的情况下保留？什么时候采取妥协的解决方法，什么时候不同的数据能够真正整合？对这些问题的回答既需要在实验室进行研究，也需要在自然传播条件下，进行控制性的田野调查研究。

说服理论分析中的问题

这一章中的结论表明我们所研究的主题和所运用研究方法的多样性。但是在所有研究中，都强调了一个共同点——必须把涉及传播效果的关键变量分离出来。有时实验分析揭示的是迄今为止还没有观察到的相同问题。我们认为，一般“法则”只在某些限制条件下发生作用，因此我们的研究在一开始时，就应该搞清楚是什么因素决定这一结果，而非另一结果的出现。

287 **区分注意力、理解力和接受度**

在本书第四章中，关于首因效应的实验表明分离关键变量的必要性。这一领域的首位研究者伦德发现——并将之称为首因效应——无论陈述问题的哪一面，首先陈述的这一面总比第二次陈述的这一面对观点的影响更强。而后一位研究者克伦威尔却发现了相反的结果，他的研究结果支持近因效应（最后传播的内容有更强的效果）。霍夫兰和曼德尔[5]的研究表明传播效并非总是一致的：无论是首因效应还是近因效应都（或两者都不）依赖传播情境。在研究中发现的、对分析这一问题最有用的因素是注意力、理解力和接受度：（1）注意力的变化可能决定了首因传播还是近因传播更有效。比如，如果传播的问题是受众不熟悉的，受众只在传播快结束时才意识到问题的重要性，那么近因效应则更有效，因为它能从一开始就吸引更多的注意力。（2）理解和吸收首因传播会提高近因传播的有效性（比如，当传播内容很复杂，需要提前熟悉所要了解的全部含义时）。但有时近因传播在理解方面可能处于劣势（比如，当几乎没有从首因传播中吸收到信息，而在近因传播中又接收了新的、矛盾的观点时）。（3）当注意力和理解因素都没有问题时，结果就依赖第三类因素了，第三类因素影响受众对两个相反观点的接受度。比如说，如果受众对某一问题极度不确定，但又处于必须做出决定的压力之下，那么首因传播就会产生不恰当的作用。

经过研究发现，注意力、理解力和接受度之间的差异对于分析首因传播很有用，并且在这一章中通篇使用了这种差异性。这种差异很重要，因为决定传播有效性的变量可能会以不同的方式和程度，影响传播效果产生的三个阶段。比如，在分析观点改变的持久性和信源可信度之间的关系时，就有必要把不同的效果区分开来，一种是由对内容的习得和记忆所产生的效果（由注意力和理解力所决定），一种是接受或拒绝信源影响动机消失后产生的效果。这种区分可以解释随着时间流逝，观点改变方面的冲突加剧。 288

对影响信息接收过程三个阶段的区分，与恐惧诉求的效果分析也有关系。比如，由于害怕疾病和痛苦产生的强烈诉求，会提高人们对处理潜在威胁传播内容的注意力（贾尼斯和米贺兰[14]），但这种注意力却毫无用处，因为它降低了人们对由传播者提出的卫生措施的接受度（贾尼斯和费什巴赫[10,11]）。

尽管很多研究者都了解说服过程中不同阶段之间的区别，但很少有研究来系统地解决这些问题。因此未来研究的一个重要问题就是，分析在复杂的传播情境中，那些造成不同注意力、理解力和接受度的因素。

这种研究方法不仅对传播中刺激因素的效果研究有用，对个性倾向的研究也有用。考虑到传播三个阶段中的任何一个阶段，个人在能力和动机方面的因素都有所不同。人们常常会发现，低劝服度的主要原因是个人缺乏一些基本能力。有一些人可能无法受到传播的影响，因为他缺乏直接和长久保持注意力的能力；另一些人可能是因为抓住复杂而又隐含口头信息的能力低，结果导致了理解力低下；还有一些人可能是因为没有达到与接受度相关的智力水平，所以无法形成对获得奖励或遭遇惩罚的预期，从而对那些口头刺激做出反应。在最后一个例子中，我们要记住想象性练习的技巧，当个人受到传播者的承诺、威胁和预测的刺激时，这种想象性练习是必要的。

289 即使一个人拥有各种基本能力，但动机不足可能会导致反应不足。比如说，一个人可能非常怠慢，因为他对其他人说的话普遍没有兴趣，或者他形成了一种对焦虑的无意识的防卫，这种焦虑会干扰或妨碍他对传播刺激的持续关注。对那些能够参与，并且有动机参与的人来说，又可能会有理解困难，这是由情绪抑制或防御机制造成的，它们会使人逃避或歪曲自己不熟悉的或使自己苦恼的观点。最后，像多疑等个性倾向，可能对接受度也会有抑制作用。

似乎有一些个性因素导致了个人对高可信度的偏离。比如，缺乏批判能力可能会导致高可信度。那些批判性思考能力相对较低的人，无法辨别虚假观点和忽视宣传策略的人，往往非常容易上当受骗，与那些批判能力较高的人相比，他们更愿意接受别人会拒绝的结论。动机的差异也可能会导致个人对信息不加区别地接受（参见低自信和高可说服度之间的关系，本书 152 页）。在这一领域的研究得到清楚答案之前，我们还需要通过各种方法来进行研究。我们必须设立步骤，根据个人对说服反应时的注意力、理解力和接受度，来分析能力因素和动机因素。

290

指导和说服的关键因素

在对传播因素的研究中，有些因素构成了注意力、理解力和接受度的基础，为了突出研究中更广泛的理论问题，我们有必要回顾本书开始时，简单讨论过的一个问题：语言指导（verbal instruction）和语言说服（verbal persuasion）之间有什么相似和差异之处？在第一章中，我们已经指出：当一名指导者就科学或技术方面的主题，进行严谨的事实性传播时，从传播者的角度看，最主要的问题是要激发出受众对传播内容的适当练习或实践，从而使得受众可以正确抓住和理解传播内容的基本点。从传播过程的三个阶段来看，我们可以说指导成功的因素主要涉及注意力和理解力两个阶段。一般来说，教室里受众最初的期望是传播者的结论会是“正确答案”。因此，接受就成了理所当然的事，而保持受众的注意力、确保他们能够理解传播内容，就成了主要问题。不过，在说服传播中，接受或拒绝的动机是主要考虑因素，有时甚至可能会影响注意和理解的程度。

一般情况下，注意力和理解力的普遍原则产生作用的方式，应该在说服过程中和指导过程中是一样的。因此，许多关于有效说服中注意力和理解力的假设也可以运用到有效指导中去。思考一下之前关于论点排序的假设：当受众对传播内容兴趣不大时，内容安排的“突降式”比“层进式”更有效（参见本书 94 页等）。如果受众一开始就兴趣寡然，那么应该把最令人印象深刻和最有趣的材料放在传播开始时，而不是传播结束的时候，这样会促使受众更多地注意传播内容，从而获得更好的理解、学会更多的内容。根据我们现在讨论的普遍假设，如果这一解释是正确的，那么这一理论在教育、宣传和其他类型的说服传播中也就都适用。

实验性证据表明，另一个假设也和上面假设的观点一样：在其他条件相同的情况下，一个关于复杂问题的传播如果包含一系列的论点，那么清楚地陈述结论就会更加有效（与让受众自己下结论相比较）。在此，基本的中介因素包含适当练习受众希望学习和吸收的语言材料。如果结论不是被清楚地陈述出来，受众就可能“错失”论点，而学习到一些传播者意图之外的东西。我们认为，在复杂的指导性传播中，这一因素的作用方式和在说服传播中的作用方式一样。但是，在后来的研究中，其 291

他包含接受动机的因素，可能会以相反的方式发生作用，有时还会推翻从清楚陈述结论中获得的学习结果（参见本书84～87页）。

为了分析和接受度有关的具体问题，让我们比较两类典型的指导传播和说服传播的案例。在两个研究案例中，被试者都由一组空军飞行员组成，他们正在接受最后阶段的训练。在一个案例中，一名高级官员演讲的主题是：在标准测高仪失效的情况下，如何估算飞机的高度；在另一个案例中，同一名官员演讲的主题是自己的领导实践，并提倡自己的观点：即为了维持良好的纪律，飞行员应该避免和负责维护自己飞机的地勤人员，在工作之外保持联系或深交。如果我们假设在这两种情况下，受众中的每个人几乎都密切注意了传播内容，完全理解了传播内容，并假设两场演讲的内容都被受众学习得非常好。针对第一个案例，受众学会了传播者推荐的估算飞机高度的方法，当出现任何与此有关的情况时，受众就会使用这一知识。无论什么时候出现相关问题，在和伙伴交流或者在真实的飞行环境中，只要他记得这些内容，他本人都倾向于考虑并遵循指导者的结论。但在第二场演讲中结果就完全不同。当和地勤人员有关的问题出现时，只有一小部分人会遵循传播者的结论，尽管大部分的人都能够准确回忆起传播者推荐的内容。

292 造成这种差异的主要心理因素是什么？为什么在第一种情况下，人们倾向于接受推荐的结论，而在第二种情况下，人们却有不同的反应？

指导和说服之间的本质差异在于心理预期或预测，它会影响人们接受或拒绝传播的个人动机。在估算高度的演讲中，我们可以假定飞行员极有可能认为信息是真实的，并有潜在利用价值。在另一场演讲中，大部分受众认为其中所讨论的和地勤人员的关系问题是一个矛盾的问题。他们认为和他们指导员一样优秀的官员，可能持有相反的观点，所以针对这一类问题，很难得出任何清楚的结论。我们假设这些相关的心理预期干扰了受众的接受度。

这一部分实验中的各种结果，似乎可以归纳为三类心理预期，这三类预期会提高或降低受众的接受度：（1）对“正确”或“错误”的预期；(2) 对公平建议或传播者操纵传播的预期；(3) 对他人支持或反对的预期。这些心理预期应该能够激发很强的动机，这些动机是从以前的经验中获得的，在以前的经验中，人们因为相信和接受了别人的传播内容而获得奖励（正确的建议、受益和社会支持）或惩罚（误导、利益和社会反对）。一个儿童在学会语言不久，他就会经历不同的奖励或惩罚，这些奖惩促进了他的某些辨别能力的发展，导致他不会总是相信他听到的任何东西。这些辨别能力还会在个人生活中不断被强化，并事先形成对说服和指导采取不同反应的基础。

当然，我们认为在这三类中介性的心理预期中，每种预期都包含一个连续体（continuum）：即从激发强烈接受的促进预期，到激发强烈拒绝的干扰预期。一方面，在一些指导情境中，高接受度已经产生，这些情境似乎更能激发促进预期，从而使得受众认为结论无可争议，传播的目的是使受众受益，而且遵循结论就会获得社会奖励，而不是惩罚。另一方面，说服情境一般都包含了一些线索，会激发连续体干扰端的负面预期。从这一部分的研究结果中，很多假设都具体指明了在哪些条件下，心理预期会朝着连续体的促进端转变。这些转变可以被描述为降低或减少了干扰预期的负面效果。从这一角度来看，我们应该简要回顾早期讨论过的一些主要假设。 293

对干扰性预期的分析

1. 对错误的心理预期

即使在最令人印象深刻的说服传播中，如果人们预测问题无法以任何确切的方式解决，或有理由采取不同于传播者提倡的立场，人们至少会表现出一定的抗拒。任何提醒受众“传播处理的是一个矛盾问题”的线索，都会妨碍受众认为传播结论是无可争议的，并会使受众产生一定程度的犹豫和谨慎。如果这个问题对于受众很重要，而他意识到其他人持有不同的观点，即使他不知道他人的观点到底是什么或为什么会有这种不同，这一事实线索都足以刺激他要提高警惕。

很显然，传播者的“专业性”和这类干扰性的预期有关。当传播者 294

被视为非常专业时，自己给予错误论点或判断的心理期盼最不可能出现。当受众认为问题可以通过特殊的观察或有技巧的判断来解决时，专业性和接受度之间的关系尤为明显。但是，当受众认为传播中讨论的问题无法用以上方法解决时，专业性和接受度之间的关系就会减弱，甚至消失。

一面陈述和两面陈述的假设也和以下条件有关，即在哪些情况下，对错误的干扰性预期和对不同观点的意识可以被最小化。现有证据表明，在以下情况中，两面陈述比一面陈述更有效：(1) 受众一开始就反对传播者的立场；(2) 受众的智商相对较高；(3) 受众不断处于对抗性的传播之中，不断接收相反的观点。在这三种情况下，受众意识到不同观点的可能性都比较大。研究者推测，当传播者提供一些贬损和反驳竞争观点的基本信息时，由这种意识引起的对错误的干扰性期盼会被最小化。但对于那些不熟悉现有反对观点的人来说，这么做的有效性会低于期望值。在这种情况下，使受众关注不同的观点会带来反面效果，因为这会激发受众对潜在错误的心理预期，因此会导致受众在接受传播者的结论时变得更加小心谨慎。基于这一点，这些证据表明，对于一开始就赞成传播者立场的受众来说，两面陈述不如一面陈述有效。

如果受众之前接受过与新的传播观点不同的传播，当他在接受新的传播时，他对新传播中潜在错误的干扰性预期很可能会上升。即使新传播令人印象深刻，若受众之前就了解到有理由保持不同立场，那么针对本次传播，他会变得更加小心，也不太可能会去采纳新的传播结论。这些假设似乎和预期性传播效果的研究假设是一致的：如果受众之前接受过某个传播，传播旨在表达有理由保持关于未来的不同观点，当受众再面临一则戏剧性的新闻事件，而它旨在引发人们对于未来的悲观情绪时，那么受众会更加抗拒做出改变。一般来说，这样的受众最不可能把新传播中的观点视为无可辩驳的，而却最有可能会提高警惕，并且变得具有批判性。

295 2. 对操纵意图的预期

以下两种意图的表达和辩论方式极为不同：一是成年人为了自己的利益，想要孩子做什么事情；二是为了孩子的利益，成年人促使孩子去做某些事情。结果，孩子在不断被误导、失望或利用之后，他们就容易对操纵性意图变得非常敏感。在这一方面，孩子有时甚至会接受来自父母的特别训练，或者来自和同龄人未来的交往（比如，“别像个笨蛋一样”）。因为习得了这种经验，当预期传播者要操纵他们时，许多人会产生很强的动机来观察传播者的意图，避免被传播所影响。尽管这种预期和对潜在错误的预期可能有相同的效果，但两者涉及的心理机制却有一些不同。从对“自主权”的需求来看，由操纵性意图的心理预期激发的动机，似乎和耻辱感、各种对抗性行为有关。结果，对操纵性意图的预期，似乎就导致了一种强大的抵抗力，这种抵抗趋势甚至超越了避免接受错误信念的动机。

大量关于说服的实验表明，这种特殊的干扰性来源是受众抗拒传播的主要决定因素。比如，信源的可信度会影响受众判断传播内容的方式，这一研究发现就涉及了这类干扰性因素。在“信源可信度”的研究实验中，同样的传播内容由两类不同的信源进行传播，第一类传播者是公正的、没有偏颇的，而第二类传播者的传播似乎有不可告人的个人动机，想要说服别人接受自己的观点。这些研究所获得的证据和以下的普遍假设一致：传播者的可信度越低，他的传播就越有可能被视为有偏见的、扭曲的，受众就越倾向于拒绝接受他的结论。而当信源被认为是可信的，那些操纵性意图的心理预期就会消失。 296

如果受众对传播者的可信度没有或只有一点儿偏见，那么操纵性意图的心理预期就主要取决于传播内容中的信息。在这一方面，如果传播者避免表达任何“只要受众接受我的结论，我就可以从中获益”的信息，那么传播内容的有效性就会最大化。前几章中的一些假设具体阐述了哪些因素更加容易激发操纵性意图的心理预期。其中在恐惧诉求这章中，有一个类似假设：如果传播者不断强调和阐述某种危险，而受众却认为其夸大其词，那么恐惧诉求在激发情感紧张方面的效果会降低。因为受众会认为传播者是在试图操纵自己（比如，“他正在恐吓我们，让我们去做他想要我们做的事”）。一些探索性面试中获得的证据，为这类干扰性回应提供了例证，并且表明，当恐惧诉求运用客观的语言来传递威胁信息时，操纵性意图的心理预期就不大可能出现。

另一个和操纵性意图相关的发现，来自美国陆军部关于一面陈述和两面陈述的研究。一方面，当传播受众本来是反对传播者的立场时，两面陈述的效果显著——我们认为这种效果产生的主要原因是克服了潜在错误预期的干扰性影响。另一方面，当传播者省略了受众所知道的重要信息时，两面陈述就会出现反向效应。后者的研究发现表明，当传播者公开或隐含地表达他希望研究问题的两面性时，任何省略或忽视的重要内容，都会非常容易引起受众注意，并激发受众认为传播者具有操纵意图的心理预期。即使传播对象是一个相对宽容的人，但能让人察觉的省略也会被解读为，传播者正在欺骗性地掩盖自己的真正目的。

297 通过角色扮演的积极参与所获得的高接受度，至少应部分地归因于对操纵性意图敏感度的降低。接受度的高低取决于即兴内容的多少，这表明当个人认为传播观点是“自己本身”的观点时，个人的心理抗拒程度会降低。前面提出来的解释（参见本书 189 页等）是当重新陈述信息和即兴提出新的观点时，受众不太可能感受到原传播者意图的干扰性因素。我们还指出对于积极参与者来说，自己“量身定制”的观点，比原来传播中“现成的”观点更加具有说服力。积极参与者自己产生的观点，更能够符合他的“真实”标准，在这一条件下，错误心理期待产生的干扰性会降低。

3. 对社会反对的心理预期

我们时不时地注意到，说服中主要的动机因素包含了对社会奖赏的预期。在一个组织或社区里，有威信的传播者往往被视为社会环境的晴雨表，即使他没有明确表示自己的观点会得到社会支持，受众也会预期“只要接受他的观点，就会获得社会支持”。同时，如果受众敏锐地察觉到，其他人反对传播者的立场，他们就有可能拒绝传播者的结论。即使受众认为传播者的观点有相当高的可信度，且不怀疑他的意图，社会反对的心理预期仍然会干扰受众的接受度。许多关于传播者威信和受众接受度关系的研究文献，详细阐述了哪些因素会激发社会支持的促进预期，哪些因素会激发社会反对的干扰预期。与此相类似，多数人的观点改变个人观点的话语权力，可能也包含了相同的预期。

除了对违规者的常规处罚外，“社区里大部分人都接受特定规则”， 298
仅这一认知也能作为一种强大力量促使个人遵守规则。在一个社区里，对某个问题的观点越一致，违背这一观点就越有可能受到社会反对，因此受众对反对该规则的传播也会产生越大的抵抗力。这些思考暗含的一个观点是，如果对抗规则的传播能够使受众关注“针对特定事件，社区中缺乏一致性”的事实，那么这一传播就不太可能会激发社会反对的干扰性预期，并且传播还会因此更有效。相同的想法也可以解释为什么支持社群规则的传播会效果显著，因为传播使用了“乐队花车法”，使得受众去关注一致性的社区观点。

上文提到的社区一致性的效果，也可以运用到各种群体小组中。群体身份和抗拒反规则传播之间的关系，有许多具体发现都可以根据社会反对的心理预期来解释。我们的研究证明的一个主要假设是：对于任何反规则传播，那些高度重视自己群体身份的人，比其他人对传播的抵抗力要强。那些高度重视群体身份的人，最易受到来自群体的社会性惩罚，因为他们有着最强的动机，试图和群体中的所有成员保持友好关系，从而获得威信，以及与自己地位相匹配的特权。当这些人面临反规则传播时，他们最有可能会预测偏离规则的社会危险，并且强烈想要避开这些危险。

这种预测的发生至少部分取决于传播情境中是否出现任何具体的线 299
索，从而来提醒个人自己所处的群体规范。有关线索显著性高低的不同效果表明，如果信息传播时，群体的符号不明显，那么至少从短期来说，包含着反规则内容的说服传播的效果会更好。这一假设似乎强调了社会反对心理预期的干扰效果：当受众没有关注群体符号时（显著性低），他较少会考虑到违反规则后群体的反应，因此对反规则传播的抵抗力就会减少。

最后，对社会反对的预期还可以解释之前讨论过的低自信心和高可说服度之间的关系。我们认为，一方面，低自信的人可能对社会反对的直接威胁（immediate threats）会过度敏感（这种社会反对来自传播者或受众所在的群体），对于来自他人的后续威胁（subsequent threats）关注得较少（参见本书 155 页等）。如果这样的话，社会反对的干扰性预期就可以解释为什么这类人容易受到说服影响。另一方面，当干扰性预期达到显著程度，它的出现就是造成低可说服度的重要因素。有些人（比如，以过度怀疑为特征的神经质性格）可能被证明尤为抗拒传播，这是因为他们对于潜在反对抱有迟缓的不确定性；有些人（比如，不合群、怀疑性个性）可能就不易被说服，这是因为他们格外容易产生对操纵性意图的心理预期；还有些人（比如，高智商和自我决断动机强烈）容易拒绝说服传播，这可能是因为对潜在错误的心理预期。不同的干扰性预期发生在不同的人身上，因此，通过研究干扰性预期，可以解释个性因素和可说服度之间的明显关系。

300 我们在此分析了三种不同类型的预期，但并不打算用这三种预期提供一个完整的理论依据，来解释说服是如何被中介化的，或者新观点接受过程中的强化机制。比如，只有在受众接受传播时，社会奖惩的效果成为受众预期的组成部分，奖惩因素才会得到考虑；我们完全没有考虑社会支持，或其他“外部”社会奖赏的直接经历所具有的潜在强化效果。并且，除了我们指出的三种预期外，可能还存在其他类型的预期——包括那些避免潜在威胁的降低紧张的心理预期，这些预期也会在受众接受传播时影响其对结论的接受或拒绝（参见本书 49～53 页）。

我们的这些讨论试图表明：有限的理论观念也可以帮助我们融合和解释大量经验性研究的关系，这些研究来自本书中提到的各类研究。目前，我们根据预期（我们认为这是一种隐性的中介方式）整合了这些关系，因为预期会促进或干扰受众对传播的接受。这一研究路径充满了希望，能够促使我们发展出更多、更好的研究手段，来研究传播过程中引发的各种预期，从而补充造成观点改变的各种手段。有效的动机性机制和思维过程是社会影响力形成的基础，我们认为传播和说服中运用的这种理论导向，在解释这两点时已经证明具有显著效果。

301 注释

①该实验使用了一个类似于弹球机的几率游戏。实验者提出了一套特殊的游戏

系统，并表明这是从长远来看最好的系统。一组被试者特别做了“忽视未来失败”方面的准备，而另一组则没有。做准备的小组被告知在系统产生成功结果之前，一些练习是必不可少的，以及有时机器运作会发生错误，以至于一系列的努力都无法使系统工作。该设备的设置是无论何时进行游戏，两组都会经历同样次序的成功和失败。

结果表明，做准备的小组比没做准备的小组，对提出的系统有更多的一致性。语言方面的准备使被试者会持续接受传播者的意见，不仅在游戏之初不断遭遇失败时，而且在后来的实践中，当成功和失败交错出现时，之前的准备都能使被试者一直接受传播者的意见。预备性传播的成功，也依靠成功和失败之间的比例。预备性传播对那些成功比例恰当的被试者来说有效，对那些很少获得成功的被试者则无效。因此，假如个人没有经历过高的失败次数，那么预备性传播还是有用的。

参考文献

[1] Hovland, C. I. Social communication. *Proc. Amer. Philos. Soc.*, 1948, *92*, 371–375.

[2] Hovland, C. I. Changes in attitude through communication. *J. Abnorm. Soc. Psychol.*, 1951, *46*, 424–437.

[3] Hovland, C. I. A "communication analysis" of concept learning. *Psychol. Rev.*, 1952, *59*, 461–472.

[4] Hovland, C. I., and Mandell, W. An experimental comparison of conclusion-drawing by the communicator and by the audience. *J. Abnorm. Soc. Psychol.*, 1952, *47*, 581–588.

[5] Hovland, C. I., and Mandell, W. Is there a law of primacy in persuasion? (In preparation.) Paper, Eastern Psychol. Assn., April 1952.

[6] Hovland, C. I., and Sherif, M. Judgmental phenomena and scales of attitude measurement: Item displacement in Thurstone scales. *J. Abnorm. Soc. Psychol.*, 1952, *47*, 822–832.

[7] Hovland, C. I., and Weiss, W. The influence of source credibility on communication effectiveness. *Publ. Opin. Quart.*, 1951, *15*, 635–650.

[8] Hovland, C. I., and Weiss, W. Transmission of information concerning concepts through positive and negative instances. *J. Exp. Psychol.*, 1953, *45*, 175–182.

[9] Janis, I. L. Personality correlates of susceptibility to persuasion. *J. Personal.* 1954. (In press.)

[10] Janis, I. L., and Feshbach, S. Effects of fear-arousing communications. *J. Abnorm. Soc. Psychol.*, 1953, *48*, 78–92.

[11] Janis, I. L., and Feshbach, S. Personality differences associated with responsiveness to fear-arousing communications. 1953. (In preparation.)

[12] Janis, I. L., and Herz, M. The influence of preparatory communications on subsequent reactions to failure. (In preparation.)

[13] Janis, I. L., and King, B. T. The influence of role-playing on opinion-change. *J. Abnorm. Soc. Psychol.* (In press.)

[14] Janis, I. L., and Milholland, W. The influence of threat appeals on selective learning of the content of a persuasive communication. *J. Psychol.*, 1954, *37*, 75–80.

[15] Janis, I. L., Lumsdaine, A. A., and Gladstone, A. I. Effects of preparatory communications on reactions to a subsequent news event. *Publ. Opin. Quart.*, 1951, *15*, 487–518.

[16] Kelley, H. H. Salience of membership and resistance to change of group-anchored attitudes. (In preparation.) Abstracted in *Amer. Psychol.*, 1952, *7*, 328–329.

[17] Kelley, H. H., and Volkart, E. H. The resistance to change of group-anchored attitudes. *Am. Soc. Rev.*, 1952, *17*, 453–465.

302 [18] Kelley, H. H., and Woodruff, Christine L. Members' reactions to apparent group approval of a counter-norm communication. (In preparation.)

[19] Kelley, H. H., Hovland, C. I., Schwartz, M., and Abelson, R. P. The influence of judges' attitudes in three methods of attitude scaling. Paper, Eastern Psychol. Assn., April 1953.

[20] Kelman, H. C. Attitude change as a function of response restriction. *Hum. Rel.* 1953, *6*, 185–214.

[21] Kelman, H. C., and Hovland, C. I. "Reinstatement" of the communicator in delayed measurement of opinion change. *J. Abnorm. Soc. Psychol.*, 1953, *48*, 327–335.

[22] King, B. T., and Janis, I. L. Comparison of the effectiveness of improvised versus non-improvised role playing in producing opinion changes. (In preparation.) Paper, Eastern Psychol. Assn., April 1953.

[23] Kurtz, K. H., and Hovland, C. I. The effect of verbalization during observation of stimulus objects upon accuracy of recognition and recall. *J. Exp. Psychol.*, 1953, *45*, 157–164.

[24] Lumsdaine, A. A., and Janis, I. L. Resistance to "counterpropaganda" produced by a one-sided versus a two-sided "propaganda" presentation. *Publ. Opin. Quart.* (In press.)

[25] Sherif, M. A preliminary study of inter-group relations. In J. H. Rohrer and M. Sherif, eds. *Social psychology at the crossroads.* New York, Harper, 1951, pp. 388–424.

[26] Sherif, M., and Hovland, C. I. Judgmental phenomena and scales of attitude measurement: Placement of items with individual choice of number of categories. *J. Abnorm. Soc. Psychol.*, 1953, *48*, 135–141.

[27] Sherif, M., Taub, D., and Hovland, C. I. Assimilation and contrast effects of anchoring stimuli on judgments. (In preparation.)

[28] Weiss, W. A "sleeper" effect in opinion change. *J. Abnorm. Soc. Psychol.*, 1953, *48*, 173–180.

索引

（所注页码为英文原书页码，即本书边码）

译后记

本书是集体翻译的成果。西安外国语大学新闻与传播学院张建中、香港中文大学传播学博士候选人李雪晴老师负责翻译第一、二、六、九章，李雪晴还负责校译了第三、四、五、七、八章的初译稿；西安外国语大学新闻与传播学院陈瑜老师负责翻译第三章，王佳炜老师负责翻译第四章，张志成老师负责翻译第五章，香港城市大学传播学博士候选人曾苑老师负责翻译第七、八章。全书由美国圣克劳德大学新闻系彭增军教授进行了校译。

本书在翻译过程中得到了西安外国语大学新闻与传播学院王天定教授的深切关怀，王教授不仅联系了本书的翻译事宜，而且还召集译者集中讨论了翻译过程中应该注意避免的若干问题，使得全书的翻译工作得以顺利进行。

最后，感谢中国人民大学出版社翟江虹老师和潘宇、江苏佳老师的耐心和帮助，使得本书能够顺利出版。

译者

2014年8月

Communication and Persuasion: Psychological Studies of Opinion Change by Carl I. Hovland, Irving L. Janis and Harold H. Kelley

图书在版编目（CIP）数据

传播与劝服：关于态度转变的心理学研究/（美）霍夫兰，（美）贾尼斯，（美）凯利著；张建中等译．—北京：中国人民大学出版社，2015.1
（当代世界学术名著．新闻与传播学译丛．大师经典系列）
ISBN 978-7-300-20258-7

Ⅰ.①传… Ⅱ.①霍…②贾…③凯…④张… Ⅲ.①心理学-研究 Ⅳ.①C912.6

中国版本图书馆 CIP 数据核字（2014）第 252805 号

当代世界学术名著
新闻与传播学译丛·大师经典系列
传播与劝服
关于态度转变的心理学研究
[美] 卡尔·霍夫兰　欧文·贾尼斯　哈罗德·凯　利　著
张建中　李雪晴　曾　苑 等　译
彭增军　校
Chuanbo yu Quanfu

出版发行	中国人民大学出版社		
社　　址	北京中关村大街 31 号	**邮政编码**	100080
电　　话	010－62511242（总编室）		010－62511770（质管部）
	010－82501766（邮购部）		010－62514148（门市部）
	010－62515195（发行公司）		010－62515275（盗版举报）
网　　址	http://www.crup.com.cn		
经　　销	新华书店		
印　　刷	天津中印联印务有限公司		
规　　格	170 mm×240 mm　16 开本	**版　　次**	2015 年 1 月第 1 版
印　　张	17.75 插页 2	**印　　次**	2025 年 7 月第 5 次印刷
字　　数	250 000	**定　　价**	59.90 元